文史哲學集成

馮永敏 著

散文鑑賞藝術探微

文史哲出版社 印行

國家圖書館出版品預行編目資料

散文鑑賞藝術探微 / 馮永敏著. -- 初版. -- 臺北市 : 文史哲, 民 86

面 ; 公分. --（文史哲學集成 ; 382)

參考書目:面

ISBN 957-549-077-0 (平裝)

1. 中國散文 - 評論

825 86005474

文史哲學集成 ㊳㊷

散文鑑賞藝術探微

著者：馮永敏

出版者：文史哲出版社

登記證字號：行政院新聞局版臺業字五三三七號

發行人：彭正雄

發行所：文史哲出版社

臺北市羅斯福路一段七十二巷四號

郵政劃撥帳戶一六一八〇一七五號

電話：八八六-二-二三五一一〇二八

印刷者：文史哲出版社

實價新台幣四六〇元

中華民國八十七年二月初版

ISBN 957-547-077-0

散文鑑賞藝術探微序

我國散文源遠流長，初與韵文齊足並馳，但眞正掙脫學術的枷鎖，有自己獨立的地位，當晚在魏晉南北朝「文」與「筆」分之後。

魏晉南北朝是個儒學式微，百家飆駭的時代，文學理論雖開千巖競秀之局，但綜其大要，不外文話、詩話、文選三派。文話又叫「散文派」，以劉勰《文心雕龍》爲宗，後起的有散文話、四六話、小說話等；詩話又叫「韵文派」，以鍾嶸《詩品》爲主，後起的有詩話、詞話、曲話等；文選又叫「選學派」，以蕭統《昭明文選》爲本，後起的有《文苑英華》、《唐文粹》、歷代文鑑、《古文觀止》、《古文辭類纂》、《經史百家雜鈔》等。三派勢如江河，分庭抗禮，以迄於今。千百年來，從事研究的學者們，又各隨其性之所好，在前人已有的基礎上，踵事增華，異采紛呈。但就近人對各派研究成果加以較論，獨散文理論之研究瞠乎其後。

散文是中國文學的瑰寶，如果中國文學裡沒有散文，則在現存的經史子集中，十之七八會成一片空白。近世西學東漸後，侈談文學者，往往採行西方文論的成說，以爲非抒情性作品，不得入散文之列，如此，則我聖人刪述的《六經》、先秦諸子的政論，馬班陳范的史籍，無一不成流浪的孤兒，望散文之門牆而興嘆！盱衡散文研究的領域，大家所以徘徊瞻顧而裹足不前者，不謂無由！所以當前學者對散文理論之研究，至少應有以下幾點認知：

首先，應有獨立自主的思想：中國是一個文化大國，歷史悠久，資源豐富，不僅有自己獨具的國情，還有獨特的文字構造和藝術思維，在表述方式上和西方相較，更有其根本上的不同點。所以在散文的定義、範疇、特徵方面，不一定要和他們劃上等號而自我設限。文學是民族的靈魂、生活的脈動，既沒有必要屈己從人，便應該挺起脊樑，把散文理論，推向以中國文化爲本位的高度。如此散文研究，才有理論的着力點，否則，生搬硬套，不倫不類，又有何學術獨立之可言乎！

其次，應有完備的基礎工程：自先秦至民國，二千五百多年來，名作之多，不啻恆河沙數，而無可諱言的，尚有很多作品停留在白文無注的階段，先秦兩漢之作，姑且置而不論，就拿唐宋八大家的文集來說，韓柳歐蘇之作，久已膾炙人口，騰播士林了，而曾鞏、王安石、蘇洵、蘇轍的作品，至今還很少有人作全面的注解，其他各家雖有注解，但在文字校勘、事跡考訂、整紛理亂、輯佚鈎沈方面，更是縱橫交錯，潛藏著很多疑難而亟待解決的問題。至於在韓柳歐蘇之前或以後的名家作品，如唐代的王勃、楊炯、盧照鄰、駱賓王、劉禹錫、白居易、元稹、杜牧、孫樵、皮日休，宋代的柳開、王禹偁、穆脩、范仲淹、李覯、黃庭堅、張耒、晁補之、陳傅良、樓鑰、葉適、魏了翁、眞德秀等，較八家之文，或有不逮，但大筆如椽，亦可謂一代文豪，但他們的作品，至今全屬白文，試問連注解都還沒有的作品，後之學者又怎能不畏難卻步呢？何況古典散文又不局限於唐宋；如擴而大之，則唐代以前的先秦、兩漢、魏、晉、南北朝，兩宋以後的遼、金、元、明、清，其間散文作家之多，何止千百，作品之富，何止萬卷，我們既有感於此一文化遺產之豐沛，又深愧於深入研究的實在太少，相信有很多精金美玉，尙大量沉埋於字裡行間而亟待發掘。由於這種基礎工程之尙付闕如，我們又怎能奢望把散文理論研究，推向理想的高峰呢？

又其次，注意點線面的整體結合：散文理論研究至少有四大重點，而定義、範疇、特徵不與焉。這四大重點：一、是散文作家與作品的研究：沒有作家就沒有作品，研究作品正所以突顯作家的人品與文品。所以近年來以「評傳」或「某某及其作品」爲名的著作大量湧現，其作用就在於此。此類著作雖略嫌粗糙，但想要有後出轉精之作，勢必要以此爲架構的礎石。二、是散文流派的研究：同類作家因爲風格類型相近，聲氣相投，或因特殊背景而結派的作家與作品，加以糾合研究，以掘發其寫作特色，和彼此同異之點，來彰顯此一流派，在散文發展中，和其前期、同期與晚期的文風、思潮，以及和其他流派間相激相盪的關係。這種成串或成組性的研究，由於事廣文繁，背景重疊，有其一定的高難度，就先秦諸子言，如儒家者流的孟荀，道家者流的莊列，法家者流的申韓；以魏晉六朝而言，如三曹父子、鄴下七子、竹林七賢、元嘉三家、竟陵八友，甚而推之於清初的三魏、桐城派、陽湖派、湘鄉派、六朝派等，多不勝舉。又往往前一派之果，爲後一派之因，因果相承，從而可以窺見散文發展的契機。三、是散文斷代的研究：綜論某一時代散文發展，在散文研究上是有必要的，因爲時代不同、背景不同，學術文化與思想觀念也難期劃一。所以不同的時代，必因時移勢異，而發生質文代變的現象。我們於此可以運用宏觀的視角，作條分縷析的歸納，並針對其背景、作家、作品、特徵、風格、流派、體裁、作法、理論、影響等進行分析，必能使其優劣得所，眞象突出。四是散文通史的整體研究：這是從散文的起源到發展，作品的特色與評比，作品的鑑賞和作法，作整體性研究。此不但可以從觀瀾索源中，找到散文發展本末原委的關係，同時在散文源遠流長的大潮裡，找出它生生不息的規律，以滿足教學與研究上的需要。

上開四點，作家與作品的研究是「點」，流派的研究是「線」，斷代的研究是「面」，通史的研究是「體」。由點而線，由線而面，再由各個不同的層面作整體性的結合。研究的學者們，於此既可從整體看部分，也可由部分推整體。至於其間研究的進程，孰先孰後，孰輕孰重，孰合孰分，孰易孰難，端視研究者的才學和對資料的掌控與處理的方法以爲斷。

至於散文理論研究的方法，可從下面兩點推求：首先是站在中國文化的大背景、大系統中進行考察；其次，是結合志同道合的學者作有遠見、有計劃地逐步進行。後者淺而易知，不作深論，論其前者。

散文理論是中國學術文化的一個環節，它和「經學」、「史學」、「子學」、「美學」與「文化學」息息相關。講到「經學」，自孔子總上古史料之菁華而成《六經》之後，經書即被尊爲中國文化的寶典、修己治人的準則。它既是義理的、政治的、經濟的、社會的、教育的，也是文學的。尤其孔子以他那周延的觀察力、高超的領悟力、過人的創作力、敏銳的想像力，運用簡、博、明、隱的不同筆法，或抑、或引、或變、或通，適應寫作的需要，與情感的際會，造成此部雅麗黼黻的曠世鉅獻，在思想上、內容上、體裁上、創作上，無一不對文學發生深遠的影響。所以從事散文理論研究，不可不與「經學」聯繫。

秦漢諸子皆入道見志之書，他們大多是英才特達，生前身與時舛，疾名德之不章，於是託空言以垂文，爲後世立一王之法。以班固《漢書》爲例，計其所列，就有一百八十九家，四千三百二十四篇之多，如孟軻、荀卿的作品，理懿而辭雅；莊周、列禦寇的書，氣偉而采奇；墨翟爲文，意顯而語質，韓非的著述，有博喻之富。他們無不標心萬古，送懷千載。所以後來文士，往往覽其華采，擷其精義，作爲寫作的範式。此韓愈上窺下逮，柳宗元旁推交通之所由，所以從事散文理論之研究，必須與「子學」加以聯繫。

一部二十五史皆散文傑作，而《史記》、《漢書》、《三國志》、《後漢書》，更是傑作中的極品，司馬遷《史記》尤爲四史的冠冕。它不僅是廿五史之一，也是一部前所未有的傳記文學，自古以來，即受學術界所推重。如唐朝韓愈，稱柳宗元的文章「雄深雅健似司馬子長」，柳宗元自道寫作經驗，也有「參之太史以著其潔」的說法。清代曾國藩更認爲「自漢以來，爲文者莫善於司馬遷」，因爲遷之文，無論是內容思想、文辭字句，都有一種疏暢排奡的氣勢，而與衆不同。所以研究散文理論，不可忽略史學家的史才、史學、史識、史筆。

言及「美學」，劉勰《文心雕龍》可謂中國美學理論專著。他的美學理論，從天人合一的思想出發，化心物爲一體，由天道可睹人事，由人事反映天道。「自然」、「群經」與「道德」是《文心雕龍》美學的三個基本環節，且彼此依附、相生相成，因爲沒有自然，群經與道德，便失去了產生的本源；沒有群經，則自然與道德，就失去了依存的憑藉；沒有道德，則自然與群經就喪失了運行的軌道。所以劉勰認爲「美」是因自然而生，則自然之文，爲群經的本源，而經典又是至聖至情之作，其表述方式，或隱言、或顯言、或誇飾、或比興，其命意、謀篇、安章、造句，無不是運用功能有限的文字，抒發文思不盡的情意。這正是美學的具體實踐，後世文論家所謂「中和」之美、「沖淡」之美、「眞率」之美、「陽剛」「陰柔」之美，對散文理論均有一定的影響，而此又皆在《文心雕龍》的美學思想中所預見。所以研究散文理論，應以《文心雕龍》爲據依，對「美學」有所認知。

「文化」和散文理論密不可分。因爲沒有文化，文學便無從談起。追討「文化」的起源，在沒有文字記載以前，有所謂「河圖」「洛書」的傳說，給陰陽五行、讖緯、神話帶來發展的溫床。文字發明之後，經三皇、五帝、三代以迄於今，數千年來，小如具體而微的食衣住行，大而至於經邦濟世的方略，如黃老之學、鄉舉里選的制度、九品官人之法，科舉行卷以取士，私人講學的書院、明清的八股括帖，以及佛學的西傳、清談玄學的興起、基督教文化的東來等，無不直接、間接、或遲或速、或顯或隱地影響到散文理論的創作。所以研究散文理論如不與學術文化的發展相聯繫，那無疑地如「盲人騎瞎馬，黑夜過斷橋」，是十分危險的！

馮永敏女史，臺北市立師範學院語文系教授，前曾以《劉師培及其文學研究》榮獲國立臺灣師範大學國文研究所文學博士，後又就此範圍加以延展，與其在校講授之課程相結合，上考下求，旁推交通，賡續探討、鍥而不捨者五年，成《散文鑑賞藝術探微》一書，由緒論而本論而結論，綱舉目張之外，其本論部分，先闡述散文概念、特質及其發展源流，然後又分從文體、立意、布局、辭采、意境、氣勢，探其淵源，究其變化，窮其終末，每立一說，每發一議，皆元元本本，以揭示散文鑑賞之指歸。

昔劉勰著《文心雕龍》，以爲「音實難知，知實難逢，逢其知音，千載其一乎？」古來知音之士，多闇於自見，往往因爲貴古賤今，崇己抑人，信僞迷眞之弊，而有東向而望，不見西牆之憾，故設「六觀」之法以閱文情，然而今之言散文鑑賞者，大多運用西方美學的框架，衡鑑中國之作品，媚俗悅世，缺乏通古變今的識見。殊不知中國是個「理性先啓，文化早熟」的民族，其文學理論，自有通天徹地之法。其理奧、其趣深，學者正應本著即山鑄鋼，煮海爲鹽的信念，去任力耕耨，縱意漁獵。

欣見永敏立足傳統，結合現代，以語簡意新之筆，開散文鑑賞的生面，塡補了中國散文理論研究的缺口。雀躍之餘，特發研究散文理論之大凡，與知我者共勉，並寄厚望於青年碩學之士云。

王更生序於臺北退思齋　民國八十七年春節前三日，時寒風苦雨，冷氣逼人。

自序

散文有的人譽之爲「美文」。它與小說一樣，寫人記事，但人物事件，不求完整。古今中外，天上人間，大至國計民生，小至草木沙石，信手拈來，聯綴成篇。它與戲劇一樣，講究語言錘煉，但不受時空限制，運筆自如，不藉矛盾衝突吸引人，而是靠優美語言打動人。它和詩歌一樣，可以即景抒情，托物言志，但不受聲調、韻律、行句的束縛，自然天成，它不是詩，卻具有和詩一般的情趣和氣韻之美。

也有人說散文是一種智慧的文體。古今名家列坐流觴，今昔名作百態並陳，讀者可以縱覽無遺，凝睇領會紙上煙雲、筆下丘壑、字裡風濤，感受其生氣與活力。品藻吟詠之際，感悟作者「不著一字，盡得風流」的揭示出豐美深邃內蘊，以及其人格、情感和智慧的藝術功力。神遊於廣大無邊的散文世界，確實令人感受到它有別於其他文學體裁的清新氣象。

本人自擔任臺北市立師院語文系散文選讀課程以來，時時想到劉勰《文心雕龍・序志》所云：「既洗予聞」，深深體會到摩挲研讀古今散文的幸運，但卻也不禁惋惜散文鑑賞研究的缺乏。目前在散文領域裡，在創作上確有其長足的發展，但是在研究方面，特別是鑑賞理論方面，則顯得宏觀俯瞰者多，微觀細探者少。讀者若只是隨興依緣，漫無邊際的閱讀，甚至仍抱著「多看自知，多作自好」的心態，忽略鑑賞的實質作用，是不太明智的。因爲唯有學者、讀者、論者善學善賞，才能使創作、鑑賞、評論三者相映生輝。爲此曾於北市師院語文學刊第二期發表〈論散文鑑賞的方法〉，並獲國科會論文獎助，但猶有不能曲暢其懷之憾。是以再廣搜資料，博考衆籍，寢饋於古今散文之中。而相關資料，散見於總集、詩文集、文話和詩話等，不僅蒐羅費時，且吉光片羽，成篇不易，先後歷經十年，每有一得，即筆錄之，確如《後漢書．烈女傳》所云：「一絲而累，以至於寸；累寸不已，遂成丈匹。」一絲一寸，積累既久，著成此編。

本書內容凡分九章。首章緒論，說明寫作動機與方法，本書理論之依據，並著重探討散文鑑賞的步驟、特徵、作用等，以及鑑賞必備的一般能力。次章闡述散文之概念、特質及其發展源流，以見散文獨特風神及其藝術眞諦。第三至八章，分從文體、立意、布局、辭采、意境、氣勢，探原竟委，尋繹散文鑑賞指歸，爲散文鑑賞必要的專門能力。末章綜論散文鑑賞研究之展望。

本文寫作時所遇困難，約以言之，大別有三。第一，有關散文鑑賞理論資料，星散於古今文家著述之中，其間蒐羅資料，雖費時甚久，猶未云完備。第二，在散文鑑賞理論研究方面，古代文家於闡論要旨，揭示隱微時，往往隨文闡發，鈎玄提要，濃縮精煉，並未形成具體理論體系。而現代學者的相關研究著述，至今仍寥若晨星，缺乏整體性的探討，由於前無所資，是以本文在建立理論架構與歸類分析上，雖用力頗深，仍心餘力絀，每感困難。第三，散文鑑賞理論可資探索者，包羅廣泛，本文嘗試由形式與內容、一般與專門等方面架構散文鑑賞理論體系，但因其學涉多方，而才力有限，難以全面觀照。有此三難，是以疏略之處，在所難免。今後唯有惕厲奮發，再求精進，並祈博雅先進，匡謬補遺，有以教之，則幸甚矣！

撰述之際，因緣際會，承蒙中壢宋老師大力奔走，慨然相助，先父得卜吉改葬於關西天龍山。其間歷經三十年，始克償還爲人子女之夙願，寸翰楮墨，難以言宣。此外，研治期間，幸蒙師友之關切協助，析疑解惑；家人之悉心照顧、愛護支持；以及師院同仁之鼓勵啓迪，當本文定稿殺青之際，特誌於此，以示永懷。

民國八十六年四月馮永敏謹識於臺北市立師院語文系

散文鑑賞藝術探微　目次

第一章　緒　論

第一節　研究動機與方法

我國是散文的國度，品類衆多，佳作浩繁，文言白話，競領風騷，並吐芳艷。在散文藝術中，散文創作與散文鑑賞是相生相隨，不可分割的兩個層面，具有同等重要作用和意義。沒有散文創作，就不會有散文鑑賞；而散文作品只有經過讀者鑑賞，才能發揮其作用，實現其價值。不過，創作是少數人才能從事的工作，鑑賞則是多數人可參與的活動。是以，爲衆多鑑賞者提供理論上的指導，自有其必要性與迫切性。沒有鑑賞者，談創作者的責任和使命都是空談。

在散文鑑賞中，又存有自覺與非自覺兩種不同的差異。所謂非自覺，即是讀懂一篇文章，感到異常興奮，拍案叫絕，但要其說出作品個中三昧，卻只知其妙而不知其所以妙，處於一種模糊狀態。自覺的鑑賞，則是能把握鑑賞的特點，在閱讀篇章時，反複體驗，細心品味，領悟文章的藝術眞諦，思想感情得到升華，並能進一步理解散文的創作時代、作者背景、創作意圖，以及作品中所運用的藝術手法和所創造的意境等等。讀者對作品作深入鑑賞，不僅能與作者悠然神會，更可指摘其中所以然的妙處，收穫因此豐碩起來。清楊廷芝在《二十四詩品淺解小序》中云：「詩不可無品，無品不可以爲詩，此《詩品》之所作也。」①他說的「品」即品評，鑑賞之意。所指雖屬詩歌，但詩文一理，散文何嘗可以沒有鑑賞？

散文沒有達到鑑賞的階段，是不足以眞正領略散文的藝術境界，而散文批評理論的建立則又必須以鑑賞爲主。朱熹說「沉潛諷誦，玩味義理，咀嚼滋味，方有所益」，又說「吟詠四、五十遍了，方可看注。看了又吟詠三、四十遍，使意思自然融液浹洽，方有見處。」②我國文學批評理論就是建立在這種「讀」、「看」的文學鑑賞的基礎之上，尤其古代的詩話、文話、筆記、漫談、評點等，多以體會鑑賞的形式出現，以體現評論者的理論和觀點，但其中更多的是引導讀者對作品的欣賞和品評。這是因爲歷來文論家，大都一身而兼數任，他們既是創作者，又是鑑賞者，更是理論家。他們親歷創作過程的甘苦，素諳創作奧祕，他們的鑑賞因而有了眞切體驗與沉潛幽遠的思辨，進而把鑑賞引向深處，提到理性階段，對文學作品或理論，進行分析、評價與論述。由此可見，散文批評理論建立在散文鑑賞的基礎上，是散文鑑賞的深化和發展。對散文評論者而言，鑑賞是批評的基礎和前提，先有鑑賞，然後才有評論。

綜觀我國歷來有關散文鑑賞的著述，一是文話，如李耆卿《文章精義》、陳騤《文則》、謝枋得《文章軌範》、劉熙載《藝概．文概》、唐彪《讀書作文譜》、吳曾祺《涵芬樓文談》、林紓《文微》等。也有一些論及散文鑑賞的專論，散見於經、史、子、集中，如曹丕〈典論論文〉、陸機《文賦》、劉勰《文心雕龍・知音》、蕭統《昭明文選・序》、葛洪《抱朴子・辭義篇》、宋濂〈文原〉、黃宗羲〈金石例〉、劉大櫆〈論文偶記〉、曾國藩〈鳴原堂論文〉、劉師培〈論文偶記〉等。二是散文選集及選注本中的評點，如呂祖謙《古文關鍵》、吳楚材《古文觀止》、姚鼐《古文辭類纂》、曾國藩《經史百家雜鈔》、林雲銘《古文析義》、李扶九《古文筆法百篇》、高步瀛《唐宋文舉要》、王文濡《宋元明文評註讀本》等。

這兩類鑑賞著述，其內容相當廣泛，「凡與散文有關的，上下古今，天南地北，無不可談，辨句法，備古今，紀盛德，錄異事，正訛誤」③。其鑑賞內容包羅萬象：或是只鑑賞作家作品，詮釋名篇佳句、探討源流、體製和作法。或是記載文壇掌故，作品本事和作者遺聞軼事。內容多是記述和鑑賞兼而有之，錯出雜陳。尤其這些資料多以我國獨特的即興隨感，直觀領悟的方式呈現，形式靈活多樣，文字長短不拘，這種方式的好處正如袁無涯所說：「書尚評點，以能通作者之意，開覽者之心也。得則如著毛點睛，畢露神采，……於一部之旨趣，一回之警策，一句一字之精神，無不拈出……如按曲譜而中節，針銅人而中穴，筆頭有舌有眼，使人可見可聞，斯評點所最貴者耳。」④由於語錄或評點方式簡潔明了，便於引導賞鑑者領悟其妙。像劉熙載《藝概》的形式，即是採取舉此以概乎彼，舉少以概乎多的即興隨感語錄方法，以達到觸類引伸，舉一反三的效果。但是這種即興隨感，直觀領悟方式，有的片斷零碎，有的夾雜在作品的評點之中，三言兩語，篇幅短小，就像雲中之龍，見其首不見其尾，或雲中露一爪一鱗而已。其中對作品的體驗和藝術的觀照，雖不乏眞知灼見，有許多深邃微妙之處，能喚起讀者心靈深處的共鳴，但理論闡述不完整，沒有升華爲系統的理論，而且術語概念混亂不一，郭紹虞曾指出：「以前文學理論批評上的術語，昔人並沒有嚴格地規定它的含義，所以同一詞，甲可以這麼用，乙又可以那麼用，假如混而爲一，就不免牛頭不對馬嘴了。而且，即在同一書中，昔人用詞也沒有嚴格的科學性，往往前後所指，不是同一概念……」⑤由於所站角度、觀點不同，許多評點者僅抒發一己的體驗和感受，以誘發人的想像力和藝術再造力，但因其論述多不完整，缺乏有條理的闡明，或者所用術語具多義性和模糊性，不易得其確切的界說，不得不使這種評點或語錄出現「可爲知者道，難與俗人言」的缺憾。

現代有關散文鑑賞的著述，在成書方面，有呂叔湘《文法要略》論述「文章的體製」、「文章的主旨」等。黎錦熙《國語文法》論述段落、篇章等問題。兩書均從文法角度分析文章結構等。金兆梓《實用國文修辭學》，全書由文章謀篇、裁章、煉句等角度論述修辭學。而自梁啓超《作文教學法》出，其後論文章寫作或作文教學的著作日益增多，如胡懷琛《文章作法全書》，夏丏尊、葉聖陶《文心》，夏丏尊、劉薰宇《文章作法》，郭紹虞《學文示例》，顧白《文章作法精通》，梁宜生《文章作法》，許恂儒《作文百法》等。這些專門著述，並不以研究散文鑑賞爲主，但細究其內容，仍有作者鑑賞的體會與心得。

目前臺灣學界有關散文論述的成書，舉其代表者，如方祖燊、邱燮友《散文結構》，探討了散文界說、體製與作法。季薇的《散文研究》、《散文點線面》二書，較適合初學者寫作與欣賞，對散文理論論述稍少。季薇的《散文的藝術》，張雪茵的《散文寫作與欣賞》，方祖燊《散文的創作鑑賞與批評》，林嘉錫《耕耘的手—散文理論與創作》等，均能從散文藝術方法著眼，予人啓發。鄭明娳《現代散文欣賞》鑑賞與理論兼顧，而她的《現代散文縱橫論》、《現代散文類型論》、《現代散文構成論》爲現代散文創作建構系列理論，引證翔實，堪稱詳備。但此類論著多偏於散文創作理論探析。

至於單篇論文，其中具有代表性者，如曾昭旭〈談散文的分類及雜文〉、沈謙〈雅舍小品的修辭藝術—現代散文修辭論之一〉、葉維廉〈閑話散文的藝術〉、王更生〈簡論我國散文的立體、命名與定義〉、〈論我國古今散文體類、分合之價値原則及方法〉、〈論中國散文之藝術特徵〉、曾錦坤〈散文鑑賞的聲律問題〉等，對散文創作理論的研究貢獻亦多。

觀大陸的研究成果，則較爲多樣。在成書方面，則可分爲通論、文體、創作、鑑賞等各類。通論如：張壽康《文章學概論》、藺羨璧《文章學》、孫移山《文章學》、鄭頤壽《辭章學概論》、張會恩、曾祥芹《文章學教程》等。文體如：陳必祥《古代散文文體概論》、姜濤《古代散文文體概論》、褚斌杰《中國古代文體概論》、謝楚發《散文》等。創作部分如：周振甫《文章例話》、傅德岷《散文藝術論》、李正西《中國散文藝術論》、李光連《散文技巧》、熊述隆《散文藝術世界》、周明《中國古代散文理論》、張聲怡、劉九洲《中國古代寫作理論》等。鑑賞部分又可分爲辭典、泛論、專論等。辭典如：《古文鑑賞大辭典》、《唐宋八大家散文鑑賞辭典》、《中國現代散文鑑賞文庫》等。泛論的有：張炳陽《文學鑑賞學》、歐陽周《文藝鑑賞嚮導》、宋偉、張雲鵬等《文藝欣賞學》、周維德《文學批評與欣賞》、吳甸起《讀賞論評》等，這類著作多爲理論上探究鑑賞的過程、功用等，其中有部分稍涉散文鑑賞，然以敍述過簡，流於浮泛。此外，單篇論述散文定義、創作等⑥，成果十分可觀。

檢討既往，舉目當今，祛短取長，實有重新對散文鑑賞藝術作全面性研究的必要。爲彌補散文鑑賞理論之不足，本文首先以歷史、演繹、歸納、分析等法，對散文之概念、特質及其演變過程進行研究。其次，對散文鑑賞理論作整體剖判與闡發，爲求「知古而能鑑今」，並梳理和開拓歷來各文家著述中鑑賞資料的精華，闡揚幽隱，補苴罅漏，以助散文鑑賞理論體系的完備。其三，於理論衍申時，舉證古今優秀作品，即以理論析作品，以作品證理論，深探力取，以見理論與實際作品相互之印證。

第二節　本書理論的依據

我國是一個散文大國，自先秦諸子、司馬遷、韓、柳、歐、曾、蘇、王、歸、三袁、姚鼐，及至現代朱自清、徐志摩、郁達夫等，無數優秀散文大家和無數豐富的創作成果。但是不論在創作、鑑賞或批評理論上，則未出現令人滿意的完整體系，雖然魏晉南北朝有關文學批評專著陸續產生，可惜體例駁雜，未有精嚴完整的散文理論。自唐宋八大家，以至明代歸有光等，對散文提出了不少眞知灼見，卻仍只是零星片斷，沒有構成系統。清代桐城派前後綿延兩百餘年，在前人文論基礎上，建立頗具規模的散文理論體系。其中又以姚鼐的論述最富有特色。他說：

爲文者八：曰神、理、氣、味、格、律、聲、色。神、理、氣、味者，文之精也；格、律、聲、色者，文之粗也。然苟全其粗，則精者亦胡以寓焉？學者之於古人，必始而遇其粗，中而遇其精，終則御其精者而遺其粗者。⑦

姚鼐已體認到創作悟力固然重要，但學力亦不可少，創作者實際上是須由鑑賞入手的。先從作品形式入手，再進入作品內容，進一步得作品神髓，爲創作奠下良基，否則，終生刻苦努力，亦難以有所成就。可見創作之與善學善鑑，兩者是緊密結合，相輔相成的。

由於「神、理、氣、味、格、律、聲、色」八字，最具參考價値，是以民國以來仍有許多學者加以探析⑧。雖然姚鼐本人對此八字未有詳加解釋，但綜合姚氏評鑑各家作品，以及其文集相關文章、尺牘等，其八字意旨大致如下：「神」指文中作者獨特精神。「理」指義理，即作品之思想內涵。一篇文章之命意，實是作者「神、理」的綜合呈現，所以姚鼐於〈答翁學士書〉中就說：「故詩文美者，命意必善。」「氣」即指文章的氣勢。「味」是指文章中，因雋永旨趣所產生之藝術感染力，類近於文章的意境。「格」則指文章布局結構而言。「律」是指文章辭令之戒律，如措辭不可鄙率等。「聲」指文章平仄、音節、節奏等。「色」指文章辭采。前四者指內容；後四者指形式。

緣此之故，本文除以歷來文論精華爲基礎，並參酌姚氏所論八字內涵，再綜之以己見，以建立本書散文鑑賞理論脈絡。本書共分九章，各章內容安排如下：

第一、二章爲綜論，期能歸納組織，以見散文鑑賞理論之體系架構，爲以下各章提供必要基礎。第一章凡分兩節，首先全面探析散文鑑賞重要意義，散文鑑賞研究概況。其次，論述本書理論之依據，最後闡明散文鑑賞的層次與鑑賞的原則。

第二章探討散文概念特質及發展源流。首以時間爲序，釐析「散文」由「文」、「文學」、「文章」、「散文」等名稱與內涵演變過程。次則分從作品取材上的崇實尚眞、作者性情上的袒露個性、表達技巧上的意隨筆活、行文措辭上的辭采翩然等方面剖析散文特質。末則鳥瞰我國散文發展歷程及其各階段轉變特色。

第三至第八章爲本論，此爲散文鑑賞必要的專門能力，其中文體、布局、辭采屬形式鑑賞理論；立意、氣勢、意境屬內容鑑賞理論。第三章散文文體藝術，凡分三節。首論散文在應用與學術上分類的意義。次論自古至今散文文體分類及其分類方式。末則以記敘、說理、實用三類文體爲主，探究各類文體藝術特色。

第四章散文立意藝術，本章包含姚氏所稱「神、理」二字，凡分三節。首先從思想價值與組織結構說明散文立意的作用。次從新、深、遠、貫四方面探析散文立意特色。末則由煉意技巧與表意手法上闡明立意的藝術手法。

第五章散文布局藝術，此即爲姚氏所言之「格」字，分三節論之。首先由理清線索、抓住文眼、指點過渡和照應、注意開頭和結尾、辨析標題等五個環節，論析散文布局的內容。其次從時空順序、邏輯順序、心境順序探究散文布局的順序。最末闡發散文布局技巧，並擇要說明詳細、抑揚、虛實、開合、曲折、對比等六種技巧。

第六章散文辭采藝術，本章實涵蓋姚氏所云「律」、「聲」、「色」三方面，分四節論之。首先分從錯綜變化、精煉準確、虛實傳情、形象生動等方面，闡述散文詞語的錘煉。其次，由善用警句、整散兼行、長短相間、多樣靈活等，論述散文句式的變化。又次，闡發散文修辭的選擇，並擇要介紹排比、比喻、襯托、用典、誇張、通感、層遞等七種修辭。最後，論述散文節奏的安排，分從音調、聲韻、字句三方面加以剖析。

第七章散文氣勢藝術，此即是姚氏所稱之「氣」，並由歷代文論中闡明「氣勢」內涵，以下分四節探析。首先，從直抒胸臆和托寓情性兩種類型，探究散文氣勢情感力量。其次，從緣事導理、析事論理、借物說理三方面，論述散文氣勢邏輯力度。又次，分從表達技巧和字句音調等方面，探究散文從藝術形式中所呈現的氣勢。最末，從誦讀體味上，剖析散文氣勢的具體可感。

第八章散文意境藝術，相當於姚氏所云之「味」字。從歷代文論中，釐析「意境」內涵，分三節論析。首先，從主要物象、環境、氣氛三方面，闡發散文意境所呈現之藝術畫面。其次，從由此及彼，深化意境；比較類比，橫波相連；自然物的人格化三方面，探究散文意境所呈現之飛躍美。最後，由味外之旨與象外之象兩方面，探究散文意境所呈現的意外之意、境外之境。

第九章爲結論，探討散文鑑賞研究之展望。

第三節　散文鑑賞的層次

「鑑賞」二字，具有欣賞和鑑別之意。散文鑑賞就是指對散文的欣賞和鑑別。因此在散文鑑賞層次上，應包括以下三個要點：理解、體味、判斷。

一、理解鑑賞

散文創作和散文鑑賞程序是不相同的。創作時，作者是「情動而言形，理發而文見，蓋沿隱以至隱，因內而符外者也。」⑨胸有積蓄，意在筆先，由內而外，由隱而顯。其寫作過程是：立題旨、理結構、用字句。鑑賞時，讀者因文釋道，披文見情，由外而內，由顯而隱。其理解過程則是：辨字句、明段落、識題旨。理解鑑賞就是從語言文字入手，多角度，多方面，運用各種經驗和知識去理解、闡釋作品，透徹把握住作品內容，是散文鑑賞層次中最爲關鍵的一步。劉肅《片玉集·序》中指出：「辭不輕措，辭之工也。閱者必詳其所措，工於閱者矣。措之非輕而閱之非詳，工於閱而不工於措，胥失矣。」⑩「辭不輕措」是指作者下筆爲文慎重，「詳其所措」是讀者要細加理解研味。有工致的創作而沒有精深理解的鑑賞，或有精深理解的鑑賞而沒有工致的創作，都是有所不足的。例如《史記·屈原賈生列傳》有云：「懷王使屈原造爲憲令，屈平屬草稿未定，上官大夫見而欲奪之，屈平不與。」

⑪「奪」「與」之字，一般注解爲：「奪，奪取。」「不與，不給。」⑫屈原「造爲憲令」，是受命於懷王，上官大夫怎敢搶奪？奪了又如何表功爭寵？這樣的注解無論從詞義或情理上來說，都是不正確的。「奪」本指鳥從手上振翅飛離有「脫失」之意。《廣雅．釋詁》：「奪，誤也。」故《孟子．齊桓晉文之事》云：「百畝之田，勿奪其時，八口之家可以無饑矣。」「奪時」就是錯失時令的意思，即人不能改變動植物生長繁殖的時令。「奪」由此引申爲：改變、削改、修改之意。「奪」字這種用法在古籍中不難見。如《論語》：「匹夫不可奪志也」、「臨大節而不可奪也」《史記．秦本紀》：「君試遺其女樂，以奪其志。」李密〈陳情表〉：「舅奪母志」等均是其例。屈原起草的憲令，未定，上官大夫見了，認爲對權貴要臣不利，趁完稿之前，想強使屈原修改憲令中的內容。「與」字應釋爲贊同之意，這種用法在古籍中同樣常見，如《論語．先進》：「夫子喟然嘆曰：吾與點！」《史記．齊太公世家》：「景公立，以崔杼爲右相，慶封爲左相，二相恐亂起，乃與國人盟曰：『不與崔、慶者死』。」〈與陳伯之書〉中云：「夫逆途知返，往哲是與。」即是這種用例。「屈原不與」即屈原不答應修改。順通語句後，可以了解屈原爲人正直正道，造爲憲令，是爲了「明法度之嫌疑」，以達到「國富強而法立」的目的，當然不利於奸臣宵小，因而想強使他修改內容，屈原當然是不會同意的。一方要改，一方不同意，矛盾衝突因此而生，造成「上官大夫短屈原於頃襄王」，讒毀陷害接踵而至，以致這位忠臣賢士終遭絀疏。可見鑑賞者若不求文字語言之確解，僅憑胸臆爲斷，便極易落入附會穿鑿一途。

另外，像蘇洵〈六國論〉中有云：「至丹以荊卿爲計，始速禍焉。」⑬其中「始速禍焉」的「速」字有注爲「招致」，有注爲「加速」，何者爲是？首先看「招致」在原句中的意義是：「等到燕太子丹用荊卿行刺，作爲對付秦國的計策，才招致禍患」，其重點是把禍患根源歸結於「以荊卿爲計」，如不「以荊卿爲計」，燕國未必亡。其次看「加速」在原句中的意義是：「等到燕太子丹用荊卿行刺，作爲對付秦國的計策，才加速了禍患到來」，其重點是說禍患到來是遲早的事，是否「以荊卿爲計」，燕國都是必然要亡國的。哪一個符合作者原意？文中有言：「六國與秦皆諸侯，其勢弱於秦，而猶有可以不賂而勝之勢。」指出六國有勝秦的可能。文中再用「向使三國各愛其地，齊人勿附於秦，刺客不行，良將猶在，則勝負之數，存亡之理，當與秦相較，或未易量」一句，與「丹以荊卿爲計，始速禍焉」對比，作者認爲：「刺客不行」燕未必亡，可惜燕國「以荊卿爲計，始速禍焉。」可見，「刺客」計策實關係到燕國之存亡勝敗，而不是說燕國的敗亡是早晚的事。所以，「招致」之意才符合作者的深意。

鑑賞散文若不密察辨析字句的運用，對於作品終是茫然而不解，隔阻而不通。因爲「辭之於文，如骨之於身，不然則不成爲辭。」⑭散文作品的精氣神韻，譬若宮牆，理解詮釋文字語言，是其門徑，門徑苟誤，跬步皆歧，如何咀嚼出作品眞味？呂祖謙就曾說過：「學文須……先看文字體式，然後徧考古人用意下句處……。第一看大概主張；第二看文勢規模；第三看綱目關鍵；第四看警策句式。」⑮他的鑑賞理解法很有見地，即瀏覽語言文字，形成整體印象，再揣摩文章的遣詞用句，謀篇布局，最後再回到文章整體上去，獲得了整體印象。所以，鑑賞散文必須有一個整體理解鑑賞的過程，以助賞閱作品，才不至於誤賞誤讀，或虛說神聊，強作解事，因爲這些都不足以眞正進入作品的殿堂。

二、體味鑑賞

指進入作者創作的情境，領會作者的主觀情感、理想或意趣。鑑賞從語言文字入手，但卻不能僅停留在語言的表層意涵上，而須深入體味作者在形象塑造、立意提煉、結構布局、語言表達等藝術技巧，以至作品形象所包蘊的思想內涵。從實際散文作品可以證明：語言所描摹的往往只是形象的外在迹象，蘊乎其中的內在精神，才是散文作品極關重要的部分，所以鑑賞者必得沿著形象的外在迹象，去馳騁自己的想像和聯想，經過一番再創造的工夫，然後才能得到完整的藝術形象，並把握蘊乎其中的內在精神，否則拘拘於有迹象的文字，卻拋棄了極關重要的言外之意，弦外之音，那就永遠讀不懂作品，永遠不會被作品感動。因此，歷來鑑賞者都主張必須深入作品，反複詠味，「諦審而咀味之，方見古人用心處」⑯即全神貫注，讓自己的心靈完全沉浸在作品藝術裡，凝神體味細繹文章底蘊，以至於「吾性靈與相浹而俱化，乃眞實爲吾有而外物不能奪。」⑰例如元懷《拊掌錄》中記載：「東坡在玉堂，一日，讀杜牧之〈阿房宮賦〉凡數遍，每讀徹一遍，立咨嗟嘆息，至夜分猶不寐。」⑱鑑賞體味，如痴如醉，贊嘆不已。嚴羽也主張反複體味以得作品眞髓。他說：「讀《騷》之久，方識眞味，須歌之抑揚，涕洟滿襟，然後爲識《離騷》，否則如戛釜撞甕耳。」⑲只有對作品再三體味咀嚼，才能鑑賞達到「玩繹方美」⑳的境地。例如朱自清〈荷塘月色〉㉑一文，作者感情含蓄深遠，令人玩味不已。文中有兩個「忽然」頗堪咀嚼，第一個「忽然」在文章的開頭：「這幾天心裡頗不寧靜，今晚在院子裡坐著乘涼，忽然想起日日走過的荷塘……」，作者在「心裡頗不寧靜」後所使用的，作者苦苦追尋寧靜時，那種煩悶又惆悵之情籠罩心頭的沉重感，巧妙地借「忽然」透露出來。第二個「忽然」是在篇末：「……但熱鬧是他的，我什麼也沒有。忽然想起採蓮的事情來……」是在一陣蟬聲與蛙聲把作者從仙境一般的荷塘月色中拉回現實後使用的。在「但熱鬧是他們的，我什麼也沒有」後的「忽然」，無比惆悵的失落感油然而生，含蓄地反映出作者那種想超脫而又無法超脫的苦悶。在荷塘月色中無法超脫，「忽然」一詞，把作者再試圖從往昔美好的江南幻境裡尋找寧靜，心情更爲憂悶和苦惱。爲了尋找寧靜，作者的心路歷程，經由一前一後的「忽然」意味深長地折射出來，向人展示他孤寂憂鬱的心靈世界。作者以雋永優美的筆調，描摹月下荷花的純美，以寄喻自已的人格理念，運用兩個「忽然」，隱微表露自我的情感。在入境揣摩玩味之中，令人獲得響外別傳的妙趣。

《左傳．秦晉崤之戰》㉒中記載，晉敗秦軍於崤，「獲百里孟明視、西乞術、白乙丙以歸」，但是晉文公夫人文嬴爲三人說情，三人得以脫身。及至先軫怒諫晉襄公，晉襄公急派陽處父追至河，秦軍孟明等三人已在舟中，「釋左驂，以公命贈孟明」。陽處父此說，明爲送禮，實爲誘捕之計。「孟明稽首曰：『君之惠，不以累臣釁鼓，使歸就戮於秦，寡君之以爲戮，死且不朽。若從君惠而免之，三年將拜君賜。』」孟明所說句句謝恩，感激涕零。但細繹其意，大有「事隱於此而義著於彼」的意蘊，話中有話，弦外有音。孟明恭謹謝恩之話，實是緩兵之計，用以安全脫身。其次，話中暗含譏刺，諷對方縱敵之愚。再次，話中暗露三年後將發兵報仇雪恥之意，俟後果有秦晉彭衙之役，其語可謂不露纖迹，機巧含蓄之至。鑑賞者於理解文意之後，還應抉微發隱，用心體味揣摩，「而直取其人文心」㉓，以達「聞弦歌而知雅意」，見牆外「一枝紅杏」，便知牆內「滿園春色」的地步。

三、判斷鑑賞

明代張丑說：「賞鑑二義，本自不同，賞以定其高下，鑑以定其眞僞，有分屬也。」㉔說的雖是藝術品的鑑賞，卻也道出散文鑑賞的另外一個層次——判斷鑑賞。這是指鑑賞者感受和體驗散文作品後，並對作品作出評價和判斷，即鍥入作品內在隱蔽的深層結構和意蘊之中，作剔精抉微的分析，經過思辨和理性分析，鑑賞者在重溫和加深鑑賞作品時，領會思想的提升，以浸潤情感的理性予以穿透，而有「入透而出」的發現和洞見。如果說理解、體味的鑑賞是以感性「辨情」爲主，那麼，判斷鑑賞就是以理性「繩理」爲主。以歐陽修〈醉翁亭記〉一文的立意來說，有的以爲「明是玩賞風月，文章妙有與民同樂一段議論，爲通篇結穴。」㉕有的以爲表現歐陽修謫居滁州「頹放情懷和縱酒山林的閑適情思」㉖，但其立意到底如何？本篇是作者爲范仲淹辯護失敗後，貶爲滁州知州第二年所作。劉熙載《文概》中說：「志者，文之總持。」㉗作者「激於感遇」，發而爲文，抒情寫志。歐陽修〈與尹師魯書〉中云：「每見前世有名人……及到貶所，則慼慼怨嗟，有不堪之窮愁形於文字，……用此戒安道，愼勿作慼慼之文。」㉘〈醉翁亭記〉一文以「樂」字貫穿全篇，把山水與人事、寫景與抒情熔爲一爐，字裡行間透露出作者身處逆境，依然放達超然的神韻風采。以亭寫景，以景寫人，形神相融，渾然一體，涉筆成趣，讀來動人心懷，但文中作者卻又以自己的別號「醉翁」命名山亭。試觀他在〈醉翁吟〉中說：「我昔被謫居滁山，名雖爲翁實少年」、「顏摧鬢改眞一翁，心已憂翁安知樂」。在〈贈沈遵〉詩又云：「我時四十猶強力，自號醉翁聊戲客。」在〈題滁州醉翁亭〉中說：「醉中遺萬物，豈復記吾年。」㉙年近四十自號「醉翁」，雖有放曠超逸的瀟洒，實乃隱含官場失意的抑鬱愁情，這種未醉而稱醉，未翁而稱翁，借以排遣心中的不平與自我揶揄之意十分明顯。

同時，文中作者極寫太守悅山樂水的那種「遊樂」、「宴樂」以及「與民同樂」的志氣自若風神。但從其遭遇看來所謂的「太守之樂」，錢鍾書於《管錐篇》就指出：「歐陽修被讒，出知滁州，作〈醉翁亭記〉，自稱『醉翁之意在乎山水之間』，人『不知太守之樂其樂』。夫『醉翁』寄意，洵『在乎山水間』，至若『太守』之初衷本『意』，豈眞『樂』於去國而一麾出守哉？諒不然矣。」㉚事實上歐陽修文中所稱的「太守之樂」，絕非其平生素志，他所追求的也絕不是逆來順受，離京出守，終老於偏遠滁州一生，「太守之樂」，實非歐陽修的「初衷本意」。尤其與此文同一年作的一首〈啼鳥〉詩云：「我遭讒口身落此，每聞巧舌宜可憎。春到山城苦寂寞，把盞常恨無娉婷。」詩中明顯可見作者「寄託自己的牢騷」㉛。由此可見，歐陽修在〈醉翁亭記〉一文中，善於化解個人遭貶的痛苦，不怨天尤人，不計個人得失，握瑾懷瑜，以風節自持，實踐自己的主張，未有窮愁不堪之情，形於文字之中，更展現出其瀟洒超逸的情懷。然而，在「太守之樂」的背後，他的壯志難酬、懷才不遇的鬱結仍難以拋卻，因爲我們在他的詩裡可以看到「太守之樂」的另一面。〈醉翁亭記〉的立意，從多角度研析判斷後，可以這樣說：「蓋悅山樂水，亦往往有苦中強樂，樂焉而非全心一意者。概視爲逍遙閑適，得返自然，則疏魯之談。」㉜可見，只有對散文作品多方判斷，深入研析，才有可能解開屬於作品內在的「隱祕」。這種判斷的深味和異彩，是鑑賞中再一次情理交至的享受和提升。

上述鑑賞三個層次，即從作品進行理解，體味徹悟其意蘊情感，再予以「入透而出」作出理性判斷。在鑑賞之中，鑑賞者敏銳知覺、超邁想像、剴切感受和洞見深入的能力，與作者共同創造藝術世界。三個層次，既是情感活動，也是理智活動，評價活動，相互滲透，反複交錯進行。如果缺少任何一個層次，都極易陷入浮光掠影或淺嘗輒止的弊端。

第四節 散文鑑賞的原則

劉勰說：「文情難鑑」㉝；葛洪也說：「文章之體，尤難評賞。」㉞只有掌握得體的原則，才能正確鑑賞，獲得鑑賞樂趣。歷來文家提出許多眞知灼見，說的雖是一般文學鑑賞的原則，但同樣對散文鑑賞具有啓示作用，值得參考。以下分從作品和鑑賞者兩方面論述之。

一、在作品方面

㈠知人論世

「知人論世」是我國最具有影響的鑑賞原則。《孟子・萬章下》說：「頌其詩，讀其書，不知其人，可乎？是以論其世也。是尙友也。」㉟一篇作品所反映出來的情緒與意義，無不緊繫著作者的情感和心態，時代背景，其中還寄寓他對歷史、人生和宇宙的深刻體驗，但作者的這種情感和體驗不是直接寫出來，而是蘊含在形象描述之中，因而要領會作品內蘊，就不能滿足於對作品表面的感受，還應深入去探求，絕不能孤立地品賞作品本身，就事論事，而必須要知乎其人，並要知其人所處之世，以便設身處地體味其人其境，才能眞正把握住作品內涵，這是散文鑑賞的必要條件。知人論世的重點就在於：將人、世、文視爲整體，突出作者的全人、全篇及其所處的社會狀態，由此入手，進入作品的境界，把握作品眞諦，進一步體現尙友其人的精神。這項鑑賞原則，爲歷代優秀鑑賞者所遵循。金聖嘆說：「大凡讀書，先要曉得作書之人是何心胸。如《史記》，須是太史公一肚皮宿怨發揮出來，所以他於〈遊俠〉、〈貨殖傳〉特地著精神。」㊱章學誠說：「不知古人之世，不可妄論古人之文辭也。知其世矣，不知古人之身處，亦不可遽論其文也。」㊲魯迅也認爲：「要論文，最好是顧及全篇，並且顧及作者的全人，以及他所處的社會狀態，這才較爲確鑿。要不然，是很容易近乎說夢的。」㊳夏丏尊、葉聖陶也說：「對於一篇作品，如果要好好地鑑賞，預備知識是必要的，作者的生平，作品的緣起，以及其他種種與這作品有關聯的事件，最好能先知道一些。」㊴顯而易見這些說法都是在「知人論世」的原則上所作的發揮與發展。

㈡以意逆志

「以意逆志」也是孟子提出的鑑賞原則。《孟子·萬章上》說：「故說詩者，不以文害辭，不以辭害志，以意逆志，是爲得之。」㊵這是強調不能拘泥個別的辭句，從文辭表面機械理解作品的整體意義，而應把握作者寓於作品中的基本思想，具體而全面的分析，通過自己的體會，去探求作者表達的思想感情。「以意逆志」的原則有幾個相輔相成的方面。首先，必須正確完整理解作品主旨，不能斷章取義。其次，要注意作品中獨特的語言文字的特點或表達手法，才不致「以文害辭」，「以辭害志」。再次，鑑賞者經過正確理解作品主旨後，再經過進一層的感悟、體會，走進作者心靈深處尋找作品內蘊，達到作者之志與鑑賞者之意相互契合。「以意逆志」的原則，可使鑑賞者在散文的鑑賞上，含英咀華，尋幽探勝，逐步發掘出作品中深邃內涵，確實具有指導作用。

㈢能入能出

大凡優秀的散文作品，無不具有勾魂懾魄的藝術魅力，就像梁啓超所說的：「藝術的權威，是把那霎時間便過去的情感，捉住他，令他隨時可以再現；是把藝術家自己『個性』的情感，打進別人們的『情閾』裡頭，在若干期間內占領了『他心』的位置。」㊶當動人情性的文章，喚起鑑賞者的經驗和體會，以引起共鳴，與作品的情志相互交融，鑑賞者即因此深入文情，心搖神蕩，神遊於美妙的藝術世界，甚至達到忘我之境，使沒有生命的文字變得靈活飛動，這種神與物遊的感受，就是「入乎其內」。由此可見，在鑑賞中，鑑賞者不能對作品產生情感交流，散文鑑賞即無從說起。只有充分「入乎其內」，入情會心領悟篇章箇中妙處，獲得情感的激發，這是散文鑑賞中重要的環節。但是《荀子・正名》也云：「心有徵知。」㊷徵即求證，知即思考，就是對感性認識加以驗證和思考。可知鑑賞不只是情感的交會，還有理智參與，不僅有怡情作用，還有理性思辨，所以鑑賞者又要能冷靜的由入轉出，「出乎其外」。回到鑑賞者立場，對作品進行客觀判斷、評價。陳善《捫虱新話》中說：「讀書需知出入法。始當求所以入，終當求所以出。……蓋不能入得書，則不得古人用心處；不能出得書，則又死在言下。惟知出知入，乃盡讀書之法也。」㊸讀書「出入法」，其實對鑑賞散文一樣重要。入能沉潛其中，體悟其眞情高致領略文中三昧；出能判斷、思考超越情感，尋其藝術情趣，得其精髓深蘊，鑑賞始能達到藝術的深度。

二、在鑑賞者方面

劉勰《文心雕龍・知音》說：「良書盈篋，妙鑑迺訂。」但是一個鑑賞者如果缺乏藝術鑑賞力，而僅「馳騁於詩論之中，周旋於傳記之間」㊹，那是絕不能奏效的。因此，鑑賞者本身首先必須具備「深識鑑奧」的鑑賞修養，因爲「華章藻蔚，非矇瞍所玩；英逸之才，非淺短所識。」並且「聰者貴於理遺音於千載之外而得興亡之迹，明者珍於鑑逸群於寒瘁之中而抽匡世之器。若夫聆繁會之響而顧問於庸工，非延州之清聽也；枉英遠之才而咨之於常人，非獨見之奇識也。」而當鑑賞者具備了藝術鑑賞力，眼光就會變得非常敏銳，達到所謂「人有識眞之明，不可欺以僞也；有揣深之智，不可誑以淺也」㊺的地步，在這種情形下，鑑賞作品則別有會心，較爲深入。

其次，鑑賞者的鑑賞力的培養和提高，有賴於不斷進行藝術鑑賞，在文章之林中流連而致博覽的基礎下，建構居高臨下的鑑賞能力。所謂「音不通千曲以上，不足以爲知音」㊻。但應多鑑賞上乘之作，因爲優秀的作品經受時間的淘洗和嚴峻考驗，是最富思想和藝術價值的珍貴藝術精品。鑑賞優秀的作品，也最能培養鑑賞者敏銳的藝術感受、藝術趣味和準確的判斷的能力。反之，經常閱讀庸劣作品，會使鑑賞者變得感覺遲鈍、目光短淺，識見卑下，以至於是非顛倒，玉石不分。

其三，鑑賞者必須要博覽精研，作綜合考察，廣泛比較，以培養「見異」的深識力，發掘出作品獨具的異采。鑑賞是一個充滿無窮魅力的世界，鑑賞者在鑑賞時要善於「手揮五弦，目送飛鴻」，讀此注彼，在接觸諸多作品的瞬間，即找出其潛藏的關聯點，察知其識見的獨到或平庸，情感的眞誠或矯飾，表達的巧妙或笨拙，高雅或粗俗，其中融合了聯想、比較、判斷、鑑別等多種能力，對提高品賞能力和藝術境界大有裨益。

其四，鑑賞者由於個人的閱歷、識見、涵養、性格、情趣乃至心境等，形成鑑賞中的偏愛，劉勰於《文心雕龍．知音》中也指出這種現象：「夫篇章雜沓，質文交加，知多偏好，人莫圓該。慷慨者逆聲而擊節，醖藉者見密而高蹈，浮慧者觀綺而躍心，愛奇者聞詭而驚聽。」鑑賞中的偏愛，這是正常現象，無可厚非。但是鑑賞者如以偏見左右自己的鑑賞，就難免造成「會己則嗟諷，異我則沮棄，各執一隅之解，欲擬萬端之變，所謂東向而望，不見西牆也。」的弊病，鑑賞者應予警惕，堅持實事求是的態度，克服「貴古賤今」、「崇己抑人」、「信僞迷眞」等以偏概全的片面性。保持「無私於輕重，不偏於憎愛」㊼，也就是柳宗元所說的：「夫觀文章，宜若懸衡然，增之銖兩則俯，反之則仰，無可私者。」㊽平理若衡的精神。眞正的鑑賞是建立於不懷偏見的鑑賞。

【附註】

① 楊廷芝《二十四詩品淺解．小序》，見《司空圖「詩品」解說二種》（山東，齊魯書社，一九八〇年），頁八五。

② 〈晦庵論讀詩看詩之法〉，《詩人玉屑》（臺北，佩文書社，民國四十九年），卷十三，頁二六七。

③ 許顗《許彥周詩話》（臺北，新文豐出版社，民國七十五年），頁三一五。

④ 袁無涯〈忠義水滸全書發凡〉，見李泉、張永鑫校注《水滸全傳》（四川，四川文藝出版社，一九八六年），頁一七二一。

⑤ 郭紹虞《中國文學批評史》（臺北，宏政圖書出版社，未著出版年）

⑥ 僅以《報刊資料索引》（北京，中國人民大學書報資料中心，一九八〇—一九九五年）來看，於「散文研究」子目下，每年少則二、三十篇，多則近百篇論文刊行，研究篇數之多，可見一般。

⑦ 見姚鼐《古文辭類纂．序》（臺北，華正書局，民國七十二年），頁三一。

⑧ 如周作人《中國新文學的源流》；姜書閣《桐城文派詳述》；姚永樸《文學研究法》。吳孟復〈簡論神理氣味與格律聲色〉，見《江淮論壇》一九八五年第六期；顧易生〈方苞姚鼐的文論及其歷史地位〉，見《江淮論壇》一九八二年第二期；柳作梅〈桐城派三祖文論之演變〉，見《大陸雜誌》四十六卷第五期。本文所用姚鼐所提八字要訣之意，參用張春榮《姚惜抱及其文學研究》（臺灣，臺灣師範大學，民國七十七年博士論文），第六章第三節，頁一一二一一二一。

⑨ 劉勰《文心雕龍．體性》（香港，商務印書館，一九六〇年），頁五〇五。

⑩ 劉肅《片玉集．序》（臺北，臺灣中華書局，四部備要），頁一。

⑪ 《史記．屈原賈生列傳》（臺北，洪氏出版社，民國六十四年），卷八十四，頁二四八一。

⑫ 謝冰瑩、邱燮友等譯註《新譯古文觀止》於語譯中云：「上官大夫見了，想奪爲己功，屈原不肯給他。」（臺北，三民書局，民國六十三年），頁二三八。另有《古文觀止新編》云：「上官大夫見了，想要奪取，屈原不肯給他。」（臺北，啓業書局，民國七十八年），頁三三六。

⑬ 蘇洵《嘉祐集》（臺北，臺灣中華書局，四部備要），卷三，頁三、四。

⑭ 黃侃《文心雕龍札記．風骨》（臺北，文史哲出版社，民國六十二年），頁一〇一。

⑮ 呂祖謙《古文關鍵．總論看文字法》（臺北，廣文書局，民國七十年），頁一七。

⑯ 清錢斐仲《雨華庵詞話》，轉引自《詞話十論》（湖北，岳麓書社，一九九〇年），頁二九七。

⑰ 況周頤《蕙風詞話》（臺北，世界書局，民國五十五年），卷一，頁五。

⑱ 元懷《拊掌錄》（臺北，新文豐出版社，民國七十五年），頁四。

⑲ 嚴羽《滄浪詩話・詩評》（臺北，東昇出版社，民國六十九年），頁一七〇。

⑳ 劉勰《文心雕龍・知音》，頁七一五。

㉑ 《背影》甲輯，《朱自清文集》（香港，文學研究社，一九七二年），第一卷，頁一八二—一八四。

㉒ 《左傳・僖公三十二年，三十三年》，見楊伯峻《春秋左傳注》（臺北，源流出版社，民國七十一年），上冊，頁四九〇—五〇〇。

㉓ 金聖嘆《水滸傳序三》，見《中國歷代文論選》，第三冊，頁二五三。

㉔ 張丑《清河書畫舫》，見《中國畫論類編》（臺北，華正書局，民國六十六年），第八編，頁一二四四。

㉕ 見李扶九《古文筆法百篇》（臺北，文津出版社，民國六十七年），卷六，頁九五。

㉖ 見《古文鑑賞辭典》（江蘇，江蘇文藝出版社，一九八七年），頁八九三。

㉗ 劉熙載《藝概・文概》（臺北，華正書局，民國七十七年），頁三七。

㉘ 歐陽修《歐陽修全集・居士外集》（臺北，世界書局，民國六十年），卷十七，頁四九一。

㉙ 〈醉翁吟〉見《歐陽修全集・居士集》，卷十五，頁一一三；〈贈沈遵〉，見《歐陽修全集・居士集》，卷六，頁四〇；〈題滁州醉翁亭〉，見歐陽修《歐陽修全集・居士外集》，卷三，頁三六七。

㉚ 錢鍾書《管錐篇》（香港太平圖書公司，一九八〇年），頁一〇三六。

㉛〈啼鳥〉，見《歐陽修全集．居士集》，卷三，頁一七。錢鍾書《宋詩選注》（臺北，木鐸出版社，民國七十一年），頁三〇。

㉜同註㉚。

㉝同註⑳，頁七一四。

㉞葛洪《抱朴子．辭義》（臺北，新文豐出版社，民國七十五年），外篇，卷四十，頁二一八。

㉟《孟子．萬章下》，見朱熹《四書集註》（臺北，世界書局，民國六十二年），頁一五四。

㊱金聖嘆《讀第五才書法》，見《中國歷代文論選》，第三冊，頁二四四。

㊲章學誠《文史通義．文德》，見《文史通義校注》，上冊，頁二七八。

㊳魯迅《且介亭雜文二集．題未定草》，見《魯迅全集》（北京，人民出版社，一九八一年），第六冊，頁四三〇。

㊴夏丏尊、葉聖陶《文心．鑑賞座談會》（臺北，臺灣開明書局，未著出版年），頁二五一。

㊵同註㉟，頁一三一。

㊶梁啓超《中國韻文裡頭所表現的情感》（臺北，臺灣中華書局，民國五十五年），頁二。

㊷《荀子．正名》，見王先謙《荀子集解》，卷十六，頁六七九。

㊸陳善《捫虱新話》（臺北，新文豐出版社，民國七十五年），卷四，頁二五七。

㊹《抱朴子．尚博》，外篇，卷三十二，頁二〇七。

㊺《抱朴子·擢才》，外篇，卷十八，頁一九四；《抱朴子·博喻》，外篇，卷三十八，頁二一三；《抱朴子·廣譬》，外篇，卷三十九，頁二一六。

㊻桓譚《新論·琴道》，見《全上古三代秦漢三國六朝文·全後漢文》（臺北，世界書局，民國五十二年），卷十五，第二冊，頁九。

㊼劉勰《文心雕龍·知音》，頁七一五。

㊽柳宗元〈答吳秀才謝示新文書〉，見《柳河東全集》（北京，中國書店，一九九一年），卷三十四，頁三六五。

第二章 散文的概念、特徵與發展

前言

「中國古來的文章，一向就以散文爲主要的文體。」①因此，散文也素有「文學的正宗」的稱號。縱觀我國今昔散文，數千年一脈相承，自成體系，獨具特色。無數曼妙的散文作品編織出萬類紛呈的世界，豐富多彩的社會，各種各樣的內容，啓迪了人的心靈，開拓了人的境界，雲蒸霞蔚，目不暇接，作爲我國文明紀實，精神個性顯現的散文，自有其亙古不滅的光輝。然而，散文這一概念在不同的時空裡，其涵義又有不同的理解。是以，以下分從散文的概念、散文的特徵以及散文的發展源流三方面論述之。

第一節 散文的概念

「散文」的名稱，經歷過一個漫長的演變過程。周秦時期，尚是一個廣泛的概念，初稱「文」或

「文學」，劉師培就指出：「先秦不立文（指散文）名，偶有撰者，皆出入六經、諸子之中；非六經、諸子而外，別有古文一體也。」②當時「文」或「文學」所指的是一切典籍文獻或知識學問，也包涵了今天所講的文學作品與學術著作。像《論語・先進》云：「文學，子游、子夏。」③孔子認為子游、子夏長於「文學」，劉寶楠《論語正義》釋云：「若文章博學，則有子游、子夏二人也。」④此「文學」意指淵博的知識學問。《墨子・非命中》云：「凡出言談，由文學之道也。」⑤此「文學」則指政治哲學類學術著作。《論語・學而》云：「行有餘力，則以學文。」邢昺《論語注疏》釋此「文」為：「先王之遺文。」⑥其所指的是《詩》、《書》、《禮》、《易》等學術作品。而當時亦出現了「文章」一詞，如《論語・公冶長》云：「夫子之文章，可得而聞也。」此處「文章」，是指「夫子之述作威儀禮法。」⑦這是說孔子在典章文獻與制度上淵博的學問。然而，周秦時期，詩歌概念卻較散文明確，《詩》即儒家所尊的《詩經》，早有專名，且其形式及內容與其他作品不同，不易混淆。可見，「文」、「文學」或「文章」的概念主要是用來指稱散文的，但此時其概念包蘊朦朧，含義模糊，並沒有文學性或學術性的區別。

兩漢時期，「文學」、「文章」有了較明確的區分。「文學」泛稱學術著作；「文章」則指文學作品。如《史記・孝武本紀》：「上鄉儒術，招賢良，趙綰、王藏等以文學為公卿。」⑧《史記・儒林列傳》云：「威宣之際，孟子、荀卿之列，……以學顯於世。」⑨這裡的「文學」或「學」均指儒家經學，屬於學術。此時「文章」的概念，已指的是表現於書面的語言文字的藝術組合方式。《史記・

儒林傳》中有「文章爾雅，訓辭深厚」，其中「文章」與「訓辭」對舉，是用來指史傳散文語言文字的文采程度。《漢書·公孫弘傳贊》云：「文章則司馬遷、相如」，「劉向、王褒以文章顯。」⑩我們知道司馬遷以《史記》名於世，司馬相如、王褒以辭賦顯於時，劉向以奏議著稱，這裡「文章」已是指文學作品。東漢《釋名》更進一步指出：「文，文也。集會衆彩以成錦繡，集會衆字以成辭義，如文繡然也。」⑪「文」像絲織物，需經過綴合與修飾，才能成為有文采的「文章」，由此可見，當時的「文章」與「文學」有明顯差異。

魏晉以來，文學觀念日趨完善、成熟，進入了「文學的自覺時代」⑫。宋文帝元嘉十五年時，立四學⑬，「文學」成爲與其他學術，如經、史、玄學相並列的一科，區分更加清晰。《梁書·昭明太子傳》：「名才並集，文學之盛，晉宋以來未之有也。」⑭此處的「文學」即漢時所說的「文章」，指文學作品，與漢人所稱「文章」觀念趨於一致。南朝時，又從「文章」中更進一步明確分出「文」、「筆」概念。劉勰《文心雕龍·總術》云：「今之常言，有文有筆，以爲無韻者，筆也；有韻者，文也。」⑮按語言運用方式，把詩歌、辭賦歸爲韻文，而不重韻律的各種散體則歸爲散文。可知先秦至此時，「散文」乃是一個廣泛的概念，指與韻文相對而稱的一種文體。

齊梁以來，文風靡麗，崇尚駢化，多用整齊四六對句，追求聲律，繁用典故，辭藻華瞻，在語言文字運用上，則出現重駢輕散的傾向。衍及唐代，引起了許多有識之士的不滿，像蕭穎士在〈贈韋司業書〉中說：「平生屬文，格不近俗，凡所擬議，必希古文。」⑯其後，有韓愈、柳宗元二人，起而倡議古文運動，改變一代文風，主張向秦漢散體無韻，奇句單行的古文復歸。韓愈在〈題歐陽生哀辭後〉說：「愈之爲古文，豈獨取其句讀不類於今者邪？思古人而不得見，學古道則欲兼通其辭，通其辭者本志乎古道者也。」⑰這時的散文，多稱爲「古文」，是與駢文相對而言的，駢散文的界限明確。

宋代散文承繼古文成果，又有新發展。南宋時，正式出現「散文」之名。南宋末羅大經（西元一一九五—一二五二）於《鶴林玉露．劉錡贈官制》條中說：「益公（周必大）常舉似謂楊伯子（詩人楊萬里之子，楊東山）曰：『起頭兩句，須要下四字議論承貼，四六特拘對耳。其立意措詞，貴於渾融有味，與散文同。』」同書〈文章有體〉條又云：「山谷詩騷妙天下，而散文頗覺瑣碎局促。」⑱同朝的王應麟（西元一二二三—一二九六）《辭學指南》亦以「散文」與「四六」對稱，此時的文體可概括成三類，即韻文、散文和駢文。唐宋古文運動蓬勃興起，使散文獲得很大發展，文體則出現重散傾向。也因此，「散文」又有「散語」、「平文」之名，如陳善《捫虱新話》：「后山居士言，曾子固短於韻語，黃魯直短於散語。」⑲沈括《夢溪筆談》：「往歲人士，多尚對偶爲文，穆修、張景始爲平文，當時謂之古文。」⑳

明清以降，「散文」一詞，成爲通用術語，如明張自烈《正字通》：「敕，明制凡褒嘉責讓，並用敕語，皆散文，六品以下官，贈封稱敕命，始用四六。」另清江藩《經解入門》云：「文之有韻，自六經始，虞廷賡歌，韻之最古，筆詩用韻，周易象小象雜卦皆韻，離騷太玄易林無不韻，其不韻者，散文體之文耳。」而孔廣森〈答朱滄湄書〉中亦云：「六朝文無非駢體，但縱橫開闔，與散文同。」袁枚〈胡稚威駢體文序〉：「散文可踏空，駢文必徵實。」㉑及至姚鼐《古文辭類纂》分類精嚴，並排斥詩歌，散文化傾向更為極端。由此發展脈絡可以發現，我國散文早有其實，但名稱確立較晚，其內涵多是與韻文、駢文相對而言，概念相當寬泛，指不押韻，句法參差不齊的文章，詩、詞、曲等純韻文以外，所有文章都歸到散文中，可見傳統散文領域，確乎是「海闊憑魚躍，天高任鳥飛」。

隨著時代流轉和文學遞嬗，散文概念逐漸縮小。五四以來，復受西方文學理論影響，根據作品語言、結構以及篇幅等特點加以區別。民國六年七月，劉半農在《新青年》上發表〈我之文學改良觀〉㉒，首先以「文學散文」來稱現代散文。民國十年六月周作人在《晨報副刊》發表〈美文〉㉓一文，把散文稱為「美文」，把散文看作是與詩歌、小說、戲劇並列的文體。從此，散文與詩歌、小說、戲劇分庭抗禮，成為「新文學的一個獨立部門的東西，或稱為白話散文、或抒情文、或稱小品文」㉔為現代文學四大部類之一，他們的看法，標幟著對散文內涵認識的深化和飛躍。時至臺灣，陸續參與談論者甚多，如張秀亞〈散文概論〉、琦君〈我對散文的看法〉、梅遜〈散文漫談〉等等，但其定義不一，見解仍多拘於一隅。其後，王更生兼綜各說，欲期散文概念之能通貫古今，取長補短，重新考慮散文之社會性與時代性，並採擷中國文學的特質與西方文學理論的優點，把散文定義為：「廣義說：凡不押韻、不重排偶，散體單行的文章，包括經、史、子與集部中的部分作品，概稱廣義的散文。狹義說：凡詩歌、戲劇、小說以外，而散體單行，符合文學特徵的作品，統稱狹義散文。」㉕是最能冶中外古今於一爐，又不失本色的一種說法。

由散文的含義與概念，不斷演變的歷程來看，自古至今，不論其寬窄廣狹，都是相對而言的，但人們對散文的概念的闡發卻越來越清晰，越來越深入，也唯有從較爲廣闊的角度去理解散文的概念，才能造就散文繁榮繽紛與源遠流長的天地。

第二節　散文的特徵

我國散文品類多，包容廣，經歷了曲折又漫長的道路，並在這條流變的歷程中，留下具有獨創性的足跡。概括起來，我國散文有以下幾個特徵：

一、崇實尚真

散文的題材大至廣闊宇宙，小至花草蜂蟻，上下幾千年，縱橫數萬里，兼懷萬物，容納衆有，無不可入題。但仔細研究，可以發現古今流芳散文的藝術珍品，不管體製大小、內容宏寡，首先都傳達出一個「眞」，這是因爲眞情切意是作品傳世的前提，所謂「千古文章，傳眞不傳僞」㉖就是這個道理。當作者「志思蓄憤」㉗，內心充滿熾熱的情思，才能「吟詠性情」㉘，作品由於充滿眞摯情感，才能具有「情往會悲，文來引泣」㉙，「談歡則字與笑並，論慼則聲共泣偕」㉚爲情造文，才能叩開讀者心扉。自古至今，散文大家林立，名聲薈萃，以眞取勝者，比比皆是。如韓愈〈祭十二郎文〉深沉眞摯，方苞〈獄中雜記〉事實厚重，袁枚〈祭妹文〉味濃情眞等，雖歷經人世滄桑，卻能跨越時空，深深打動後世讀者，令人一咏三嘆，心動神搖，沈緬其中毫無隔世之感。其奧秘就在寫了眞話，抒了眞情，寓了眞理，字字血淚凝作，眞情鑄就。情眞可以化平淡爲雄奇，化單調爲瑰麗，化生活爲藝術。喜、怒、憂、思、悲、驚都可以編織出不可窮盡，搖曳生姿的藝術景象。

其次，散文講究「記事貴實，不尙虛詞」㉛。這是說散文運用的材料，反映的事實，都經得起生活的檢驗，眞實而不誣，同時，作者敢於反映眞情，表達出生活中的眞理、眞義和眞諦。像柳宗元寫〈段太尉逸事狀〉一文，「嘗出入岐周邠斄間，過眞定，北上馬嶺，歷亭鄣堡戍」，向老校退卒調查，又從刺史崔能「備得太尉逸事，復校無疑」㉜才提筆伸紙。方苞〈獄中雜記〉是聽了洪洞令杜君之言「余感焉，以杜君言汎訊之，衆言同，於是乎書」㉝其材料翔實。民國十二年朱自清、兪平伯相聚於南京，一同遊秦淮河，又各自以同題〈槳聲燈影裡的秦淮河〉爲文紀念之㉞，一時成爲文壇佳話。由此可知，散文必須「眞體內充」，眞則精金美玉，僞則瓦礫糞土，這也就是爲什麼有人稱散文爲「文學的測謊器」㉟，是以贋情僞意之作，很難有長久的生命。

但是散文的崇實尙眞，並不等於是素材的排列和生活事實的機械摹寫或實錄，只有眞事、眞象、眞理而沒有懾人心魄的藝術手法，即使作品內容眞實無誤，也只是客觀冷漠的存在，絲毫引不起人們的情趣，那也就變成了只有筋骨而沒有血肉的空架子，談不上什麼感染力。正如黃季剛在〈文心雕龍札記〉中所指出的：「文有飾詞，可以傳難言之意，文有飾詞，可以省不急之文，文有飾詞，可以摹難傳之狀，文有飾詞，可以得言外之情。」㊱散文的藝術魅力就在於客觀眞實與藝術提煉的水乳交融。

二、袒露個性

散文是衆多文學體裁中與讀者最接近的一種文體。作者從花花世界，攘攘人生中攝取人事景物一鱗半爪，或截取事物一層面，或抓住心靈一瞬間，於「一朵花中窺見天國，一滴露水參悟生命」㊲，在作品中溶進個人的生活體驗，乃至私生活，放筆直書，把內心世界作了盡情的展示，「雖一言一動之微，卻包蘊著全部的個性。」㊳五四新文化運動後，現代散文作品中，更大膽的袒露自我，更鮮明的展現個性，郁達夫說：「現代散文之最大特徵，是每一篇裡所表現的個性，比以往的任何散文都來得強。」㊴例如朱自清在〈執政府大屠殺記〉㊵中，詳實記敘段祺瑞政府槍殺學生的暴行，其中他更坦承自己「怕」，承認自己的「可恥」，並不爲自己開脫或掩飾，這正流露出作者誠樸正直的個性，反使人覺得眞切。其他像曹操〈讓縣自明本志令〉、諸葛亮〈出師表〉、柳宗元〈永州八記〉、魯迅〈藤野先生〉、郁達夫〈故都的秋〉、余光中〈聽聽那冷雨〉等，不勝枚舉，無不是「蘊蓄於中，形諸於外」袒露眞性情，戛戛獨造的佳作。也唯有這樣眞誠地袒露個性面貌，才能深深叩動人心扉，令人賞玩不已，嘆爲觀止。

尤其從古到今，許多散文名篇，作者在具體言志抒情時，多以第一人稱，「用筆如舌」㊶，就是「以自然之舌言情」㊷，平易親切，似與老友敘舊，娓娓而談，肆口而成，思想感受在敘述描寫中流露出來，一人一事，一景一物，無不染上作者個人色彩，使人直接感受到作者脈搏的跳動，感情的起伏。可以這樣說，散文是作者個人的靈魂之歌，是一種內在心靈發現與開掘的藝術，它的眞諦不在於作者創造出什麼來表現思想感情，而在於作者把獨道的思考、情韻、精神挖掘出來。散文像個窗口，透過作者的自我袒露，幫助讀者望得更高更遠，看到更多更廣的東西，以引起讀者共鳴或沉思，這正是散文可貴、可感、可嘆之處。

三、意隨筆活

諸文學體裁中，散文是最少約束，最爲自由靈便的一種文體，隨意生發，隨情運筆。意隨，就是指作者的思緒天馬行空，無拘無束。在一些流雲美章中，常見作者順其自然，在思緒的導引下，滔滔而來，滾滾而去，一篇之中，時越千古，地跨五洲，馳騁揮洒，五彩繽紛，如雪花散玉，無所不到，似萬里江河，一瀉千里。任性循眞，衝口而出，盡情展示作者意隨的眞率，與聯想的瑰奇。散文可說是作者馳騁才情風華的廣闊天空，是以偶有所感，涉筆皆成趣，隨情所至，哭笑也成文。筆活，是指筆法靈活，散文不受任何音韻格律的限制，作者因物賦形，依感情的起伏，以自然思路表現文章結構，行文可以縱橫開合，舒卷自如，波瀾變化，散而有致。在表現方法上，可以無拘無束的直陳其事，直抒胸臆，更不排斥直發議論，非常自由活潑，所以說「散文是沒有一定格式的，是最自由的。」㊸而這種「如行雲流水，初無定質。但常行於所當行，常止於不可不止。文理自然，恣態橫生」㊹的靈動筆致，正是形成散文「停花依柳，東張西望」的自由風度，與無跡可求，說不出妙處的散文結構章法的最上乘境界。

雖說散文內容如信手拈來，行文如遊繮縱去，倏然而來，飄然而去，沒有一定程式和格局，卻不代表可以東鱗西爪，枝杈橫生，這是誤解。散文的意隨，並不是散亂的同義詞，它仍是在一條思想主線上自然串成的璞珠。筆活，是因作者成熟的表現力，不露刻意精巧的痕跡，揮洒成篇，恰如天外風箏，長線在握，既乘風凌雲，又一線相牽，飄遊跌宕，起落盤旋，作者心中全然有數。

四、辭采翩然

韓愈云：「人聲之精者爲言，文辭之於言，又其精也。」㊺說明書面語須恰切精煉。孔子也說：「言之不文，行之不遠。」㊻說明內容再好，沒有出色的文采，就達不到寫作目的。文學作品是語言的藝術，散文對語言的要求，則更是嚴格。散文的藝術魅力，很大程度是建立在語言的優美凝煉上的。散文在內容上抒情，析理，明道，須「眞體內充」；在語言上更應摛翰振藻，「文采炳煥」，美的文辭就是思想光輝，唯有二者交縈互染，相輔相成，才能產生扣人心弦的感染力。好的散文總是文采斑爛，令人情不自禁的吟誦起來，如觀鮮花，賞心悅目；如品香茗，香遠溢清，因而散文也有「美文」之譽。我國許多散文名家在文辭運用上，都達到自鑄偉詞的地步，如司馬遷、唐宋八大家、歸有光、姚鼐、朱自清、冰心、魯迅等，無不寫得言之有形，言之有情，言之有理，言之有趣，下筆簡潔而精煉，絢麗而不濃艷，疏淡而不枯澀，工力深厚，匠心獨運。又像我們所熟知的散文名篇，諸如李斯的〈諫逐客書〉、范仲淹的〈岳陽樓記〉、朱自清的〈荷塘月色〉等等，不僅立意高遠，在遣詞造語上無不跌宕有致，珠波緊密連貫，幾乎找不到那一環略有散弛，甚至達到隨意抽換一段則錯節，更易一字則鬆動的境地。名家們在追求辭采藝術魅力上，無不使出渾身解術，所以千百年來，散文能夠巍然屹立在璀璨奪目的文學園地之中。無怪乎清姚鼐要說：「文章之精妙，不出字句聲色之間，捨此便無可窺尋矣。」㊼

第三節　散文的發展

三千年來的中國散文發展，興衰枯榮，正誤得失，歷經過無數的曲折變化，顯現出它歷久不衰的生命力。我國散文肇始於殷商，勃興於戰國，自覺於魏晉，繁富於唐宋，卓異於明清，蛻變於民國，在每一階段的散文，都營造出一座座繁富璀璨的藝術殿堂。

迄今為止確鑿可考，年代最早的散文應推甲骨卜辭，甲骨卜辭雖談不上什麼篇章規模，但仍可將其視作簡單的散文，它「是中國散體的記事文的創始之作」，更是「一種簡潔清晰的記敘文」㊽。它所記的內容多為祭祀、征戰、晴雨、田獵等；所記的手法為據事直書，不加文飾，文字極簡；但已形成篇章結構概念，包括四個部分：一是敍辭，記錄日期、占卜之人。二是貞辭，記錄要卜問的事項。

三是占辭，預測將發生的事情。四是驗辭，以實際情況來驗證占辭。卜辭已形成嚴整而完備的體製，是日後長篇記事之文的雛形。

隨著時代的發展，散體文章篇幅突破了卜辭占問的規模，春秋時期的《春秋》，即是與卜辭、筮辭一脈相承，延伸成為編年史，這是因為「史官在殷代為貞人，他的本職是貞卜，就是大卜；卜罷更將所卜之事契之於龜，以待日後之證驗，就是大史，他的本職兼有積存史料，考驗天人之際，以察知禍福成敗存亡古今之道二事，這是當時最重要的一個官職。」㊾到了周代，史官侍於君側，「卜人定龜，史定墨」㊿，他們把累積的事件按年代編成史料，相傳《春秋》即是孔子據魯國史官所編的大事記整理修訂而成的，可見當時一種簡要記事模式已成定型。之後，散體文章更發展為能圍繞一個中心事件或觀點、主題，展開敘述事件或記敘言論，《尚書》就是這類的代表。《尚書》記言，執筆者仍是史官，《漢書．藝文志》云：「古之王者，世有史官。君舉必書，所以愼言行，昭法式也。左史記言，右史記事。事為《春秋》，言為《尚書》，帝王靡不同之。」51其書上自〈堯典〉，下到〈秦誓〉滙集官方資料成冊，成為我國最早的散文集。由於當時宗法社會注重政教倫常，王公貴族的一言一行都具有垂訓鑑戒的作用，於記事、記言的《春秋》、《尚書》所表達的思想，其中帶有政令教諭的性質，可見它們並非是客觀的編撰史書或擬製公文，所以陳柱《中國散文史》說：「三代之盛，聖賢在位，其學問皆見諸治化，不尚空言，其史官覩其治化之迹，紀為實錄，故其文莫非史也，其史莫作治化也。」52是以當時的散文是文史不分的。然而這些散文雖然「皆史」，但卻未嘗「離事而言理」53，由於它們表達的內容複雜，並帶有倫常的情感色彩，必需藉由莊諧褒貶各異的語言文字修辭技巧，否則不足以表情達意。因此從散文發展的角度來看，《尙書》最進步的莫過於篇章組織觀念的形成與表達方式的運用。《尙書》篇章，大多表現出主題與篇章結構，如〈洪範〉用先總再分的結構方式，表述「洪範九疇」的主題內涵。〈禹貢〉篇，陳柱就指出：「此實一紀水之文，其文字於極參差不齊之中，寓有極整齊排偶之筆，如起云：『禹敷土，隨山刊木，奠高山大川』奇筆也；結云：『禹錫玄圭，告厥成功』，亦奇筆也。」㊹而〈盤庚〉篇云：「非予自荒茲德，惟汝含德，不惕予一人，予若觀火，予亦拙謀，作乃逸。若網在綱，有條而不紊；若農服田力穡，乃亦有秋。」㊺文中反複說明遷都之因外，並一連運用三個比喻，形象貼切，字裡行間，隱約流露出當時遷都的艱困。可見商周時期的散文，多爲史書，皆紀實之文，但已具極高文學價值，此時散文和經傳子史不分，但卻又有相對的獨立性，這也就是爲什麼魯迅《漢文學史綱》中從《尙書》算起，並不把這類散文看作是哲學、史學的附屬品的道理。

春秋末至戰國時期，處於大變革的時代，處士横議，百家蜂起，也爲散文發展提供更爲深廣的內容。對此，劉師培就曾指出：「諸家學術，悉隨時勢爲轉移。」其「皆隨俗之好尙，以擇術立言。」㊻這個見解，也解釋了當時詩歌不競，散文横流的這一文學史現象。先秦散文由幼稚雛形的階段，發展至成熟的藝術形式，產生了《左傳》、《國語》、《戰國策》一類的歷史散文，和《論語》、《孟子》、《莊子》、《韓非子》一類的諸子散文。歷史散文兼擅描寫敘事，諸子散文長於議論說理，爲我國散文奠定堅實基礎，不但後代各類散文的發展莫不取法於此，且其他文學體裁也無不受其影響。

《左傳》屬編年體，記載了春秋列國的政治、外交、軍事等情況，它在詳細鋪敘一系列歷史事件的同時，也將有關的歷史人物描繪出來，而展現春秋這個時代風貌，再現當時歷史眞實，是我國第一部敘事詳細、議論精闢的歷史著作。但從文學的角度看，它又是優秀的歷史散文。《左傳》以事爲經，以人爲緯，對龐雜的史事善於剪裁和安排，在敘事時，注重細節的描寫，曲折情節的安排，人物形象的刻劃，結構安排的合理性，語言運用的個性化等，像〈鄭伯克段於鄢〉，以時間爲縱向順序，描寫了鄭莊公母子、兄弟之間幾十年的恩怨過程，並在敘事中展現人物性格特徵，充分刻劃出姜氏這位有寵而任性的婦女形象，莊公陰險狡詐，老於世故的奸象，傳聲肖形，追魂攝魄。《左傳》中這類生動的記敘，實不失爲優秀的敘事文的範例。而它其他的許多記人物的篇章，如〈晉公子重耳出亡〉、〈鱄設諸刺王僚〉、〈曹劌論戰〉等諸篇，均可以稱得上是傳記文的萌芽。《左傳》工於議論，善於敘事，其中所記涉及的人物衆多，卻個個形象鮮明，敘事的頭緒萬千，卻寫得條理分明，脈絡貫通，外交辭令豐美，委婉有力，堪爲奇觀，無怪乎梁啓超在《要籍解題及其讀法》中說：「《左傳》文章優美，其記事文對於極複雜之事項——如五大戰役等，綱領提絜得極嚴謹而分明，情節敘述得極委曲而簡潔，可謂極技術之能事。其記言文淵懿美茂，而生氣勃勃，後此亦殆未有其比。」[57]林紓也稱云：「其必因事而設權，不曾一筆沿襲，一語雷同，眞神技也。」[58]《左傳》對後世散文影響極大，後來散文家敘事和議論，常以它爲楷模。韓愈〈進學解〉自述「沈浸」的典籍，包括《左傳》；陸游在〈楊夢錫集句杜詩序〉云：「前輩於《左氏傳》、《太史公傳》、韓文、杜詩，皆通讀暗誦，雖支枕據鞍間，與對卷無異。久之，乃能超然自得。」[59]陸氏把《左傳》當散文範本來看。清劉大櫆對《左傳》有過很高的評價說：「左氏情韻並美，文采照耀。」[60]這些都可以看出《左傳》對後代散文家的影響。

《戰國策》是戰國謀臣策士遊說論辯的集錦之作。書中分國記事，記載這批人穿梭奔走於各諸侯國之間，或「抵掌揣摩，騰說以取富貴」[61]，或「出奇策異智，轉危爲安，運亡爲存」[62]的事蹟，集中鮮明的表現出他們的形象，人物傳記的性質更爲突出。此書保存了戰國時代的史料，西漢司馬遷作《史記》，北宋司馬光作《資治通鑑》，其戰國部分資料大都取材於《戰國策》。但是由於此書匯集了策士遊說辯論之辭、良臣諫諍諷諭之辭、君臣議事應答之辭，使臣交往酬應之辭，全書貫串了縱橫家的思想，兼具有子書的特點。從文學角度看，它是繼《左傳》、《國語》之後又一部重要歷史散文著作。詳於記事的《左傳》，嚴謹鄭重，文雅得體，所以呂本中《童蒙詩訓》云：「文章不分明指切而從容委曲，辭不迫切而意已獨至，惟《左傳》爲然。如當時諸國往來之辭，與當時君臣相告相誚之語，蓋可見矣。亦是當時聖人餘澤未遠，涵養自別，故詞氣不迫如此。」[63]誠如呂氏所言，《左傳》說辭從容委婉，語氣平和，絕無叫囂隳突之風。然而反觀詳於記言的《國語》，記錄人物言論，縝密而完整，其文風過於質樸平直，人物形象未免生動不足。但是，《戰國策》則與《左傳》、《國語》不同，以濃筆重彩描繪人物，擅長於人物對話中展開情節和刻劃人物形象，且善於舖陳，文辭流暢，喜歡誇張渲染；劇談雄辯，無不辭鋒犀利，變化不測，較之《左傳》、《國語》，在歷史散文的發展上達到前所未有的成就。章學誠說它是「行人辭命之極」㊹，給予很高評價。像《趙策・觸讋說趙太后》章㊺，在勸說固執己見的趙太后時，觸讋先求同存異，化解趙太后對立情緒，再緊繞著「父母之愛子，則爲之計深遠」的主題，由淺而深，由彼及此，由己及人的耐心啓發開導，終於說服趙太后讓長安君到齊國做人質，換得齊兵的救援，而解除了國家的危機。凡此種種，不勝枚舉，足以說明，《戰國策》的散文，論證說理周嚴，筆鋒辛辣老練，綜論形勢，無不縱橫捭闔；指陳利害，無不鋒芒畢露；也構成獨特的「戰國策文派」，開創了後世政論文的先河。由於它在藝術上有卓越成就，對後世文學影響至遠且鉅。司馬遷《史記》得到《戰國策》中體情狀物的長處。賈誼、晁錯的散文直承其風。宋代散文大家蘇洵、蘇軾、蘇轍辯麗恣肆的文風，實得力於《戰國策》。而《戰國策》的鋪張揚厲，誇張渲染，則直接影響漢賦，所以章學誠認爲《戰國策》是無韻之賦㊻。這種文學與史學結合的散文，反映現實生活，具有時代氣息，確乎是歷史散文的一個重要特色。

諸子散文其內容主要是對人生廣泛探究，對現實問題提出不同主張，其文皆具備「論辯」和「駁理」的說理性質，是文學與學術融合而一的散文。《論語》是語錄體散文，春秋以前只記錄帝王言論，自《論語》編寫記錄老師的教誨後，揭開散文史上的新頁。由於《論語》是記言文，篇幅短，較零星，沒系統，尤其某些觀點、主張，缺乏明確的推理過程。不過，雖是吉光片羽，短小精悍，一些章節通過短簡的故事和人物言論行事，仍將人物神態、性格等描摹眞切入微。如〈陽貨・陽貨欲見孔子〉章㊼，將陽貨送禮，孔子回避，但卻偏偏狹路邂逅相遇，二人各懷心思、對話口吻、神情態度，寫得饒富情趣，人物形象呼之欲出。其他像〈微子．荷蓧丈人〉、〈先進．子路曾晳冉有公西華侍坐〉等都寫得人物形象鮮明，情趣橫生，耐人尋味。《論語》的語言靈活多變，生動流暢，尤其篇中成熟運用虛詞，表達情感，烘托氣氛等，對後世散文作品有所啓發。如「子畏於匡，顏淵後。子曰：『吾以女爲死矣。』」[68]逼眞刻劃孔子遭厄後，再見顏淵時意外驚喜的語氣與複雜心情。又如「鳳鳥不至，河不出圖，吾已矣夫！」[69]連用三個虛詞，傳達出孔子爲道不行的深沈哀嘆，令人如聞其聲，如見其人。它們爲《論語》增添了不少藝術光彩，《論語》之前，散文藝術不曾達此高度。

《墨子》是墨家的著作總匯，仍屬語錄體，語言樸實無華，明白曉暢，其中〈公輸〉一文是敍事名篇，其篇末云：「治於神者，衆人不知其功；爭於明者，衆人知之。」[70]在結尾處以古語點題，神韻悠然，使人有意味無窮之感。《墨子》散文富有論辯性，已向有組織、有邏輯性的說理文發展，尤其文章中善於運用「三表法」以及「辟、侔、援、推」的說理方法，爲說理文提供了豐富技巧，對後世啓發甚大。

《孟子》從語錄體發展成篇幅較長的對話論辯體散文，全書善於運用形象設喻，類比推論，在激烈交鋒時，既訴諸人的理智，亦訴諸人的情感，寓抽象之理於具體形象之中。像〈齊桓晉文之事〉章，「吾力足以舉百鈞，而不足以舉一羽；明足以察秋毫之末，而不見輿薪」，以喻「不爲也，非不能也。」[71]說理形象鮮明而突出，使人無法詰辯。其他像〈寡人之於國也〉、〈齊人有一妻一妾〉諸篇等等都是大量運用譬喻啓發對方，類比推論，使對方心領神會，使說理散文形象化，在論辯中感染對方，使其論辯藝術呈現出靈活、機智、生動的特點，這也就是《孟子》散文極具活潑性、可讀性的道理。《孟子》散文從語言到結構，從說理到氣勢，都大大提昇了說理文的藝術技巧。劉熙載說：「韓文出於《孟子》」、「東坡文亦《孟子》」、「王介甫文取法孟、韓」⑫從韓愈、蘇軾、王安石等這些散文大家作品中，都可以看到《孟子》風格的痕迹，由此即可見《孟子》文章對後代影響的一斑。

《老子》以靈活多變，參差有致的句式，簡約平淡的語言，闡述含意玄博的哲理，文辭美富，音韻悅耳，融哲理與詩情於一體，使抽象道理變得更爲生動形象，像他對天道的描述：「天之道，其猶張弓歟？高者抑之，下者舉之，有餘者損之，不足者補之。」⑬對理想社會的描寫：「小國寡民，使有什伯之器而不用，使民重死而不遠徙；雖有舟輿，無所乘之；雖有甲兵，無所陳之；使人復結繩而用之。甘其食，美其服，安其居，樂其俗，鄰國相望，雞犬之聲相聞，民至老死不相往來。」⑭這些純理念的哲理，或用生動而形象性的比喻，或用多種型態的描寫手法，深入淺出，十分具體，所以其文被劉勰譽爲「五千精妙」⑮。

莊子「其學無所不窺，然其要本歸於老子之言。」⑯由於莊子多智善辯，其文已脫離語錄體，全書想像瑰麗，善用寓言、重言等，奇特的論證方法，奇妙的創作方法，奇巧的藝術構思，奇譎的語言技巧，打破一切時空物我的限制，驅使神話傳說、山岳河流、草木蟲魚爲玄虛之道服務，體情寫物，曲盡其妙，既富雄辯力量，又極盡浪漫色彩，爲散文的創作開拓了一個新天地。像〈逍遙遊〉篇，是論述大至鯤鵬，小至斥鷃，都要有待而動，並不自由；列子禦風而行，也需憑借風力，仍不自由；唯有「無己」的「至人」，達到物我合一之境，才是絕對的自由。文中運用比喻、議論、寓言、傳說，或說大鵬，或說二蟲，或說古聖；或說神人，或長生如冥靈大椿，或無用如大瓠臭樗，萬花繚亂，荒唐謬悠，卻文采四溢，極具匠心。誠如魯迅所言：「莊子著書十餘萬言，大抵寓言，皆空言無事實，而其文則汪洋闢闔，儀態萬千，晚周諸子之作，莫之能先也。」⑦充分肯定《莊子》在中國散文史上的地位。同時，《莊子》也對後世許多作家產生廣泛而長遠的影響。如嵇康〈與山巨源絕交書〉說：「又讀老莊，重增其效。」⑱阮籍著有〈達莊論〉，陶淵明詩文中吸收《莊子》的地方甚多，一時形成所謂的「魏晉風度」。唐代，據《舊唐書·玄宗本紀》云：「唐天寶元載，尊《莊子》爲《南華眞經》」⑲成爲當時舉國誦讀的經書。李白的〈大鵬賦〉，即沿用〈逍遙遊〉中的寓言來言情述志。宋時蘇東坡說：「吾昔有見於中，口未能言，今見《莊子》得吾心矣！」⑳陸游有「載筆敢言宗史漢，閉門猶得讀莊騷」的詩句，可見他們受莊子影響之深。

「君子必辨」㉑是荀子創作的理念。因此《荀子》之文，已不再是《論語》、《孟子》似的語錄體或對話論辯體，而是從簡單到複雜，從短篇到長篇，從零星到系統，從無標題到有標題，自成體系，章法明晰的據題抒論的說理文。其文往往有總論，有分論，層層深入，節節變化，尤長於以類比和引證方式，反複說明中心主題，論證縝密，層次清晰。如〈性惡篇〉開篇即提出全文的結論：「人之性惡，其善者僞也。」㉒以下分從各方面，一層深入一層地推理、剖析。首先從人之本能來說明性惡，其次從草木金石之性來說明，經過反複說明，自然呼應篇首結論，然後再駁斥孟子性善說，使道理更進一層。全篇說理透闢，脈絡分明，逐步深入，有種顛撲不破的力量，使人無可置辨。同時其語言運用，凝煉渾厚，長於用譬，句式整齊，辭藻繁茂，大大增強文章的思想性和藝術性。在先秦散文發展上，荀子散文完成嚴謹的論辯說理的體製，是散文史上重要的里程碑，他的散文「可以不用問答體，不用述言體，而能很有條理地組成一篇結構比較嚴密的文辭。」⑧3爲後世作出不可磨滅的貢獻。

《史記》嘗論韓非道：「韓子引繩墨，切事情，明是非。」⑧4是以《韓非子》散文，幾全爲論辯之作，以理論取勝。其文分析精微，論事入髓，文筆銳利，刺人心坎，氣盛詞達，抉摘隱微，文詞瑰瑋，洵爲先秦散文集大成者。《韓非子》一書，多先有題，後有文，其篇章結構多種多樣，有論說體、辯難體、問答體、經傳體、寓言體、解註體、上書體，頗富創造性。如〈說難〉一篇，用「凡說之難」⑧5總契綱領，展開多方面論述。首先說明游說者要順著君主心理變化，其次闡述游說時危殆及身的險難，第三指出進言之術，在於飾其所矜而滅其所恥，並闡明游說的十四種對策，最後以史實和故事爲例證，說明「非知之難，處知則難」的論點，並以「逆鱗」之喻類比推理收束全文。其文章精細綿密，錯落有致，層次多彩，靈活多變，又能適應各類體裁特點，正如梁啓超所云：「其文最長處，在壁壘森嚴，能自立於不敗之地以摧敵鋒，非深於名學者不能幾也。」⑧6韓非學識淵博，閱歷豐富，其文善於運用比喻、排比、寓言等，是以，韓非文章自成一家之文，爲後世學者之所師歸。漢時「賈誼之文，剛健篤實，出於韓非」⑧7，司馬遷「推勘事理，興酣韻流，多近韓。」⑧8東方朔〈答客難〉、司馬相如〈難蜀父老〉深受韓非辯難體的影響才創作的。以唐宋八家而論，韓愈受〈難勢〉中「飛龍乘雲，騰蛇遊霧」⑳一段，發展而爲〈雜說〉之一〈龍說〉。柳宗元〈桐葉封弟辨〉，方苞以爲：「此篇若效韓公子卻克分謗篇，筆墨之跡，劃然可尋。」⑳至於王安石之文「文辭奇峭，推闡入深」，也可見韓非之遺風。《韓非子》散文沾溉藝苑學圃，衣被後世文家，實爲後世說理文的楷模。

秦朝國祚短淺，其中最著名的散文家爲李斯，他的〈諫逐客書〉一文，作於秦統一前，文章筆勢凌厲，議論深切，縱橫馳騁，大有戰國之風。而其所作刻石，如〈繹山刻石〉、〈琅琊台刻石〉、〈會稽刻石〉等，爲後世「碑志」體源頭，劉勰評其文云：「疏而能壯，亦彼時之絕采。」㉑

秦亡漢興，「禁網疏闊」，除挾書律，「大收篇籍，廣開獻書之路」，百家之學再起，遊學之風又興。但是漢初的知識分子已不再像先秦百家爭鳴，以排斥異說爲能事。他們清楚體認到，要在競爭中取勝，就必須有「馳騖乎兼容並包，而勤思乎參天貳地」㉒的襟抱，以期融百家於一爐，並以爲漢朝提供長治久安的治國之策爲己任。西漢散文作家賈誼〈過秦論〉、〈陳政事疏〉；晁錯〈論貴粟疏〉、〈守邊勸農疏〉；鄒陽〈上吳王書〉、〈獄中上書自明〉等著名鴻文，都是政治家兼文學家，關心時事，指點江山，暢所欲言，無所顧忌之作，其作品普遍帶有「戰國之遺響，大漢之新聲」的特點。在結構上講究前後呼應，反複舖陳；在修辭上注意比喻、誇張的手法；在立意上刻意追求氣魄宏大，先聲奪人的效果，無不散發獨特風采，展現漢初散文上承諸子遺風餘緒的特點。

漢武帝時罷黜百家，表彰六經，獨尊儒術以取代黃老之學，成爲「大一統」社會的立國之本。當時文壇不再是那種激揚蹈厲，意氣奮發的宏文佳構了。這一時期，能跳出樊籬而另闢蹊徑，保留自己獨特個性的是司馬遷的《史記》。司馬遷承接先秦歷史散文，諸子散文乃至戰國策士論辯影響，發揚屈騷傳統，並且他始終以繼承周公、孔子志業㊓為自我期許，發憤著書，「不拘於史法，不囿於字句，發於情，肆於心而為文。」㊔把著述當成心靈的折射和情感生命的灌注。司馬遷以其憂患人生的深切體驗，更執著追求美與善的理想，劉熙載就曾指出：「太史公文，悲世之意多，憤世之意少，是以立身常在高處。」㊕他突破當時思想困境，充分展露獨特創作個性，也帶給人們巨大的感染力和衝擊力。正是由於這一點，《史記》被譽為「史家之絕唱，無韻之《離騷》」㊖。《史記》開創了以人物為中心的紀傳體，成功塑造了眾多性格各異的人物形象，創造了文學性強的史傳文學。司馬遷在寫人物上，總是特意突出人物的性格特質，而許多性格複雜的人物，常以「本傳晦之，他傳發之」的互見法來寫。表現在敍事上，善於剪裁與組織幾件有代表性的事件記載，形成「不待論斷而於序事之中即見其指」㊗的鮮明作用。在謀篇立意上，司馬遷不大拘守「文簡語重」的史法義例，而是成功的發展運用「春秋筆法」，深廣而充分的塑造人物形象，同時以「推見至隱」的含蓄手法，在字間行間融進自己的價值判斷和情感愛憎。這些都擴大了散文藝術的表現能力，尤其可以看出《史記》在寫人敍事上更臻成熟，達到一個新的境地。

戰國諸子之文「以立意為宗，不以能文為本」，但時至漢代，由於武帝重文人，愛辭賦，於是講究修陳誇飾的辭賦影響漢代散文的寫作。那種說明「簡而約」、「辭尚體要」的語言已受到嚴重衝擊，重視詞采的修飾，追求語言的華美成為一種自覺，已有「能文」的取向。散文與辭賦彼此影響，相互促進。早期的司馬相如，像〈難蜀父老〉、〈上書諫獵〉等文，「深於比興」引物連類，闡明道理，用筆敷張揚厲，氣盛辭斷，同時文中夾雜偶句，更增廣博閎麗的氣勢，所以劉勰說：相如之文「文曉而喻博」⑱。其後，班固《漢書》內容豐富，雄麗剛勁，堪與史遷並肩。然而，班固的文章整齊精煉，富贍詳密，有意於語辭的錘鍊，頗多駢辭麗句，與《史記》只以單行散句為主不同，下開齊梁駢體文的先河。至於蔡邕〈郭有道碑〉則逐漸出現駢文之格，散文面目日趨繽紛多姿。柳宗元就曾分析道：「殷周之前，其文簡而野，魏晉以降，則蕩而靡，得其中者漢氏。漢氏之東，則既衰矣。」⑲而劉師培更明顯指出，西漢散文「不欲操觚率爾，或加潤色之功，然大抵皆單行之語，不雜駢儷之辭。……東京以降，論辯諸作，往往以單行之語，運排偶之詞。」⑳可見東漢時文風已轉變，文風富瞻雄健，全不復西漢散文高古渾厚之勢。

隨著東漢政權的崩潰，人們的精神生活、學術思想、文學創作，又起了一次大變化。其時「章句漸疏，而多以浮華相尚，儒者之風益衰矣。」㉑「競以儒家為迂闊不周世用」㉒，人們擺脫了經學上的枷鎖，在文學創作上表現出驚人的才華。漢魏之際，為文之士，風起雲湧，賦頌篇什，衆製蜂出。他們的作品不是為「潤色鴻業」而作，而是他們「憂生之嗟」和亂離傷感的眞實寫照，是他們眞實的內在「心聲」，在創作上表現出與漢代文人明顯的區別。劉師培曾辨析這一時期散文發展的變化，出現了「清峻」、「通侻」、「騁詞」、「華靡」㉓的新文風。所謂「清峻」是指在語言上質樸剛健，精煉透徹；在內容上簡約嚴明，言簡意賅。像曹操〈軍譙令〉以平淡無奇又簡要的筆法，說明用兵目的，敘述將士的犧牲，再說明對死者家屬所採取的五項撫恤政策，最後發出百年之嘆，文章短而有致，直抒胸臆，造句自然，情感眞摯。曹操的文章摒棄虛誇浮華，革易浮冗文風，爲簡明清峻之風開了端緒，也開了一代新文風。丁儀、劉廙等人的政論文不再像東漢「詳引經義，以爲論斷」，而是毫無隱諱「直抒己意」、「不尙華辭」⑭，而杜恕、夏侯玄等奏疏不似東漢「多含蓄不盡之詞」⑮，而是直截了當，明白曉暢，無不達言。至於「通侻」是表達不做作，毫無掩飾的抒發個人之情，如曹操〈讓縣自明本志令〉、〈求賢令〉、〈求逸才令〉等文，一反兩漢用人標準，任筆而寫，毫無顧忌，層層披露，想說什麼就說什麼，表現出率直通侻的特色，與建安前的典雅矜重的詔令，全然不同。「騁詞」則是指氣勢壯盛，生機勃勃，又講究藻采。如孔融〈與曹公書論盛孝章〉一文，敘述盛孝章被困孫權處，生命危在旦夕，爲了及時挽救名士，作者從人情、道義、惜才三方面勸說曹操出面營救，寫得情感激烈，豪氣直上，並輔以駢偶典故，全文詞理宏達，十分具有感染力，因此劉師培指出孔融之文在氣勢、文采上，對後代影響深遠。「華靡」則是指表達上有意識地追求駢儷化，和詞藻繁富華美，爲文學而文學。建安時期作家講究排比對句，追求節奏和諧，如曹丕、曹植等人均在選詞用字上苦心經營，以求驚人，不僅排比整飭，四字句之中又雜六字句，詞采燦爛，眩人眼目，節奏和諧，回蕩著音樂旋律，對文章駢體化具有重大貢獻。由此可知，魏代與東漢散文語言運用有明顯不同：「建安之世，七子繼興，偶有撰著，悉以排偶易單行。即非有韻之文，亦用偶文之體，而華靡之作，遂開四六之先，而文體殊於東漢。……東漢之文，漸尙對偶，若魏代之體，則又以聲色相矜，以藻繪相飾。」⑯而魏與漢文風差異則在：「書檄之文，騁詞以張勢，一也；論說之文，漸事校練名理，二也；奏疏之文，質直而屏華，三也；詩賦之文，益事華靡，多慷慨之音，四也。」⑩⑦

兩晉散文既淵源於魏，但又有與魏不同者。「正始名士」王弼、何晏，提出「以無爲本」、「崇本息末」，與「竹林七賢」阮籍、嵇康主張「越名教而任自然」不同，整個思想界面貌完全改變，也開啓了兩晉散文嶄新的一頁。但是此時作品憤世嫉俗，任情使氣，或嘻笑怒罵，或痛楚哀號，他們還是繼承了建安文學的清峻超邁和辭采華麗的基本精神。然而玄學重視辨名析理，遵守循名責實的原則，論證清晰，條理嚴謹，因此，造成論辯風氣。兩晉以來的名士大都是能言善辨之士，表現於散文作品上則「用字平易」、「論序益繁」。再加上晉朝立基，結束長久割據局面，統一全國，而且建安文學已露崇尚精美的端倪，到了太康文人筆下則發揚蹈厲，博奧工麗的文風，遂風行於世。魏晉散文無論析事論理，抒情寫意，記遊摹狀等均是兩漢所無，對後世影響至深，成爲先秦兩漢散文，轉向唐宋散文的過渡與開啓。

唐、宋兩代，是我國散文發展史上的重要時代。初唐承襲六朝餘風，華綺纖巧彌漫文壇。原本「麗句與深采並流，偶意共逸韻俱發」的駢體文辭，已走入內容狹隘，襞積典事，求對逐律的冗贅形式中。當時有陳子昂、蕭穎士、李華、獨孤及、元結、柳冕等，從理論到創作，帶來唐代散文改革先驅的腳步。安史之亂爆發，下及元和、長慶之交，是唐代社會經歷鉅變的時期，給予文學創作多方面的推動，各類文學進入全面性發展。元和時期以韓愈、柳宗元爲代表的「古文運動」便應運而生，徹底扭轉了浮艷文風。散文之所以揚棄駢文，其道理則在於長短錯落的語言格式更切進人的思維，抒寫自由，易於反映現實，表達情思。韓愈提出先秦漢魏那時奇句單行的散文，以與六朝隋唐流行的駢文對立。柳宗元也反對「貴辭而矜書，粉澤以爲工，遒密以爲能」⑩的文風，他們振臂高呼終於釀成了古文運動。韓愈把自己倡導的新型古文廣泛地運用於敍事、說理、抒情，成就極高。如〈原毀〉、〈師說〉批判士大夫庸俗鄙陋的風氣；〈張中丞傳後序〉記安史之亂中的抗敵英雄；〈祭十二郎文〉抒發悼念亡侄的悲痛；〈雜說〉以寓言形式寄寓懷才不遇的悲憤等，都是傳世名作。尤其他在散句單行的散文中，創造性的運用對偶、排比，句型錯綜變幻。他還擅長吸收有生命力的古代詞語，熔鑄新詞，爲散文注入一股活力。柳宗元的散文，多數寫於被貶之後，多爲寓言、遊記、傳記。如〈蝜蝂傳〉、〈三戒〉等，借描寫動物習性而諷刺人情世態，寓意深刻，文筆鋒利，使寓言取得獨立地位。〈永州八記〉是一系列的山水遊記，抒情性強，刻劃深微，滲透著作者對社會人生的體悟。〈種樹郭橐駝傳〉、〈捕蛇者說〉等，寫市井細民，借題發揮，寓有深意。韓、柳的倡導與創作，迎來了散文創作的高峰。

唐末五代，繡繪雕鑿的「四六」駢體大盛，幾乎中斷韓、柳「古文」傳統。宋時先有柳開、王禹偁、穆修等人，力倡古文，上尊韓、柳，後有歐陽修、蘇東坡等繼之，把古文運動再次推向高峰。宋代散文有意糾正唐代古文中的尙怪趨奇，言苦辭澀的偏峰，所以精神面貌與唐文又有不同。唐文大膽雄奇，宋文平順暢達；唐文博厚，宋文精巧；唐文尙實，長於議論和敍事，宋文尙虛，長於隨筆雜記，抒情寫景；各有千秋，不能一概例以優劣。歐陽修說理文〈五代史伶官傳序〉、〈縱囚論〉等，在容與閑易間自有一種氣勢，不同於韓愈雄肆博大，渾浩萬狀。敘事文如〈尹師魯墓志銘〉、〈瀧岡阡表〉等，敘事簡括，情致深厚。遊記如〈醉翁亭記〉、〈豐樂亭記〉等，記山水之美，高情逸致，含蘊深微。蘇軾散文意到筆隨，自由流暢，他的〈留侯論〉、〈教戰守策〉等，議論透闢，有破有立，翻空出奇，多有新意。前後〈赤壁賦〉、〈喜雨亭記〉等，行文自由舒展，摹寫生動鮮明，貫注濃厚詩情。蘇洵、曾鞏、王安石、蘇轍等人都是宋代文質兼備的散文大家，他們與韓、柳、歐、蘇，並稱「唐宋八大家」。他們在散文發展上的貢獻是擴大散文領域，不僅發展秦漢以來已有的體裁，踵事增華；還用散筆創作了許多如雜說、遊記、傳記、寓言、贈序等等抒情、敘事、言志的散文，尤其將辭賦散文化，擴大散文表現的範疇。因此，可以這樣說，唐宋散文是一種新型散文，其作品得到長期傳誦絕不是偶然的。

元代以戲劇爲盛，散文多以唐之韓柳，宋之歐蘇爲楷模，沒有給後人留下多少創新的餘地。明清散文直接取法唐宋。明代開國之初，湧現一批能文之士，他們大部分經元入明，親歷社會動亂，對民生疾苦和治亂興亡有較深的認識，他們的作品往往能切近現實，而以宋濂、劉基最爲突出。宋濂是開國文臣之首，他的散文從容簡潔，善於變化。他最服膺歐陽修和曾鞏，也很推崇柳宗元。他的作品無一不是唐宋古文面目。他的傳記書序等多學歐陽修的嚴於剪裁，情靈搖蕩。如〈秦士錄〉刻劃人物栩栩如生，活靈活現。〈送東陽馬生序〉是勸學勵志之作，字裡行間頗見筆致，一掃元文纖弱縟麗而乏風骨的風氣。論說類則多學曾鞏的紆徐婉曲，包蘊嚴密，如〈隋室興亡論〉、〈諸子辯〉等。敘山水風物時又多取法柳宗元的精確清麗，牢籠百態，如〈環翠亭記〉、〈看松庵記〉等。各具恣態，各有本源，而有法度，或稱當時第一。劉基與宋濂同爲明初開國功臣之一。他精通經史、兵法、術數，洞悉世情物理，其散文內容豐富，體裁多樣。其寫景之文如〈松風閣記〉、〈苦齋記〉諸篇，清奇峻拔，秀美幽深，有唐宋文之風致，是記中精品。其寓言〈郁離子〉說理諷世，以犀利筆鋒和生動藝術形象，表達作者情思，風格古樸閎深，餘味曲包。其說理文如〈賣柑者言〉等，洞察世情，目光冷峻，徵事取譬，立意高遠，頗見筆致。明中葉以後，散文領域出現許多集團和流派，文學思想上的復古，創作上的擬古，與反復古、反擬古的爭論十分激烈，前七子、後七子、唐宋派、公安派等各自有不同的藝術成就，其中最有影響的是歸有光和袁中郎三兄弟。歸有光，他的散文以抒情的筆調來敍事，把日常生活瑣事寫入文中，使內容出現生活化、口語化，雖寫的是平凡小事，卻情致綿邈，清新親切。他長於寫人倫親情，尤善寫悲情。如〈項脊軒志〉、〈先妣事略〉等，或回憶往事，或哀悼親人，悲音裊裊，情意綿綿，感人至深。一般墓志銘多以英雄豪傑，智者賢士爲對象，但歸有光卻爲平凡的女婢寫了〈寒花葬志〉，流露出主僕間眞摯和融的情味，十分感人。公安三袁推崇「獨抒性靈，不拘格套，非從自己胸臆流出，不肯下筆。」⑲他們的作品自然率眞，多取材於日常生活，用語不避俚俗，從復古摹擬轉向師心自運，清新活潑，妙趣橫生，反映當時新興社會意識，帶來明代小品散文的興盛。三人中，以袁中郎影響最大。他的散文序、記、書、傳諸體均佳，而尤以遊記最擅，其遊記信筆直抒，不擇筆墨，每每以遊蹤與心迹合而爲一，語言清新流利，俊美瀟洒，舒徐自如，獨步一時，〈晚遊六橋待月記〉、〈滿井遊記〉等諸篇是其代表作。明末散文家以張岱最爲有名，其《琅環文集》、《陶庵夢憶》等多爲短篇小品散文，山水遊記如〈西湖七月半〉、〈湖心亭看雪〉等，剪裁新穎，文筆清麗。除遊記外，大多爲追憶往事、懷念故國故土的散文，寄託了國破家亡的感慨，情味悠長。明代中葉以後散文，清新活潑的文風，突破古文傳統，貫注新精神內涵的作品，給古文深刻影響外，對五四時白話散文更產生很大影響。

明末清初，變故疊起，江山易代，山川流血，是一個天翻地覆的時代。清初散文家或堅不仕清的遺民；或爲關心國家命運的學風所染，因而其文大都以經世致用、心繫家國爲多。黃宗羲兼擅散文，所撰傳狀、書序等甚多。他的說理文〈原君〉，打破「君權神授」的迷思，並敢於揭露君主罪行，如驚雷馳電，震蕩人心，對清初及後來民主革命都有很大影響。他的傳記文如〈柳敬亭傳〉寫說書人柳敬亭；〈張南垣傳〉則寫造林園人張南垣，文章寫來形象鮮明，常以故國之思與懷舊之感寓於記事寫人之中，不愧爲散文能手。顧炎武寫了很多書序、志傳、論說等，不作空言，語言不事雕琢，筆端充滿感情。他的〈復庵記〉、〈吳國初行狀〉等洋溢反清抗暴，恢復明人政權的激情。另外尚有稱爲「國初三大家」的侯方域、魏禧、汪琬三人。侯方域的散文文筆暢達，想像豐富，他的〈李姬傳〉、〈馬伶傳〉借描寫妓女、伶人，寄寓自己反對閹黨和抗清復明的心志。魏禧散文內容豐美，擅長議論、記敍文，表彰抗清殉節的英雄和堅守志節的志士，他的〈大鐵椎傳〉敍事如繪，形象鮮明，把江湖俠客比做博浪沙椎擊秦始皇的力士，寄託自己對故國的情思。汪琬文章多學術性論文和碑傳文，文筆簡潔，長於敍事。侯、魏、汪三家並稱，《四庫提要》評云：「古文一脈，自明代膚濫於七子，纖佻於三袁，至啓禎而極敝。國初風氣還淳，一時學者始復講唐、宋以來矩矱，而（汪）琬與寧都魏禧、商丘侯方域稱爲最工……廬陵、南豐（即歐陽修與曾鞏）固未易言，要之，接迹唐、歸，無愧色也。」

⑪⓪

從清初到末葉，近三百年之久，最大散文流派是桐城派，是爲散文發展的主流。它創始於方苞，後劉大櫆、姚鼐繼承發揚之。因爲方、劉、姚主要作家都是安徽桐城人，故稱「桐城派」。他們基本上是沿襲明唐宋派的道路，反對當時的八股時文與駢文，方苞提出「義法」主張，以辭尚體要，言歸雅潔爲主，以矯正明代復古擬古，餖飣古人，故作艱深之文，或空談文章間架結構，脫離內容，濫議形式的弊端。方苞的〈獄中雜記〉、〈左忠毅公逸事〉等記人寫事乾淨俐落，語言簡約頗具特色。劉大櫆的《論文偶記》對「義法」有補充發展，認爲義理是材料，法是神氣音節，並更重視作家氣質和作文技巧。姚鼐是劉大櫆的學生，進一步把「義理、考據、辭章」合而爲一；「陽剛」、「陰柔」兩美的結合，「神、理、氣、味、格、律、聲、色」法則相互作用，使桐城派的散文理論體系更加完整。他的文章生動流暢，遊記文如〈登泰山記〉、〈遊靈岩記〉等，刻劃逼眞，文筆精煉。

在桐城散文之外，袁枚獨樹一幟。他的文章直抒胸臆，感情充沛。如〈祭妹文〉寫兄妹間情誼。〈遊黃山記〉寫景抒情渾然一體，而且文中插敍了自己的心理活動，率眞而有個性，使其遊記文別具一格。〈書魯儕亮書〉寫魯儕亮外貌後，再用倒敍、插敍等全面展開魯儕亮故事，寫來墨酣筆飽，神采飛動，十分激動人心。

鴉片戰爭前後，帝國打開中國關閉的大門，帶來空前未有的歷史轉折期。在烽火連天，多災多難的戰爭時代，反抗帝國殖民侵略的時代精神中，進入了一個繼往開來，慷慨論天下事的近代散文時期。龔自珍正是這一時期的傑出作家。他目睹時局的危急，預感暴風將至，以敏銳的眼光洞察時勢和批判衰世，所以揭露批判「衰世」，呼籲變革成了他散文的主要內容。他的政論文如〈乙丙書〉、〈尊隱〉、〈明良論〉等，文中採用曲筆，借古道今，暗示當時的社會「日之將夕，悲風驟至」，期盼奮起改圖，扭轉衰敗的局面，充滿求新求變的進取精神。特別是他的〈病梅館記〉，寫梅花受斫、約束，不能自然生長，文中塑造病梅、病梅者，療梅者三種形象，用來象徵人才受壓抑受摧殘，寄寓他反對扼殺人才，壓制新生力量，尊重人的個性自由和解放，體現了一代啓蒙作家的膽略和卓識，同時也爲近代文學衝決一切羅網，開創了一條大道。無怪乎梁啓超說：「晚清之思想解放，自珍確與有功焉。光緒間所謂新學家者，大率人人皆經過崇拜龔氏之時期，初讀定庵文集，若受電然。」⑪並爲梁氏後來的「新文體」奠下變革的基礎。

梁啓超的「新文體」，在近代散文變革上，比起龔自珍等，又向前跨出了一步。要變法維新，散文就要成爲「開民智」、「鼓民力」、「新民德」的工具，就必須廢棄艱澀的舊文體，創造一種新文體，因此梁啓超等人爲文體解放大聲疾呼，同時創造了一種詞筆銳達，條理備細，平易酣暢的新文體⑫，這種文體又稱爲報章體。這種新文體無論思想內容、表達手法、造語遣句等，都與傳統古文不同，它是傳統古文和五四時期白話散文之間的過渡橋樑。梁啓超的新文體像〈少年中國說〉、〈說希望〉、〈敬業與樂群〉等，內容廣而博，文字通俗而華美，「筆端常帶感情」，尤其文中融入很多新名詞，新詞句，不僅增添了新思想、新內容，打開了人們的眼界，敲碎了禁錮思想的鎖鏈，同時也使散文語言產生相應變化，進一步促使文體的革新和白話散文的發展，展現了近代散文的發展方向，並爲五四文學運動作了準備。

自五四新文學運動期間，因小說與戲劇創作受到充分重視，而且隨著西方文藝理論的輸入，散文觀念也得到新的確定，與詩歌、小說、戲劇並列。現代散文是橫向的在吸收外來文學思潮和縱向接受固有傳統散文的基礎上發展起來，所以朱自清認爲，現代「小品散文的體製，舊來的散文學裡也盡有；只精神面目，頗不相同罷了。」⑬但現代散文並不是簡單沿襲，用舊瓶裝新酒，而是融舊鑄新，以新的「面目」顯示新的「精神」，在體裁、手法上也都有新的創造，開拓了散文發展的寬廣天地。這一時期魯迅、周作人、朱自清、徐志摩、郁達夫、冰心等，名家輩出，佳作林立的空前盛況。他們從各自的生活感興出發，率眞表達自己的喜怒哀樂，深入剖示內心的感情糾葛，大膽坦露個人的志趣意向，並注重藝術上的獨創和完美，創造出各式各樣的作品。現代散文煥發出新的生機，披著新世紀的曙光，迎來了一個明媚的春天，使得散文園地春花漫爛，蔚然大觀。

結語

以上對我國散文的概念、特徵及其發展歷程，作了粗略巡禮。由此可知，這片寶樹瓊林的散文園地中，蘊藏許多珍奇。自古以來，我國散文是一個包含文學觀念的非文學範疇，涵蓋十分龐雜，無論其是相對韻文還是駢文，都不是從文章內容，而是從形式上劃分，劉勰有謂「聖賢書辭，總稱『文章』」⑭雖然他是說文學作品的情采，其實也可以概括中國散文狀況，不論是文學、史學、哲學、教育等著作，同時也是很好的文章，都有不同程度的文學價值。民國以來，散文概念又得力於西方文藝理論的啓導，使這一文學珍品重放光彩，繼續榮發滋長。雖然我國散文的概念複雜，但是散文在題材方面崇眞尙實，在作者性情上袒露個性，在表達手法上意隨筆活，在語言上講究辭采翩然，使得散文在漫長的歷程中，創造出一種形散神聚不同於其他文學體裁的獨特風神。

回顧中國散文發展歷程，在這散文長河上先後出現幾次轉折新變時期。第一次在周秦之交，由於社會制度的劇變，散文達到鼎盛，散文作家勃興，作品文質合一，爲整個古代散文的歷程奠定堅實基礎。第二次在唐宋之際，正宗散文發展到了高峰，體式已備，法度已密，文質兼備，美善相兼，古代散文呈現全面成熟的風貌。第三次在明清時期，以淺易語言，自由筆墨，袒露性靈的小品文，帶有反傳統，反道學的特色衝擊逐漸僵化的正宗古文，透露出散文轉捩的新契機。第四次則在晚清民初，新文化運動掀起壯盛洪濤，散文從內容到形式出現別調新聲，取代正宗古文地位，躍居時代的主流，帶來散文蓬勃發展的機運。如此說來，現代散文歸根結底是西方文藝理論的催化，但卻是傳統散文精華的再生。

【附註】

①郁達夫《中國新文學大系・散文二集導言》，見《中國現代散文理論》（臺北，蘭亭書店，民國七十五年），頁三九七。

②〈論文雜記〉，《劉申叔先生遺書》（臺北，華世出版社，民國六十四年）第二冊，頁八五二。

③《論語》，見朱熹《四書集註》（臺北，世界書局，民國六十二年），頁六九。

④劉寶楠《論語正義》（臺北，文史哲出版社，民國七十九年），下冊，頁四四二。

⑤《墨子・非命中》，見張純一《墨子集解》（四川，成都古籍書店，一九八八年），卷九，頁二三六。

⑥邢昺《論語注疏》（臺北，大化書局，民國七十一年），卷一，頁二四五八。

⑦同上註。

⑧《史記・孝武本紀》，見《史記三家注》（臺北，洪氏出版社，民國六十四年），卷十二，頁四五二。

⑨《史記・儒林列傳》，見《史記三家注》，卷一二一，頁三一一六。

⑩《漢書・公孫弘傳贊》（臺北，藝文印書館，未著撰年），卷二十八，頁一二二〇。

⑪ 劉熙《釋名・言語》（臺北，新文豐出版社，民國八十年）卷四，頁四一四。
⑫ 魯迅〈魏晉風度及文章與藥及酒之關係〉，見《魯迅全集・而已集》（北京，人民文學出版社，一九八九年）第三冊，頁五〇四。
⑬ 《宋書・雷次宗傳》（臺北，鼎文書局，民國六十九年）第三冊，頁二二九四。
⑭ 《梁書・昭明太子傳》（臺北，鼎文書局，民國六十九年），頁一六七。
⑮ 《文心雕龍・總術》，頁六五五。
⑯ 蕭穎士《蕭茂挺文集》（臺北，新文豐出版社，民國八十年），頁七六一。
⑰ 韓愈〈題歐陽生哀辭後〉，見馬通伯校注《韓昌黎文集校注》（香港，中華書局，一九七二年），卷五，頁一七八。
⑱ 羅大經《鶴林玉露》（臺北，新文豐出版社，民國七十五年），卷六，頁一三〇；卷二，一一八。
⑲ 陳善《捫虱新話》，卷一，頁二四八。
⑳ 沈括《夢溪筆談》（臺北，世界書局，民國五十四年）卷十四，頁四九九。
㉑ 見陳柱《中國散文史》（臺北，商務印書館，民國七十六年），頁二。
㉒ 劉半農〈我之文學改良觀〉，見《新青年》，民國六年，七月。
㉓ 周作人〈美文〉，見《中國現代散文理論》，頁一三。
㉔ 朱自清〈什麼是散文〉，見《中國現代散文理論》，頁一四七。

㉕ 王更生〈簡論我國散文立體命名與定義〉，《孔孟月刊》二十五卷十一期，民國七十六年七月。
㉖《小倉山房續文集．錢璵沙先生詩序》，見《小倉山房文集》（臺北，廣文書局，民國六十一年），卷二十八。
㉗ 劉勰《文心雕龍．情采》，頁五三八。
㉘ 劉勰《文心雕龍．情采》，頁五三八。
㉙ 劉勰《文心雕龍．哀弔》，頁二四〇。
㉚ 劉勰《文心雕龍．夸飾》，頁六〇九。
㉛〈論美術與徵實之學不同〉，《劉申叔先生遺書．左盦外集》，卷十三，第二冊，頁一八七八。
㉜ 柳宗元《柳河東全集》，卷八，頁七七。
㉝ 方苞《方望溪全集．集外文》（臺北，世界書局，民國五十六年），卷六，頁三五二。
㉞ 朱自清、俞平伯同題散文發表於民國十三年一月二十五日《東方雜誌》。
㉟ 余光中語，見《中國現代文學大系總序》（臺北，巨人出版社，民國六十三年），散文第一輯，頁五。
㊱ 黃侃《文心雕龍札記．夸飾》（臺北，文史哲出版社，民國六十二年），頁一七七。
㊲ 宗白華〈略談藝術的價值結構〉，見《藝境》（北京，北京大學出版社，一九八七年），頁七九。
㊳ 朱自清《你我．山野掇拾》，《朱自清文集》，第一卷，頁三三二。
㊴ 同註①，頁四〇二。

㊵《雜文遺集》，《朱自清文集》，第三卷，頁七六五—七七四。

㊶轉引自〈詩教理想與人格理想的互融—論朱自清散文的美學風格〉，見《文學評論》，一九九三年第三冊，頁一四五。

㊷王國維《人間詞話》，見徐調孚《校注人間詞話》（臺北，漢京文化公司，民國六十九年），頁三一。

㊸梁實秋〈論散文〉，見《中國現代散文理論》，頁五八。

㊹蘇軾〈答與謝民師書〉，見《蘇東坡全集》（臺北，河洛出版社，民國六十四年），上冊，頁六三。

㊺見《韓愈昌黎文集校注》，卷四，頁一三六。

㊻《左傳·襄公二十五年》，見楊伯峻《春秋左傳注》（臺北，源流出版社，民國七十一年），下冊，頁一一〇六。

㊼姚鼐《尺牘·與石甫侄孫》（清宣統元年小萬柳堂重刊本，臺北，國家圖書館）。

㊽李鏡池《周易探源》（北京，中華書局，一九八一年），頁一〇五、一〇六。

㊾郭寶鈞《中國青銅器時代》（北京，人民出版社，一九八九年），頁二七八。

㊿《禮記·玉藻》，見孫希旦《禮記集解》（臺北，蘭臺書局，民國六十二年），卷二十九，頁三八七。

51《漢書·藝文志》卷十，頁八八二。

52同註㉓，頁五。

53見章學誠《文史通義·易教上》，見葉瑛校注《文史通義校注》（臺北，仰哲出版社，未著出版年），上冊，頁一。

㊿同註㉓，頁十。

⑸⑸《尚書·盤庚中》，見《書經集註》（臺北，新陸書局，民國六十四年），卷三，頁八六。

⑸⑹劉師培《國學發微》，見《劉申叔先生遺書》，第一冊，頁五七四。

⑸⑺梁啓起《要籍解題及其讀法》（臺北，華正書局，民國七十八年），頁七九。

⑸⑻林紓《左傳擷華·序》（高雄，復文圖書出版社，民國七十年），頁三。

⑸⑼陸游《陸放翁全集·渭南文集》（臺北，臺灣中華書局，四部備要，民國五十五年），第五冊，卷十五，頁三。

⑹⑽劉大櫆《論文偶記》（清道光咸豐間黃氏本，臺北，中央研究院），頁四。

⑹⑴章學誠《文史通義·詩教上》，見《文史通義校注》，上冊，頁六一。

⑹⑵劉向〈書錄〉，見《戰國策》（臺北，里仁書局，民國七十一年），附錄一一九八。

⑹⑶郭紹虞見《宋詩話輯佚》（臺北，華正書局，民國七十年），頁五九九。

⑹⑷同註⑹⑴。

⑹⑸《戰國策·趙策四》，卷二十一，頁七六八—七七〇。

⑹⑹同註⑹⑴，頁六四。

⑹⑺《論語·陽貨》，見《四書集註》，頁一一八。

⑱同註③，頁七四。
⑲《論語．子罕》，見《四書集註》，頁五七。
⑳《墨子．公輸》，見《墨子集解》，卷十三，頁四六三。
㉑《孟子．梁惠王上》，見《四書集註》，頁一〇一一。
㉒劉熙載《藝概．文概》，頁二六、二九、三二。
㉓《老子》（臺北，臺灣中華書局，民國六十二年），七十七章，頁二十二。
㉔同上註，頁二十三。
㉕劉勰《文心雕龍．情釆》，頁五三七。
㉖《史記．老子韓非列傳》，見《史記三家注》，卷六三，頁二一四三。
㉗魯迅《漢文學史綱》，見《魯迅全集》第九冊，頁三六四。
㉘見蕭統《文選》（臺北，華正書局，民國七十三年），卷四十三，頁六〇一。
㉙《舊唐書．藝文志》（臺北，鼎文書局，民國六十九年），卷九，頁二一五。
㉚見蘇轍〈亡兄子瞻端明墓志銘〉，《蘇轍散文全集》（北京，今日中國出版社，一九九六年），頁三〇六。
㉛《荀子．非相》，見王先謙《荀子集解》（臺北，藝文印書館，民國六十六年）卷三，頁二一六。
㉜《荀子．性惡》，見王先謙《荀子集解》，卷十七，頁七〇三。
㉝郭紹虞《中國文學批評史》（臺北，文滙堂，民國五十九年），頁二十二。

⑭同註⑲，頁二一五六。
⑮《韓非子·說難》，見陳奇猷校注《韓非子集釋》（臺北，華正書局，民國六十四年），上冊，頁二二一。
⑯同註⑥，頁六八。
⑰劉師培〈南北學派不同論·南北文學不同論〉，見《劉申叔先生遺書》第一冊，頁六七〇。
⑱包世臣《藝舟雙楫·文譜》（臺北，新文豐出版社，民國八十年），卷二，頁八八。
⑲《韓非子·難勢》，見《韓非子集釋》，下冊，卷十七，頁八八六。
⑳姚鼐《古文辭類纂·論辯類》（臺北，華正書局，民國七十二年），卷二，頁九三。
㉑劉勰《文心雕龍·封禪》，頁三九四。
㉒司馬相如〈難蜀父老〉，見蕭統《文選》，卷四十四，頁六二六。
㉓《史記·太史公自序》云：「先人有言，自周公卒五百歲而有孔子。孔子卒後於今五百歲，有能紹明世，正《易傳》，繼《春秋》，本《詩》、《書》、《禮》、《樂》之際，意在斯乎，意在斯乎！」見《史記三家注》，卷一三〇，頁三二九六。
㉔同註⑳，頁四二〇。
㉕同註⑮，頁一二。
㉖同註⑳，四二〇。
㉗顧炎武《日知錄》（臺北，臺灣明倫書局，民國六十八年），卷二十七，頁七三七。

⑱ 劉勰《文心雕龍．檄移》，頁三七九。

⑲ 柳宗元〈柳宗直西漢文類序〉，見《柳宗元全集》，卷二十一，頁二五〇。

⑳ 同註②，頁八五四。

(101) 《後漢書．儒林傳》（臺北，藝文印書館，未著出版年），卷六十九，頁九〇八。

(102) 《三國志．魏書．杜恕傳》（臺北，藝文印書館，未著出版年），卷十六，頁四六三。

(103) 劉師培〈論漢魏之際文學變遷〉，見《中國中古文學史》（臺北，育民出版社，民國六十八年），頁八，另詳參拙著《劉師培及其文學研究》（臺北，文史哲出版社，民國八十一年）第七章〈劉師培的文學史研究〉，頁二三五—二三八。

(104) 同上註，頁二七—二八。

(105) 同註(103)，頁三一。

(106) 〈論文雜記〉，《劉申叔先生遺書》第二冊，頁八五四。

(107) 同註(106)，頁三二。

(108) 柳宗元〈報崔黯才論爲文書〉，見《柳宗元全集》，卷三十四，頁三六四。

(109) 袁宏道〈敍小修詩〉，見錢伯城箋校《袁宏道集箋校》（上海，上海古籍出版社，一九八一年）上冊，頁一八七。

(110) 《四庫全書總目提要》（臺北，藝文印書館，民國六十八年），頁三四九九。

⑪ 梁啓超《清代學術概論》（臺北，華正書局，民國七十三年），頁五四。

⑫ 梁啓超自己說：「啓超夙不喜桐城派古文。幼年爲文，學晚漢魏晉，頗尚矜煉。至是（指參加「維新運動」）自解放，務爲平易暢達，時雜以俚語、韻語及外國語法，縱筆所至，不加檢束，學者效之，號新文體。」見《清代學術概論》，頁六二。

⑬ 朱自清〈論現代中國的小品散文〉，見《中國現代散文理論》，頁三五八。

⑭ 劉勰《文心雕龍·情采》，頁五三七。

第三章　散文文體的鑑賞藝術

前　言

古今文章，林林總總，千姿百態，每一篇文章都有本身獨特的內容與形式，形成它獨自的個性，也以此與其他作品相區別。曹丕就曾指出：「夫文本同而末異」①，這是說一切文章作品雖然都具有共同規律，也都是作者思想情感的表現，但是不同體裁的表現形式，有不同的特點，有其不能互相代替的功能，如果作者捨棄或沒有找到合適的體裁，率意行文，則易失體害文，作品內涵難以完美呈現，也將無法列於優秀作品之林。因此，歷來文家莫不認爲「文章之有體裁，猶宮室之有制度，器皿之有法式也。」並強調「文章以體製爲先」②，十分重視文體研究。是以爲了有效創作和鑑閱散文，探索散文文體是一項重要課題，爲此，以下分從散文文體分類意義、文體分類概況、文體藝術三方面加以論述。

第一節　散文文體分類意義

散文文體分類自有其不可低估的應用意義與學術價值，茲分述如後。

一、創作得體

文章要有體製，正如顧爾行所說：「嘗謂陶者尙型，冶者尙範，方者尙矩，圓者尙規，文章之有體，此陶冶之型範，而方圓之規矩也。」③把握住文體的體製模式，寫作就容易入門了，是以劉勰說：「夫才童學文，宜正體製」④，就是這個道理。文體不定則文章的神氣不能定，神氣不能定，就無從下筆了，完全不依體製任意亂寫，勢必產生非驢非馬的作品，所以說：「凡文章體例，不解清濁規矩，造次不得製作。製作不依此法，縱令合理，所作千篇，不堪施用。」⑤由此可見，就創作來講，分清文體是十分重要的。

其次，「文之製體，大小殊功」⑥，各種文體有其一定的應用場合、用途、表現方法以及形式等，所以在創作時，須「先辨體裁，引繩切墨」⑦，「遵其所宜，防其所失，故能辭成煉核，動合規矩。」⑧作者必須對各類文體作精細辨析，準確把握文體特點，是寫作出好作品的重要前提。吳曾祺說的好：「作文之法，首在辨體。……文體既分，則行文之得失，自當依體爲斷。每體各有一定格律，凜然不可侵犯。」⑨這說明區別和把握文體特徵是創作的另一個重要環節。文體不分，相互混淆，或互有侵犯，就破壞了爲文之法。因爲每種文體都有其特殊的表現方法，因而在結構上、在語言上等，就有各自不同的特點。例如，「論之爲體，所以辨正然否」，故「辭忌枝碎」而宜「要約明暢」⑩，說明文體的特點規範了語言的運用，而語言的運用又體現了文體的特色，二者相互聯繫和制約，體現了「辭共體並」⑪的要求。

文體與結構的關係更爲密切，不論何種文體，其內容都不能雜亂無章，整個作品須是一個「原始要終，疏條布葉。道味相附，懸緒自接。如樂之和，心聲克協」⑫的統一體。但不同文體的結構卻各有其要求，如「史傳」是「載籍之作」，應「實錄」，「直筆」，「尋繁領雜之術，務信棄奇之要，明白頭訖之序，品酌事例之條」⑬，爲必遵之大綱。又如「賦」的結構：「既履端於倡序，亦歸餘於總亂。序以建言，首引情本；亂以理篇，迭致文契。」⑭

此外，再從文體表現方法來看，「史論序注，則師範於核要；箴銘碑誄，則體製於弘深。」⑮又如，「敍記本以敍述事實爲主……《水經注》及〈洛陽伽藍記〉，華彩雖多，而與詞賦之體不同。議論之文與敍記相差尤遠。蓋論說以發明己意爲主，或駁時人，或辨古說，與敍記就事直書迥殊。」⑯可知每種文體皆似「圓者規體，其勢也自轉；方者矩形，其勢也自安。」各具其體勢，如果忽視文體的模式格局，則所成將是危敗失體之作。作家「括囊雜體，功在詮別，宮商朱紫，隨勢各配」，必須「因情立體，即體成勢。」⑰所以說創作文章須辨體，因爲文體是「文之幹」⑱，只有選定恰當的體裁，並且按體裁特點要求去寫，「體正」才能談到「意活」、「氣貫」、「辭飾」。總之，「文體多術」⑲，「文變多方」⑳，因而作者「必資曉術」，「圓鑒區域，大判條例」，方能「控引情源，制勝文苑」㉑。

再者，曹丕〈典論論文〉說：「文非一體，鮮能備善」，「能者偏也，唯通才能備其體。」他指出文章不只一種體裁，而每種文體各有特點，一個作家要樣樣皆能，件件皆精，對一般人而言，總是很難做到的，只能在某些方面擅長，而不能把所有文體都運用得巧妙。因此，作者有必要在各類文體中選擇符合自己才情和興趣的一體或數體，作爲寫作方向。當作者找到本身擅長的文體，在運思時，灌注生命和情感，體裁也因而產生了勃發的靈氣生機，而不再是僵化的形式，這就是爲什麼郭紹虞說：「昔人學文常受文體分類學的指導，所以容易產生早慧的作家。」㉒並列舉了王勃、李泌、楊億之輩，因受文體分類指導而能早慧。文體分類對創作的意義之重要可見一斑。

二、鑑賞識體

創作時，要辨體、得體、合體，才能充分發揮文章的作用。同樣的，在讀解和鑑賞文章時，也應先了解文體分類，辨識清楚各類體裁，所以劉勰提出鑑賞「六觀」說，第一就是「觀位體」㉓，即最先應分辨體裁，把握不同體裁特點與規範，採取不同的鑑賞方法，以體會全文精髓或主旨。惟有先識體，然後才能對作品進行分析評價，這是提高鑑賞能力的有效途徑，只有如此才能避免鑑賞的盲目性，增強鑑賞的效率。例如詩歌與散文文體有所不同，從表現的內容來看，元好問說：「有所記述之謂文，吟詠性情之謂詩。」㉔散文主記敘，詩歌主抒情。從語言形式上看，王文祿認爲：「文顯示目也，氣爲主；詩詠於口，聲爲主。文必體勢之壯嚴，詩必音調之流轉。」㉕散文語言講究氣勢，詩歌語言講究定律，詩與文在語言運用上各不相同。從表達手法上說：「大抵文善醒，詩善醉。」㉖散文主「醒」，要明確達意；詩歌主「醉」，要含蓄朦朧。鑑賞詩文時，若不先識體，有時則會有錯誤評斷。如沈括《夢溪筆談》中指出：「杜甫〈武侯廟柏〉詩云：『霜皮溜雨四十圍，黛色參天二千尺』四十圍乃是徑七尺，無乃太細長乎？……此亦文章之病也。」㉗事實上，「四十圍」正是詩家醉語，作者的誇張描寫，正是要突現古柏的高大蒼勁，以表達對孔明的仰慕之情。確實，詩歌的誇張想像，到了散文中便是虛假，散文的紀實不能適應詩歌的無理想像，但是這些從文體特點來理解，就會豁然開朗了。另外，像韓愈〈毛穎傳〉一文，是爲毛筆立傳，以擬人手法寫來，另有寄託，實屬寓言體之文。柳宗元於〈讀韓愈所著毛穎傳後題〉認爲：「以發其鬱積，而學者得以勵，其有益於世歟！」㉘肯定其文價值。但是，《舊唐書·韓愈傳》中則以爲：「又爲〈毛穎傳〉，譏戲不近人情，此文章之甚紕繆者。」㉙對韓愈爲毛筆立傳，目爲荒謬，頗不以爲然。一般傳記體是記人的，「或值忠孝才德之子，慮其湮沒弗白；或事迹雖微而卓然可爲法戒者，因爲立傳。」㉚《舊唐書》作者把〈毛穎傳〉當作一般傳記，用傳記體寫法去衡量評價，尚然會有錯誤的結果。可見不同體裁要有不同鑑賞審視的眼光。至於像魏禧說蘇洵〈上田樞密書〉云：「天之所以予我者，豈偶然哉！」竟是作論，古來書札中不見這種情況㉛。

吳曾祺評杜牧〈阿房宮賦〉全不似賦㉜等等，雖是對作者創作上不得體的譏評，但論文者均從各類文體規矩準繩出發，辨析出作家為文變異之處，亦給後人在鑑賞上帶來無限啓發。

三、掌握文體發展

徐師曾在《文體辨序說》中云：「文愈盛，故類愈增；類愈增，故體愈衆。」㉝從文學史的實際情況看，文體本身不斷處於變化不居的狀態，而變化往往是文體發展的必然現象。文體發展變化的因素，歸納而言有兩點：

一是受到社會發展、社會思潮等客觀因素影響，一些文體被淘汰了，但新的文體又不斷的產生，這就是姚華所說：「夫文章體製，與時因革，時世既殊，物象既變，心隨物轉，新裁斯出。……文章應時而生，體各有當。」㉞如「記」體，興盛於唐，以記山水景物為主，因「漢魏以前，作者尙少」，故「《文選》不列其類，劉勰不著其說。」㉟唐以後文體分類，「記」體成為一個不可缺少的類目。但也有些文體和社會需要相背，未能適應新需求，逐漸僵化，而在文體分類中消失，像古代文章「七」體，因「規仿太切，了無新意。」㊱由於作者鮮聞，作品罕見，便在文壇上銷聲匿迹，自然消亡。同時，像封建制度的崩滅，皇帝專用的誥、詔等文體，亦隨之消亡，特別是五四運動以來，提倡新文學、白話文，各類新文體應運而生，帶來全面的新風貌，因此，清錢泳就指出：「文當始於《尙書》，一變而為《左》、《國》，再變而為秦漢，三變而為六朝駢體，以至唐宋八家，八家之文，又變為時藝文……。」㊲確乎可以說明「天下無百年不變之文章」㊳的道理。一是，作者不滿足規規然於原有體製格局，勇於變通創新，使已成型已完善的文體產生新變。歷史上出現許多作者的文章，在形式上給人一種創造性的新穎感受，這正是作者既遵循體裁規範，又求異求變，達到創造的境地。從創作角度來看，作者把握了解各類文體的特點與要求，不隨意破壞或離開體製，可是體製亦不能過分束縛創作，當發現體不逮意，有一體不足表達，兩體方能勝任；或常體技窮，必須變通一下，作者就會「因情設體」，「資故實」、「酌新聲」，無妨超越原有體製規矩。然而不論在文體體內變化，抑或打破體裁界線改造舊文體，只要能開拓文體的表現方法，注入新活力、新生命，都是應該允許的。錢鍾書曾云：「名家名篇，往往破體，而文體亦因以恢弘焉。」㊴即是這個道理。例如杜牧〈阿房宮賦〉以散文寫賦；歐陽修〈醉翁亭記〉以賦體作記；王安石〈遊褒禪山記〉以議論文作遊記；蘇軾〈赤壁賦〉把寫遊記和說理運用到賦體之中。在在證明「文辭氣力，通變則久，此無數之方也。」㊵由此可知，掌握和研究文體發展，才是創新的基礎。因爲只有「繼往」才能「開來」，「曲昭文體，然後能孚甲新意」，做到「騁無窮之路，飲不竭之泉。」㊶

四、探究文學變化脈絡

劉師培於《中古文學史》云：「其（文學）變遷之跡，非證以當時文章各體，不足以考其變遷之由。」㊷這是說透視文體交相遞嬗之跡，足覘文學變化脈絡。今以「誄」體爲例說明之。「誄」體的萌芽，「綜其大要恆由祀禮而生」㊸，由於古代社會重視葬禮，以祭奠儀式表彰死者功績，於是周代「誄」體應運而生，可見「誄」文具有爲死者「謚」的功用，是封建社會「謚法」的必要環節，這就是「誄之謚，體本相因」㊹的道理。所以，在「誄」文初興時，即對「賤不誄貴，幼不誄長」，有明顯的身分要求。從現存最早誄文〈孔子誄〉㊺，全文短短數語，全然未言孔子功德，但詞哀情切，體現了誄文述哀的抒情特色，而誄文必須宣讀，其末「嗚呼哀哉！尼父！」等呼號語，則爲後世誄文廣泛習用。到了漢代，「誄」普遍作爲哀悼死者的一種文體。兩漢以還，誄文先後出現，盛極一時，如：揚雄〈元后誄〉，杜篤〈大司馬吳漢誄〉，傅毅〈明帝誄〉、〈北海王誄〉，蘇孝山〈和帝誄〉、〈陳公誄〉、〈賈逵誄〉，崔瑗〈和帝誄〉、〈竇貴人誄〉、〈司農卿鮑德誄〉等等。此時文體有兩項特色，一是「漢代之誄，皆四言有韻」，爲誄體正宗；二是「句皆直寫，不甚錘鍊，漢人之誄大致如此」，尤其是「東漢之誄，大抵前半敍亡者之功德，後半敍生者哀思。惟就其傳於今者二十餘篇觀之，殆少情文相生之作。」至魏晉六朝時期，由於社會思想解放，文學觀念加強，誄文既不問謚之有無，又不辨長幼貴賤之節，遂出現了一批悼念骨肉，悲痛身世的至情文章。如曹植〈文帝誄〉、〈王仲宣誄〉，潘岳〈楊荊州誄〉、〈楊仲武誄〉、〈夏侯常侍誄〉、〈馬汧督誄〉，顏延之〈陶徵士誄〉等；與此同時，又有潘岳〈哀永逝文〉等篇，因「調類《楚辭》，與辭賦哀文爲近，蓋變體也。」此期誄文，均是情文相生的佳作，足以垂範後世。此後之誄文，「其變體間亦有參用六言或七言，此實後代之變體，非誄文之正宗。」如謝莊〈宋孝武宣貴妃誄〉、謝朓〈齊敬皇后哀策文〉等，即其顯例。而「唐以後之作誄者，盡棄事實，專敍自己……其違體之甚。」㊻至於，「清人之誄多用字句堆成，文氣不疏朗，意思似通非通，如塗塗附，實爲文之下乘。」不足爲訓。

我們從豐富又複雜的「誄」體，作全面考查，向上追蹤文體本源，向下求索其演變，就可以清楚發現，在縱的方面，誄文隨社會演進而延續，越來越多樣。從橫的方面來看，各個時期代表作品有不同的發展軌迹，足見各代之異同，變化線索至爲清晰，對學術研究，具有指導與啓示作用。由此可知，在文學史、文學理論、文學批評等方面，若能從探究文體發展變化入手，更易使人洞見文學變化脈絡，確實值得重視與參考。

第二節　散文文體分類概況

章學誠說：「文章之用多而文體分。」㊼文體的繁盛，促使人們對文體分類更深入、更細緻。在我國，文體分類的發展，經歷了一個種類由少到多，由粗到細的過程，眞可謂「體之所來，非一日也。」㊽文體分類，可追溯到先秦時代，像《詩經》和《尙書》的滙編，反映了當時人們已清楚認識到詩歌與散文在文體上的區別。《詩經》有風、雅、頌之分；《尙書》在書中則有典、謨、訓、誥、誓、命等不同分類。《周禮・大祝》有「六辭」之說，分別列出辭、命、誥、會、禱、誄等六種，分類大部分著眼於實用功能。此時，有些論述也提到某些文體的性質、功用和源流，如《禮記・曾子問》云：「

賤不誄貴，幼不誄長，禮也。唯天子稱天以誄之。諸侯相誄，非禮也。」㊾說明了「誄」體使用的範圍。又如《禮記．祭統》論「銘」：「銘者，自名也。自名以稱揚其先祖之美而明著之後世者也。爲先祖者，莫不有美焉，莫不有惡焉，銘之義，稱美不稱惡，此孝子孝孫之心也，唯賢者能之。銘者，論撰其先祖之有德善、功烈、勛勞、慶賞、聲名列於天下，而酌之祭器，自成其名焉，以祀其先祖者也。……夫銘者，壹稱而上下皆得焉耳矣，是故君子之觀於銘也，既美其所稱，又美其所爲。」㊿其中對「銘」的名稱、用途以及體製都有明確說明，後來劉勰在《文心雕龍．銘箴》中說：「銘兼褒贊，故貴弘潤」便是由此衍生。

漢代的文體又有較大的發展。桓範《世要論》裡說：「世俗之人，不解作體，而務汎溢之言，不存有益之義。」51可見當時文體體類區分更爲明顯，而且各有「作體」。《史記》把記傳體分爲本紀、世家、列傳、表、書等幾類。蔡邕《獨斷》再把文章歸納爲天子命令群臣的文體「策、制、詔、戒」，以及群臣上書天子的文體「章、奏、表、議」等共二類八體。而鄭玄於《毛詩傳》裡提到命、銘、賦、誓、說、誄、語等幾類文體52。此外，對文體體製也有所論述，如論詔令文的特點：「古者帝王有所號令，言必弘雅，辭必溫麗，垂於後世，列於經典。故仲尼嘉唐虞之文章，從周室之郁郁。」53蔡邕還有一篇《銘論》，討論銘的起源流變及體製，對後來的摯虞，自有相當的啓發。所以劉師培就指出：「文章各體，至東漢而大備。漢魏之際，文家承其式，故辨別文體，其說不淆。」54雖說此時分類已較前期有進展，但仍然較爲粗疏，且缺乏完整體系，但已爲魏晉以後文體分類奠定了基礎。

魏晉南北朝時期對文體分類上，在理論上作全面地論述。在分類和辨體上有開創性功績的是曹丕的《典論論文》，分奏議、書論、銘誄、詩賦四科八類，指明八類文體有四種不同的寫作特點。繼《典論論文》後，西晉陸機《文賦》提出了「體有萬殊，物無一量」⑮分十類；李充《翰林論》分七類，摯虞《文章流別論》十一類，任昉《文章緣起》分類多達八十幾類之多，論述較詳，分類更細。此後文體分類及研究，越趨精細，劉勰《文心雕龍》除去詩歌、辭賦外，共分析了三十幾種散體。其中論文體，包括立義界、述流變、舉名家，於文體內容，形式的特點和寫作方法言之尤詳，體大慮周，是文體理論研究最高的代表。蕭統於《昭明文選》去除詩賦外，又分爲三十六類散體，可見當時文體之盛，衆體皆備的繁榮局面。

唐宋以後，文體繁富鼎盛，古文運動更促使散文創作達到了高峰。南宋眞德秀《文章正宗》依表達方式分爲辭命、議論、敍事、詩賦四大類。到了明代，駢散文界限分明，文體日增，吳訥《文章辨體》將文體分爲五十九種；徐師曾《文體明辨》中論及文體達一百二十七種，屬於散文文體便有六十種之多，可謂登峰造極，集古之大成。清姚鼐《古文辭類纂》爲突出以體分類，以文示範，以歸類方法分爲十三類。曾國藩在《經史百家雜鈔》中又以著述、告語、記載三類分文體；其中著述有如議論，告語有如抒情或說明，記載有如記敍，給後世分類很大的啓發。雖說古代文體分類原則方法和結果，並不統一，有治絲益棼之嫌，但文體觀念日明。

近代政治社會的變革，連帶文學體裁，語言風格都發生顯著變化，加上西方文論大量東來，傳統文體分類方式，已不適用，所以許多學者提出修正主張，以期能包舉古今所有文體，如劉師培《漢魏六朝專家文》分爲韻文、析理、記事文。戴渭清、吳雲彪、陵友白《白話文作法》分爲議論、論辯文、情感文三類。陳望道《作文法講義》分爲記載文、記敘文、解釋文、論辯文、誘導文五類。葉聖陶《作文論》中分爲敍述文、議論文、抒情文三類。蔣伯潛、蔣祖怡在《體裁與風格》中分爲議論、說明、記述、描寫、抒情五類等等。可見近代學者文體分類上由繁化簡的趨向，並期望建立既簡化又合理的文體分類。

至於散文歸類方法，也是絢爛多秀。由於文體因表情達意反映生活需求而產生，注重實用功能，是我國古代散文分類，使用最爲普遍的一種，從〈典論論文〉到《文賦》、《文心雕龍》，再到《古文辭類纂》，莫不使用這類分法。按語言要素分的，則把散文分爲韻文、散文、駢文；或文言散文、白話散文。按題材內容分的，如歷史散文、哲理散文、諷刺散文、詠物散文、遊記散文、寫景散文等。按題材形式分的，如語錄體短文、論辯體長文、史傳體散文、寓言體小品文、日記散文、書簡散文、筆記體散文、序跋體散文等。按內容風格分的，如公安體小品、韓柳文、三蘇文、桐城派文、新民叢報體、冰心體、朱自清體、周作人體等。按表達方式的，如記敍、議論、抒情、說明等，此種分法首見於宋代秦觀〈韓愈論〉，文中指出：「夫所謂文者，有論理之文，有論事之文，有敍事之文，有托詞之文，有成體之文。」㊻其中「成體之文」說的是韓愈散文文體風格外，其餘的論理、論事、敍事、托詞之文，即是今天的論說文、記敍文、抒情文。其後南宋眞德秀《文章正宗》踵繼，分文體爲辭命、議論、敍事、詩賦四大類。此種以表達方式劃分文體的分類法，是現今爲止一般使用最廣、最常見的一種分類法。

第三節　散文文體藝術特色

散文不管從何處著眼，有什麼分類結果，各類體裁間，仍時有交錯重疊，混淆不清之處。有些文體本不屬於文學範疇，但經作者搦筆染翰後，卻成爲膾炙人口的文學佳作，傳之於世，也豐富了散文領域，這也同時決定了散文分類上的複雜性和多樣化。今以具體內容、表達方法、實用功能爲分類原則，並參考王更生〈論我國古今散文體類分合之價值原則及方法〉，以及陳必祥《古代散文文體分類概論》㊼，將古今散文分爲記敍性散文、說理性散文及實用性散文三類，玆分述如下。

一、記敍性散文

這類散文是各類體裁中運用最廣、最常見的一種文體。它是記載、描寫、敍述人物、景物的靜態動態，或事件的發展變化，把人世間萬物萬象結合作者情感思想表達出來，給人以如見其人，如臨其事，如觀其景，如察其物的眞切感受。按散文記敍的內容分，又可分爲記人、敍事、寫景、狀物四類。

㈠記人類記敍文

指以記人爲主的記敍文，可以寫一個人，也可以是一群人，可以寫一生，也可以寫片斷，要在以人攝事，以事托人。並不要求多方面刻劃完整的人物形象，但須致力於人物思想、神貌、情感、性格等作具體描繪，中心人物既是眞實人物，又是個性鮮明的文學形象，具有感人的藝術力量。這類文章，在古代散文中，常以「傳記」、「行狀」、「碑志」、「記（或志）」等名篇，而現代散文除「傳記」、「記」外，其他已甚少用來名篇。

1.傳記

傳記，或單稱傳，指記載人物事迹的文章，劉知幾認爲這類作品的功用是：「傳者，傳也，所以傳示來世。」58至於明吳訥所云：「太史公創《史記》列傳，蓋以載一人之事，而爲體亦多不同。……厥後世之學士大夫，或值忠孝才德之事，慮其湮沒弗白，或事迹雖微而卓然可以法戒者，因爲立傳，以垂於世，此小傳、家傳、外傳之例。」59這是說從傳記形式看，又可細分爲列傳、小傳、家傳、自傳、外傳等類。如從其所記載的內容看，傳記則大致可分爲兩種。

第一種是史書上的人物傳記，也稱「史傳」，始創於漢代司馬遷的《史記》。這種傳記，所載的人物，一般是文臣武將，高士名流。作者爲突出人物的性格，往往選其最有代表性一段經歷或幾件事件，但必須「直書其事」，做到「事皆不謬，言必近眞」60，透過眞實人物的生平事迹，反映社會現實和抒發作者個人情志。如司馬遷〈屈原列傳〉61，作者通過楚懷王及其左右的昏庸無能，和由此帶來的惡果，與屈原的「明於治亂」形成強烈對比，襯顯出屈原是身繫其國安危的賢能之士，而屈原的生死更是與楚國的命運休戚相關。而〈項羽本紀〉中，作者在項羽一生大小七十多次戰役中，選取了「起義反秦」、「鉅鹿之戰」、「鴻門宴」、「垓下之圍」、「烏江自刎」等重大事件，突出項羽缺乏智謀、勇武粗豪的性格。班固〈蘇武傳〉62截取蘇武在匈奴的十九年經歷，爲文章中心，十九年中又側重寫其兩次自殺未遂，兩次拒絕歸降，最後歸漢，集中展現出蘇武寧死不屈、忠貞不二的性格特徵。

第二種是史書之外，由一般文人學士所撰寫的散篇傳記，又稱雜傳或散傳，「魏晉以來，斯風尤甚，方於正史，若驂隨靳，其體實上承史公之法，……乃傳記之重要發展也。」63和第一種傳記相比，這種傳記所寫的對象多是一些社會低下層平民或不知名小人物，如韓愈〈圬者王承福傳〉寫的是泥瓦工；柳宗元〈梓人傳〉寫建築工的領班；王禹偁的〈唐河店嫗傳〉寫一位機智勇敢推敵墜井的老婦人等。作者或寫他們的一技之長，或寫他們的高尚品德，或寫他們的英雄事蹟等，大都專注於其可以傳示來世，具有勸善懲惡的事蹟來描寫，往往有由此及彼，以小喻大的特點，寫法靈活，引人入勝，不像史書傳記那樣詳盡全面，以人物生平經歷爲線索，按時間順序記述。這種人物傳記描繪出社會各階層人物，也展現出豐富多彩的精神風貌，富有啓發性，具有很高的文學價值，在傳記體中占有相當重要地位。

此外，傳記中還有一部分是自傳。其特點是往往以第一人稱來寫，或自述生平事迹，或自我嘲諷、或自明本志，內容偏重於自敘理想和懷抱，抒寫自己對人生和社會的感慨。這類傳記中，有的以「傳」

或「自傳」名篇，像法顯〈法顯傳〉、劉禹錫〈子劉子自傳〉、陸龜蒙〈甫里先生傳〉、歐陽修〈六一居士傳〉等等。有的卻不題寫「傳」或「自傳」，如王充〈論衡・自紀篇〉、曹操〈讓縣自明本志令〉、曹丕〈自敍〉、劉知幾《史通・自敍篇》、李清照〈金石錄後序〉、汪中〈自敍〉等。不以第一人稱來寫的，如陶淵明〈五柳先生傳〉、白居易的〈醉吟先生傳〉即是。這些作品是了解和研究作者可貴史料；但在作品中，作者一方面自述生平事迹，寫自己在現實生活中的遭際，另一方面，又眞實表露自己的內在心理世界，作者的自我形象、自我個性，躍然紙上，給人留下難以忘懷的印象，這是一般傳記所不易達到的境地。

2.行狀

行狀，也是一種傳記文章。吳訥云：「行狀者，門生故舊狀死者行止，上於史官或求志銘於作者之辭也。」㊽即是說古代一些有名望的人死後，他的家屬、門生、故舊，爲了替他向朝廷請求謚號，或請求史館爲他立傳，便把死者名字、爵里、生平事迹、享年等等寫下來送呈上去的文章，由於用途特殊，所以不叫「傳」，而稱「行狀」，如李翺〈韓文公行狀〉。還有的不叫「行狀」，而稱「事略」、「行略」、「逸事」等，如柳宗元〈段太尉逸事狀〉、方苞〈左忠毅公逸事〉、歸有光〈先妣事略〉、鄒魯、林森〈黃花崗七十二烈士事略〉等。這類作品，描寫人物更爲集中，只突出某個片斷而不及其他，對人物事迹安排，也可不按時間順序安排，如柳宗元〈段太尉逸事狀〉記敍段太尉三則逸事：誅暴卒以整軍紀，償租以解民痛，卻賄以遠奸邪，刻劃段太尉嫉惡如仇、關心百姓、耿介廉潔的品格。可是，誅暴卒發生在賣馬償租之後，作者把後發生的事放到前面，可使內容更加曲折驚險，更能突出段太尉個性特徵，增強作品感染力。歸有光〈先妣事略〉則以回憶方式，敍寫幼兒無知、畫肖像等事，活現一個為多子所苦、為生活所累而對兒子寄予殷切期望的慈母形象。

3.碑志

碑志名目繁多，如碑、碑銘、墓志、墓碑、墓表、阡表等等，刻記死者「功業」、「學行德履」㊗。碑多立在墓前，以表彰死者的功德；志是刻在石上入墓，供後人稽考死者的生平，顯然屬於傳記作品。劉勰說寫碑志需具史家才能㊅，歐陽修〈論尹師魯墓志〉認為寫碑志應史筆和文心相結合，同時為文應尚簡要而不可繁縟，「其事不可徧舉，故舉其要者一兩事以取信。」㊆他們都肯定了碑志的「不虛美、不隱惡」的重要性。歷代有不少精心製作的名篇，如韓愈〈柳子厚墓志銘〉、歐陽修〈范文正公神道碑〉、〈瀧岡阡表〉、蘇軾〈韓文公廟碑〉、張溥〈五人墓碑記〉、張岱〈自為墓志銘〉等。韓愈〈柳子厚墓志銘〉㊇寫柳宗元一生行迹，文中側重他的文學和文章成就，對柳宗元的罹禍遭貶深表痛惋，更在敍事的基礎上加以議論，以見柳宗元篤於友情，諷刺世俗勢利小人臨利害而背信棄義之可鄙。全文在生動的記述中，夾雜精闢議論，無怪人稱其「有抑揚隱顯不失實之道，有朋友交遊無限愛惜之情，有相推以文墨之意。」也因而此文被譽為「昌黎墓志第一，亦古今墓志第一」㊈。歐陽修〈瀧岡阡表〉構思巧妙，寫其父，突破一般格式，而借母親之口轉述父母盛德遺訓，親切感人。

4.記或記事

屬於雜記體指「記瑣細奇駭之事，不能入正傳者」⑩，仍是傳記文的一類。如朱熹〈記孫覿事〉、崔銑〈記王忠肅公翱事〉、袁枚〈書魯亮儕事〉、龔自珍〈記王隱君〉等。現代散文如梁實秋〈記張自忠將軍〉、錢歌川〈記齊白石〉等；而不以「記」名篇的，如魯迅〈藤野先生〉、朱自清〈背影〉、胡適〈我的母親〉、琦君〈髻〉等。魯迅〈藤野先生〉，描寫藤野先生黑瘦臉孔，八字鬚，戴著眼鏡，上課「挾著一疊大大小小的書」，用「緩慢而很有頓挫的聲調」⑪講課，穿衣服比較隨便，有時忘記打領帶，被學生嘲笑等，表現了他衣著儉樸和不拘小節的生活作風，專心致志從事教學和科學研究的刻苦精神。琦君的〈髻〉，刻劃母親外在髮髻式樣的變化，以表現母親在父親與姨娘間的抑鬱寡歡，將其內心煎熬和處境，刻劃入木三分。

㈡敍事類記敍文

指以敍述事件為主的記敍文。劉知幾《史通》專立「記事體」；章學誠以為「敍事實出史學」、「史為記事之書」⑫。清王兆芳《文體通釋》云：「記者，疏也，識也，條疏事實而記識也。主於疏識實事，不逞議論。源出《周史．記逸》、《逸周書．史記篇》，流有漢司馬遷《史記》、蔡邕〈車駕上原陵記〉，《文粹》列記……。」⑬而曾國藩《經史百家雜鈔》中也立有「敍記」一類，云：「敍記類，所以記事者。經如《書》之〈武成〉、〈金滕〉、〈顧命〉，《左傳》記大戰，記盟會及全編皆記事之書。《通鑑》法《左傳》，亦記事之書。」⑭他們都一致認為敍事類記敍散文實出於史官之手。由《左傳》、《戰國策》、《史記》、《漢書》等以記述事件為主的歷史散文來看，《左傳》

「博采諸家，敘事尤備，能令百代之下，頗見本末。」⑮《史記》「行文之妙，在於文意蘊藉……如〈封禪〉、〈平準〉兩書，據事鋪敘，不著貶詞，……抑揚自見。……《漢書》用筆茂密……而平實處多。至於《後漢書》……敘事即在議論之中，議論又即在敘事中，且能『抽其芬芳，振其金石』字句聲律，並巧臻佳妙。」⑯在在可見史書中的歷史散文其記事簡潔精煉，結構安排精巧，語言字句佳妙，同時「不逞議論」，寓理於事，給後世敘事散文提供許多可貴的經驗。魏晉以來，隨著時代與創作的日漸繁富，敘事類散文的創作已不拘限於史官和史書，一般文人學士所創作的敘事散文逐日增多，且超越了史書歷史散文的範疇，如利用「記」體寫敘事散文，如曾鞏〈越州趙公救災記〉、錢公輔〈義田記〉、方苞〈獄中雜記〉等，所謂「記者，記事之文也。」⑰可見一部分以「記」名篇的作品，實際上是敘事類散文。其他像墓志銘、序、日記等都出現了許多敘事散文佳篇。因此，具體說來，敘事類記敘文應該包括：記載歷史事件的史書歷史散文和一般以敘事爲主的記敘散文。

綜觀敘事類散文在寫作上，並不要求鋪陳曲折的故事或敘述完整事件，而是著力於以精煉的筆墨來敘述事件或事件片斷，但是不能過於支離破碎，且藉由事件的始末、因果的敘述，表現作者的思想意旨。敘述事件中雖也有人物描寫，也只寫他們與事件有關的表現，並不要求刻畫人物性格，其重點仍在於突現事件過程和以事帶人，即事顯理。所以劉師培就曾指出敘事類記敘文的特點有三：「第一繁簡得法，第二文簡事賅，第三傳事妥帖。」⑱對後學者很有啓示作用。

1.史書歷史散文

歷來文家莫不認爲：「文章惟敍事最難，非具史法者，不能窮其奧窔也。」⑲是以「學文必自敍事始」⑳。而我國史書歷史散文即是一切敍事類散文之根源，故劉知幾云：「史之稱美者，以敍事爲先」，「國史之美者，以敍事爲工。」㉑足見，史書歷史散文是我國散文中的瑰寶，値得古今文人取法借鑑。例如《左傳・長勺之戰》㉒按時間順序敍述了齊魯長勺之戰的全過程。首先要言不煩地交代了戰前的形勢、點明戰事發生的時間、作戰的對象、戰爭的性質及魯國一方有關人物的態度。其次由魯國君臣的對答，寫魯國戰前的準備。再次寫戰爭進行中曹劌選擇反攻和進擊的時機。最後寫戰後戰勝原因的說明。全文才寥寥二百多字，把戰爭的全過程，容納於尺幅之中，言約而意足，寫得縱橫開闔，波瀾曲折，實在是非常難得。尤其作者精於剪裁，善於表達，文中並未直接寫齊魯長勺之戰的戰爭場面，而是從掌握戰爭主動權的指揮者曹劌寫起，反映了決定戰爭勝負的政治條件和戰術要求，使得文章主題步步深化。作者運筆嫻熟，匠力頗深，敍事有條不紊，議論別有境界，讀者於生動的敍事和深刻的議論中得到有益的啓發，更可以從藝術表現上獲得有用的借鑑。

《戰國策・燕昭王求士》㉓記載了燕昭王即位起，復國報仇，使燕得以富強，終於打敗齊國的一段歷史。其事共歷時三十年整，作者根據燕昭王師賢、招賢以致復國報仇的中心來選擇代表性材料，按時間先後順序組織，寫得起伏婉曲，層層演進。文中作者寫了四件事：一是燕昭王親見賢士郭隗虛心求教；二是築宮師賢以致「士爭湊燕」的情況；三是在衆賢輔佐下，國富民強，爲報仇雪恥準備了充分條件；四是聯合秦楚等國，實現了復仇雪恥的願望，打敗了齊國。燕國三十年整的復國歷史，作者寫得既波瀾起伏又脈絡清晰，既縱橫交錯又緊湊集中，生動逼真的活現於後世讀者面前，可見作者敘事表達之功力。除了選材具代表性外，作者更運用精當的詳略手法，突出全文主題。作者詳細記錄了郭隗與昭王的兩段話，用以說明對待人才的態度關係到國家興亡，王業成敗的主題。此外，燕昭王接受郭隗建議後，作者只是略寫了樂毅、鄒衍和劇辛等人，說明「士爭湊燕」，以突出師賢的影響性。而在賢士之中主要寫了樂毅，用以突出求士師賢的作用，顯現燕的勝利，樂毅功勞最大外，而且與郭隗有相互襯托、相互補充的作用。作者記事有因有果，有始有終，有詳有細，使主題更全面而深刻，十分引人入勝。

《資治通鑑．赤壁之戰》⑧作者敘寫了戰爭前與戰爭具體經過。作者用濃墨重筆描寫大戰前，孫、劉兩軍對戰爭的謀劃，並無一字正面描寫曹軍。對於戰爭具體經過，作者著重描寫曹軍死亡情形，其死亡多是燒死、溺死、被自己隊伍的人馬所踩死、餓死及死於瘟疫，獨沒有戰死。可見曹軍的慘敗，一是敗於指揮者估計形勢錯誤，作出錯誤的決策；二是敗於軍隊內部不和，以致影響戰鬥力；三是敗在軍備不足又輕舉妄動。同時，從死亡的數量看，一個「太豐」，兩個「甚衆」，刻劃出曹軍全線崩潰，元氣喪盡，也因此揭示了天下政局三分的形勢。如此富於藝術的表現力，不僅表現作者對歷史的高度概括力，生動逼真的展現當時社會風貌，同時，更表現出作者獨特的見解、敏銳的觀察力和批判的精神。

2. 一般敘事散文

徐師曾說：「記事者，記志之別名，而野史之流也。」[84]也就是說除了史書中記述歷史事件的歷史散文外，野史、記載民間瑣務，一般小事的文章，也是敍事類散文的一種，除了「記」之外，墓志銘、序、日記等也有敍事散文，都可一概歸之於一般敍事散文。例如曾鞏〈越州趙公救災記〉[85]一文，記述熙寧八年，吳越大旱，有「鐵面御史」之稱的趙抃所採用的救災措施，目的是給今後官吏「有惠於民者」，提供治理荒災的經驗。全文以趙抃在吳越救災始末爲記敍主脈，先記趙抃調查災荒的情況及其準備，次敍其救災的具體措施，再寫其救災過程和成效，末言其救災經驗宜加以推廣。作者把修史書典志的手法，運用到文中，以要馭繁，條析縷分，頭緒不亂，大小相宜，詳而不俚，文字精警，讀來毫不使人有瑣碎之感。

方苞〈獄中雜記〉[86]一文，是作者在清初刑部監獄中的見聞實錄，眞實地紀述了當時獄制腐敗黑暗的情況。文中作者或直接敍述，或記錄對話，或間接引他人話等，從各方面眞實具體呈現監獄陰森恐怖的情況。作者把這些材料紛繁，種類複雜的事，寫得層次井然，條分縷析。首先敍述羈押對象。囚禁在京城刑部獄中的犯人大都是些「法所不及」和「輕者、無罪者罹其毒……故往往而死」的貧民，揭露出司法制度的問題。其次寫監獄管理狀況。獄中囚犯死亡人數「往歲多至日十數人」，作者指出造成貧民天天慘死的原因，在於監房環境等五方面惡劣條件造成的。這種粗暴野蠻的管理，必然造成各種不合理的剝削。再次敍述獄中大小獄吏罪行。主審者手裡的「生殺大權」，文書手裡的「刀筆」，胥吏家藏的「僞章」，行刑者手中的「大刀」，主縛者手中的「繩索」，主梏撲者握緊的「獄棒」，他們狼狽爲奸，沆瀣一氣，一致的目標是錢和財，對於囚犯「不問罪之有無」，統統敲詐，甚至用移花接木的手段，把無辜的貧民殺掉，以警其餘。這些詐取錢財，濫施刑罰，正是監獄製造大量冤假錯案的根源。最後記載監獄釋放囚犯情況。當年刑部監獄容納「繫囚常二百人」，「見死者由竇出者日三四人」，「往歲多至日十數人」。僥倖活著出去的少數人，也都是「或竟成痼疾」的殘廢人。另外出去的少數人，則是那些與獄吏勾結、貪贓枉法，繼續危害社會的越貨大盜。作者如實的記敘了自己在獄中的見聞和感受，使人看到了一幕觸目驚心的人間地獄。

朱自清的〈執政府大屠殺記〉⑻，記述作者目擊「二十世紀二十六年三月十八日的中國」，段祺瑞「執政府」，對北京市民尤其是手無寸鐵的愛國學生，進行血腥大屠殺的眞實經過。先以事實控訴執政府罪行，再詳細記述請願遊行隊伍的組成，及執政府蓄意屠殺過程，揭穿其推卸責任、製造僞證的謊言，痛斥執政府的暴行，喪盡天良，無仁無道。作者本著知識分子的至誠良知，嚴峻如實地記錄了一個暴力無恥政府的行徑，滿腔怒火，溢於言表。

此外，像歐陽修〈范文正公神道碑〉⑻一文，是藉碑志來敍事。文中於范仲淹生平只作了簡略介紹，而將重點放在：一與權相呂夷簡的爭鬥，二在陝北抵禦西夏的建樹，三領導慶曆革新及其具體主張與措施，四反對者相與攻擊的情況。這篇碑志不是一般的人物記事，而是慶曆風雲的記實。

㈢寫景類記敍文

指記述山水風光、園林幽勝和風土民情的作品。這類散文在我國有著悠久的歷史。從源流上來看，寫景散文最早發軔於東漢，陳柱即指出漢代寫景散文「唯東漢馬第伯〈封禪儀記〉為最善。」⑧⑨對寫景散文的發展，實具有開創意義。魏晉南北朝之時，寫景散文才逐漸興盛，由於「莊老告退，而山水方滋」⑨⑩，山川風物為文人雅士主要描述對象，寫景作品應運而生，如陶淵明〈遊斜川詩序〉、陶宏景〈答謝中書書〉、鮑照〈登大雷岸與妹書〉、吳均〈與宋元思書〉、酈道元《水經注》等，眞可謂「山川之美，古來共談」⑨①。從此，寫景散文由涓涓細流匯而為騰波湧浪的大河，具有承前啓後的先導作用。到了唐代，寫景散文才眞正達到了「情以物遷，辭以情發」⑨②的成熟境地。隨著古文運動的發展與推動，寫景散文創作有新的突破，多種藝術手法的運用，如移步換形、分類描摹、即景抒情等，表現了更為豐富的內涵，給寫景散文注入了強大的生命力，在內容和形式上都發生重要變化。我們從元結的寫景文就可以看出與前人的不同之處。他的〈右溪記〉，在描繪右溪的秀美風光之中，藉議論右溪「無人賞愛」，寄托了作者懷才不遇的身世之感。在內容上，不再像六朝那樣只是客觀準確的描摹山水，而是雜有議論和抒情，他成為六朝的寫景散文過渡到柳宗元的一座橋樑，正如吳汝綸所說：「放恣山水，實開子厚先聲。」⑨③到了柳宗元寫景散文到了他的筆下，已達到爐火純青的程度，他的〈永州八記〉，以「記」名篇，千古傳誦的佳作，寫景散文發展到了柳宗元，不僅開創了獨立專門寫景的文體，而且達到劉勰所說的「物色之動，心亦搖焉」，「詩人感物，聯類不窮；流連萬象之際，沉吟視聽之區。寫氣圖貌，既隨物以婉轉；屬采附聲，亦與心而徘徊。」自然山川景物與作家主觀情感和諧統一的境界。

在柳宗元寫景散文的影響下，到了宋代，作者輩出，像歐陽修、曾鞏、王安石、蘇軾、蘇轍、陸游、朱熹等人，相繼都有瑰麗的寫景散文作品問世，形成了歷史上的唐宋寫景散文高潮。但由於宋人「尙理」、「主理」，與唐人「尙意興」、「主情」⑭不同。主情以風神情韻見長，主理則以思理意趣取勝。重情韻往往含蓄，重思理則較顯露，受到這種議論風尙的影響，許多寫景散文，不以寫景抒情見長，而以議論說理取勝，形成宋代寫景散文的特色，別具一格，可以說是寫景散文創作的另一蹊徑。如范仲淹的〈岳陽樓記〉、王安石的〈遊褒禪山記〉、蘇軾的〈石鐘山記〉等即是。此外，南宋以來，出現了一種日記體寫景散文，代表作品是陸游的〈入蜀記〉和范成大的〈吳船錄〉等，他們按日記下所見所聞，寫景狀物，抒發感慨，內容豐富多恣，筆法揮灑自如。總之，到了宋代，寫景散文從題材到寫法，樣式各備，恣態絢麗，比唐代更爲壯觀。到了晚明，掀起了寫景散文的另一次高峰，作家們流連山水間，寄情風物，如袁宗道、袁宏道、袁中道、王思任、張岱等，他們的寫景散文直抒胸臆、清新流暢，不求嚴整，靈活自如，「雖然比較的頹放，卻並非全是吟風弄月，其中有不平、諷刺、有攻擊、有破壞」⑮，給寫景散文增添了異彩。其中徐宏祖（字霞客）遊歷考察足跡幾遍全國，寫成不朽的《徐霞客遊記》，「其所自記遊迹，計日按程，鑿鑿有稽，文詞繁委，要爲道所親歷，不失質實詳密之體；而形容物態，摹繪情景，時復雅麗自賞，足移人情。」⑯是一部弘篇巨製的日記體寫景專著。至於清代寫景散文，受桐城文派的影響，簡潔可讀，如姚鼐〈登泰山記〉、方苞〈遊雁蕩山記〉、袁枚〈遊黃山記〉等。五四以來，在古代寫景散文的基礎上，文章絢麗多彩，題材不斷開拓，藝術形式也不斷創新，有名的像：徐志摩〈泰山日出〉，朱自清、兪平伯各寫的〈槳聲燈影裡的秦淮河〉，顏元叔〈荷塘風起〉等等。

按照寫景散文的形式來看，各式各樣，歸納起來，大約有以下幾種：

第一，書信體寫景散文，就是用書信格式寫成的，如鮑照〈登大雷岸與妹書〉、陶宏景〈答謝中書書〉、吳均〈與宋元思書〉等。

第二，記體寫景散文，從記遊出發，記遊歷見聞，是寫景散文的正體，如柳宗元〈永州八記〉，明人稱之爲「體之正」⑰，「自時厥後，遞相摹仿，載述逐多。」⑱這一類散文得到蓬勃發展。但是，有些雖也以「記」名篇，但與寫景正體的「記」不同。它們是指記建城廓、修院寺、造亭臺等，記述樓、臺、亭、閣等人文景觀興廢經過，或借以寄慨的文章。如韓愈〈燕喜亭記〉、王禹偁〈黃岡竹樓記〉、歐陽修〈醉翁亭記〉、袁宏道〈晚遊六橋待月記〉、張岱〈湖心亭看雪〉等。實際上這類亭臺樓閣記，文中多只是交待台閣修葺經過或命名由來，主要仍在寫山川形勝，寄寓情志。像歐陽修〈醉翁亭記〉首先敍說造亭者和作者爲亭命名的緣由，其次因亭寫景，描繪滁州琅琊山中醉翁亭一帶優美景色，借景抒懷，是一篇膾炙人口的寫景佳篇。

第三，日記體寫景散文，作者把一天遊覽所見所聞所感記錄下來，有時積數十日甚至數年所記，所以往往篇幅較長，如陸游〈入蜀記〉、范成大〈吳船錄〉、徐弘祖《徐霞客遊記》等。

第四，文賦體寫景散文，即以散文化的賦體寫景，如蘇軾前、後〈赤壁賦〉，文理自然，恣態橫生，傳誦至今。

第五，序體寫景散文。徐師曾云：「序，緒也。亦作敍，言其善敍事理，次第有序。」⑲就其性質來說，與「雜記」的「記」同義。作者用序體記述山水名勝，如王羲之〈蘭亭集序〉、陶淵明〈遊斜川詩序〉、柳宗元〈愚溪詩序〉等。

如以所記內容的不同，大體可分爲二種：

1.以寫景爲主的純記遊作品

這類作品中，以行踪或以觀察點爲線索，以景物爲中心，作者先遊而後有記，並將其觀感傾注在寫景狀物的字裡行間，而不直露出來，如柳宗元的〈永州八記〉，作者以敏銳觀察與深入體會，把握景物特徵，每篇只寫一山一丘，或一澗一潭，使永州山水，蒼勁秀削風采形神畢現於筆端。像徐宏祖〈遊黃山日記〉⑩遊踪非常清晰，不僅把登途的艱險、登峰後的奇觀寫得具體詳細，而且寫作的線索從空間和時間雙管齊下。空間位置由文殊院，下峽路至天都側、上至峰頂；時間順序是「時已過午」、「日漸暮」、「暝色已合」。登峰的過程記敍得很具體，使人具有自臨其境的立體感。同時他的文筆精美，「直敍情景，未嘗刻畫爲文，而天趣旁流，自然奇警。」⑩令人讀來愛不釋手。

2.借寫景來闡述哲理的作品

這類文章也描寫記述景物，但不是以寫景狀物爲主，而是因遊論理，借景立論，即是記中有議，遊中有論，徐師曾就指出：「歐、蘇以下，議論寖多，則記體之變。」⑩這類散文，山川景物或作爲觸發情志的媒介，或作爲議論說理的根據，自宋以來十分普遍，王安石〈遊褒禪山記〉⑩，作者就遊華山洞不能「極乎遊之樂」的遺恨，領悟到「世之奇偉瑰怪非常之觀，常在於險遠」，必須有志與力，加上相助之物才能達到。說明做任何事，都必須「志、力、物」三者齊備才能達到目的，取得成功。另外，對「華山」的「華」字的考證，指出學者對文獻資料應「深思慎取」，層層抒發遊山後所悟的道理，令人嚼之有味，品之無窮。蘇軾〈石鐘山記〉⑩一文，從石鐘山的命名探索中，指出「事不目見耳聞，而臆斷其有無，可乎？」是不行的，即對於任何事物作判斷，必須調查研究，要弄清事物的眞相，才能下結論，充份體現了作者務實精神，全文寫景與議論結合，以小見大，顯得很有說服力。蘇轍〈黃州快哉亭記〉⑩一文，從黃州浩瀚江流之勝敍起，寫出「快哉亭」周圍環境、築亭經過，並點明命亭之名的由來。由此憑弔歷史遺跡，抒發懷古之情，引發一段關於「快哉」的議論，說明快與不快，不取決於外物，而取決於內養，歸結出「坦然不以物傷性，將何適而非快」的結論，再這這道理綰合到張夢得身上，以見其達觀開朗，超然物外的「快哉」神態，文章由寫景狀物到明理抒懷，精巧緊湊，機趣盎然，縱橫張弛的文筆，顯現出過人的思辨力，致使人們在其華美曠遠的境界中流連而忘返。

寫景散文大都是作者遊歷所至，境與意會後，抓住景物特點，描寫風光，摹寫景物，刻劃出自然景觀或人文景觀的美和生命，一方面可以達到「山水藉文章以顯，文章亦憑山水以傳」的作用；同時，又可使讀者隨作品展示的一地一景，神遊千山萬壑，領略壯麗風物，觀賞名勝佳處，宛如置身其間，以至流連忘返，深受感染。尤其「論」得精闢獨到的寫景散文，彷彿多了靈魂般，更能使人達到「外供耳目之娛，內養仁智之性」的作用。難怪劉勰以「山林皐壤」爲「文思奧府」，並說「風騷之情」離不開「江山之助」⑯。寫景散文是一個五彩繽紛，意含豐腴的文學世界，確實有其不可抵擋的藝術魅力。

㈣狀物類記敘文

「物」指書畫、器皿什物、動植物等等，凡不屬於人、事和景的，都可歸入「物」這類。一般是記述器物的形製、特點、來源去向，或書畫的內容、風格等。這類文章，除以「記」爲題名外，也有以「序」名篇，如白居易〈荔枝圖序〉即是，序實爲記。就其題材來看，一類是書畫記，文中或記畫的內容、技巧，或記與書畫相關事物，經由作者生動描繪，使人雖未見其畫，然而畫中形象逼眞，如在目前。如韓愈〈畫記〉、蘇東坡〈文與可畫篔簹谷偃竹記〉、薛福成〈觀巴黎油畫記〉、朱自清〈月朦朧，鳥朦朧，簾捲海棠紅〉等。一類是雜物記，或記稀世珍玩、或記工藝製品、或記花卉禽鳥動植物等，描述其形態特徵，性質功用，以表現作者的情思。如魏學洢〈核舟記〉、李漁〈芙蕖〉、許地山〈落花生〉、豐子愷〈楊柳〉、顏元叔〈懶貓百態〉等。

如果從表現手法上來劃分，可分三類：

1.客觀介紹某一物的形態、習性和功能

這一類作品，較客觀地寫物，著眼於描摹，注意表現的角度和層次，把要寫的物的特點體現出來。像李漁〈芙蕖〉⑩⑦一文，棄前人閑情雅致，獨闢蹊徑，他寫荷蓮重在對客觀物體的冷靜描述，通過周密的觀察、體驗，發現荷蓮「不一而足」的可人之處。文章分類描述從以下幾方面寫來，描寫荷錢初出水直至花謝結蓬的飄搖之態，裊娜之姿的令人「可目」。「荷葉之清香，荷花之異馥」的令人「可鼻」，盛夏為人消暑，供人納涼。「蓮實與藕」的甜美芳香，供人品食，令人「可口」。歲暮天寒，枝葉凋零，其敗葉還可「摘而藏之」，供人「可用」。全文重點在突出「物」性，強調芙蕖具有歡賞和實用兩重價值，文章縱橫結合，豐富實在，立意新，格局新，可謂獨運匠心。再者，像魏學洢〈核舟記〉⑩⑧介紹了明代「奇巧人」王叔遠，雕刻一枚「長不盈寸」的核舟傳神技藝，刻劃得淋漓盡致，亦是不可多得的佳作。文中首先介紹了核舟船艙的奇巧，展現了人物活動的環境。其次刻劃了船艙中三幅人物形態，一是「蘇黃共閱一手卷」，一是佛印和尚的洒脫和疏放，一是舟尾二子的神態。核舟雖小，但使人不只看到赤壁山水、清風明月、精美遊艇，也同時看到所雕刻的人物在這山水風月懷抱裡的陶然忘情神態，不禁感嘆王叔遠的雕刻技藝。文章因核舟之精工而更見風采，核舟亦靠文章的精妙而名傳四海，二者相得益彰，堪稱文章和工藝精品的雙璧。

2.借物抒情，抒發作者的情感

這類作品狀物只是表達一種感情，使物都塗上作者的感情色彩與眞切感受。像朱自清〈月朦朧，鳥朦朧，簾捲海棠紅〉⑩⑨就是一篇精巧別緻的借物抒情的佳品。文章從橫幅畫面構圖布局、景物設置設色等特徵，有條不紊敍述開來，層次清楚，井然有序地展現了圖畫中的一簾、一鈎、一枝、一葉、一花、一鳥等，勾其布局，點其色彩，狀其神態，畫面景物疏密有致，遠近相宜，濃淡相間，無不工巧備至，令人叫絕。除了精細描繪畫面外，還不時抒寫作者的悠悠神思和動情遐想。作者觀畫後試想千呼萬喚隱藏在畫頁背後的捲簾人，文中一連串的問句，語氣急促，情感眞摯，我們彷彿看到了那位令人心痴情醉神迷的捲簾人朦朧的身影。「咫尺天涯，教我如何耐得？我拼著千呼萬喚，您能夠出來嘛？」正是作者濃郁情感的剖白。尤其「看了這畫，瞿然而驚，留戀之懷不能自已」，既是對畫家藝術技巧的贊嘆，也是作者心迹的表露。這篇散文寫畫面特徵，寥寥數語，狀呈墨中，情溢辭外，不露絲毫斧鑿痕迹；痴想呆問捲簾人兒，點化意境，曲盡其妙，悄然情動，情意眞切，使人讀來餘味不絕。

此外，余光中的〈聽聽那冷雨〉⑩，文中作者對「雨」作了盡情揮洒：由濕濕冷雨，到杏花春雨，濛濛細雨，瀟瀟秋雨，霏霏梅雨；乾爽白雨……，從不同側面，不同角度作了剔透的狀繪。同時文中從視覺、聽覺、嗅覺等多種感官上，刻劃「雨」的豐姿異態及其情趣韻味，特別是在「冷雨」上，灌注其情思感覺，突顯了「冷雨」特異的「潮潤潤」的「濕味」，強化了作者的主觀感受，展現自己就是那「一滴濕濕漓漓的靈魂」。全文借由對「冷雨」的描摹，轉化成作者的愁思靈魂，使人可感可觸，充分展示出作者不同凡響的藝術功力。

3.托物喻理，通過寫物，給人以哲理啓示

第二、三類，都需要作者賦予物以情和理，不過因爲作者的感受和理的觸發有所不同，寫物的著眼點也常常是不相同的。這類作品作者以「感物吟志」爲主，記物爲觸發感情的媒介，通過感物，抒發主觀見解，聯類比物，悟出了眞諦，給讀者豐富的啓發。像許地山的〈落花生〉⑪，作者由種花生、收花生、吃花生的敍寫中，對人生產生了嚴肅的思考，認爲人的一生應該像花生那樣，不求顯赫，不求富貴，只求有用，有益於社會。從「物」到「志」，銜接貼切合理，自然產生了以小而見大，貌離而神合的藝術效果。

而豐子愷〈楊柳〉⑫一文，善從一般自然物態中發現其意蘊，發人所未發，悟人所未悟。文中寫花木的可惡道：

花木大都是向上發展的，紅杏能長到『出牆』，古木能長到『參天』。向上原是好的，但我往往看見枝葉花果蒸蒸日上，似乎忘了下面的根，覺得其樣子可惡；你們是靠它養活的，怎麼只管貪圖自己的光榮，而絕不回顧處在泥土中的根本呢？花木都是如此。甚至下面的根已經被斫，而上面的花葉還是欣欣向榮，在那裡作最後一刻的威福，眞是可惡又可憐！

對於楊柳的可愛，他指出只在其嫩綠、飄逸，在其爲「春之信使」，則未免失之膚淺，他認爲：

它不是不會向上長。它長得很快，而且很高；但是越長得高，越垂得低。千萬條陌頭細柳，條條不忘記根本，常常俯首顧下面，時時借了春風之力，向處在泥土中的根本拜舞，……好像一群活潑的孩子環繞著他們的慈母而遊戲……。

從層層對比中，展現了「楊柳的主要美點，是其下垂」的深刻感悟。文中字字寫樹，實爲句句寫人，物人諧合，借物喻人，使人連類無窮。作者由平實的楊柳引出如此豐富的人生道理，給人不盡思索，正是此文平中見奇的魅力所在。

再者，薛福成〈觀巴黎油畫記〉⑬，作者先寫蠟人館，從蠟人的形態、頭髮、皮膚、面部色彩、體形大小等，呈現蠟人製作技巧絕妙至極，用以襯托普法交戰油畫，以見油畫之鮮活令人神往。作者描繪「普法戰爭」殘忍圖景，先用悠閑舒緩筆調點出城堡的旖旎風光，接著用血與火的斷人心弦又緊迫的筆觸勾勒戰爭場面，爾後又是在斜月綠茵的寧靜安閑中，進一步烘托了這場戰爭的恐怖。在作者一張一弛，濃淡相映的敍寫中，逼眞傳神地再現了普法交戰圖上的情景。末尾在作者的一疑，譯者的一答中，令人警省，油畫生動逼眞的藝術形象，似乎再現了歷史眞實，令人深思。言外之意，令人心潮起伏。

由此可見，狀物類記敍不僅要精緻勾勒，做到逼眞又傳其神，再現物體的特點外，更是作者心靈的昭示。作者對某物的描述、議論無不表現其對人生、對社會的思考、情感、聯想和願望。所以，這類富有情趣的作品，在作者的筆下，往往具有以下幾個特點：一是獨特的觀察角度，能從常見的事物中，看到別人沒發現到的一面；二是在狀物時，有眞切的感受，給人以鮮明印象；三是在狀物時，在其中寄託某些哲理，作品既耐讀又具深刻啓發性。

二、說理性散文

這類散文以論事說理爲主，作者把現實生活中抽象出來的某一觀點，用推理論證的方式，間接或直接地提出鮮明見解，縱橫議論，以情明理，以理寓情，將社會自然人生知識盡收眼底，閃耀著理性光芒，發人深省。因爲這類散文講究實用，直接表達作者對政治、歷史、哲學等方面的思想觀點，爲歷代文家所重視，作品極爲豐富，與記敍性散文等量齊觀，在我國散文中，占有重要地位。我國最早的散文匯編《尙書》，其中多爲政府文誥，可以說是說理性散文的萌芽。《尙書》中的說理性散文並不講究邏輯性、論據、論證，有的只是訓示，指令。春秋時期初具雛形，劉勰認爲論說性散文爲《論語》所開創[114]。《論語》中的說理顯得零散，只有簡單的論斷，沒有具體的分析和闡明，但已具有以「論」爲主的形式。我國說理性散文成熟確立於戰國時代。「百家爭鳴」的形勢促進了說理性散文的長足發展。在《墨子》、《莊子》、《孟子》等已形成說理性散文的結構形式。及至《荀子》一書出現專題性的說理散文，一篇文章在一個標題下論述一個中心問題，標幟著說理性散文以簡單到繁富，從語錄體到專論，已達成熟階段。《韓非子》繼承這一成就，不僅條理清晰，結構嚴密，論證充分，而且善於運用寓言，文章靈活生動，而手法多變，較之《荀子》又是另一番境界。以後，說理性散文隨著歷代文家的創作探索，技巧日趨純熟，成就更加輝煌。此外劉熙載《文概》中也指出：「明理」文的功用，大要有二，曰：「闡發前人所已發，擴前人所未發。」[115]說理散文因此成了人們表達經世治國之見，發表天地萬物之理的重要文體。根據其寫法的不同，可以分爲：論、說、辨、原等幾類。

1.論

指闡明事理，對問題作整體的、正面的、全面的論證，各部分間邏輯嚴密。劉勰指出：「原夫論之為體，所以辨正然否；窮於有數，追於無形，鑽堅求通，鈎深取極。」⑯他認為「論」體的作用，應以辨明是非為宗旨。對具體問題要論述透徹，對抽象道理要追究清楚，遇到疑難之處要鑽研求通，對於深刻之處要深入詳探。這類的作品，導源於先秦諸子，先秦諸子大都有各自完整的論文集。最早的單篇「論」體文是賈誼的〈過秦論〉。這種「論」體散文，一般是按提出問題、分析問題和解決問題的結構來安排內容。賈誼〈過秦論〉是用歸納法來寫，開始並不先點明論點，而是寓理於事，由秦興到亡的歷史過程的敍述，以顯示其敗亡之因，最後自然得出結論。蘇洵〈六國論〉用的是演繹法，首先擺出中心論點，然後從「賂者」和「不賂者」兩方面分別論證，用來證明論點的正確性，並從六國破滅的歷史中得出教訓，具有振聾發聵的作用。由此可知，「論」體散文在寫作上，先能「彌綸群言」綜合各種言論，進行全面研究，才能「研精一理」的提出新穎獨到的觀點。在論析事理上，以「辨析疏通為首」⑰，有條不紊，有理有據，根據事物內在邏輯充分論證，使人心服口服。其次，「說貴撫會，弛張相隨」，要能順情入機，結合對象，切中問題，使人折服。還要「喻巧而理至」，可使深奧的道理通俗易懂，形象生動。如此才能寫出「自開戶牖」、「師心獨見」的佳作。從其內容上分，大致有政論、理論、史論、文論等幾類。政論旨在議論時事，政治得失，如陳亮的〈中興論〉、歐陽修〈朋黨論〉。理論則是論述哲理，如荀子〈天論〉、莊子〈齊物論〉。史論議論歷史事件或人物，如蘇軾〈留侯論〉、歐陽修〈縱囚論〉、蘇轍〈唐論〉。文論是評論作家或作品，如曹丕〈典論論文〉等。

2.說

「論」與「說」雖同屬說理散文，但二者略有區別。陸機《文賦》說：「論精微而朗暢，……說煒曄而譎誑。」李善注云：「論以評議臧否，以當爲宗，故精微朗暢。……說以感動爲先，故煒曄譎誑。」⑱劉勰《文心雕龍．論說》也說：「說者悅也，兌爲口舌，故言咨悅懌。」可見「論」體嚴肅，著重發揮理論，且論斷事理「以當爲宗」。「說」體非常活潑，重在打動人心和有文采。這是因爲「論」是從諸子學術文章來的，而「說」是從戰國策士遊說之辭發展而來的。像《戰國策》中記策士遊說之辭的，如〈范雎說秦王〉、〈蘇秦以連橫說秦〉等即是。然而魏晉以來作品甚少，因此〈典論論文〉未見其體，《文選》也不見有「說」。到了唐以來，韓愈作〈師說〉、柳宗元作〈捕蛇者說〉等，帶來說體的新發展、新繁榮，其中名篇不少，如周敦頤〈愛蓮說〉、袁枚〈黃生借書說〉、梁啓超〈少年中國說〉等均膾炙人口，留傳至今。至於「說」體的寫作特點，徐師曾說：「說，解也，述也，解釋義理而以己意述之也。」⑲所以「說」必須切中時弊，觀點鮮明，持說有據，要自出己意。像韓愈〈師說〉，闡述從師的重要性和擇師的原則，有論點，有論證。一事一議，見解精闢。柳宗元〈捕蛇者說〉中的「苛政猛於虎」的揭露，針對現實，觀點鮮明。其次，「說」意在使人信服，故「以感動爲先」，即必先通之以情，而後達之以理，「橫說豎說，以抑揚詳贍爲上」⑳，是以行文有感染力。周敦頤〈愛蓮說〉㉑以菊、牡丹與蓮對比，用蓮花暗喻君子的高風亮節，鄙棄追名逐利的世態。作者運用擬人化手法，把人的性格特徵寓於所寫事物的類似特點中，以寄託自己的懷抱，更顯得語言雋永，意味深長。袁枚〈黃生借書說〉⑫在句式上，忽而設問，忽而反詰，忽而對比，忽而反襯，讀來琅琅上口，行文變化多采。

3.辯

辯，也作辨。徐師曾《文體明辨》說：「字書云：『辨，判別也。』……蓋執其言行之是非眞僞而以大義斷之也。」⑬這說明「論」與「說」是正面闡明事理，而「辨」則是判斷是非，反駁敵論，樹立自己正確的主張。因此吳曾祺《文體芻言》就說：「辨與論同，而體出較後。」⑭姚鼐《古文辭類纂．序》認爲辨體，實「源於古之諸子，各以所學，著書昭後世。」⑮但戰國百家爭鳴時代仍只是一種論辯言辭的記錄，還未自成一體。像《戰國策．秦策一》記司馬錯和張儀在伐蜀還是伐韓的一場爭論⑯。張儀主張伐韓。他認爲「親魏善楚，下兵三川」，「臨二周之郊，誅周主之罪」，如此就可以「據九鼎，按圖籍，挾天子以令天下，天下莫敢不聽。」司馬錯不同意張儀的主張。他主張伐蜀，反對伐韓。他的論點是：蜀國是「西僻之國」，「有桀紂之亂」，秦國一旦占領，「天下不以爲暴」，「諸侯不以爲貪」，「又有禁暴正亂之名」，正是名利雙收。「今攻韓劫天子，劫天子，惡名也，而未必有利也，又有不義之名。而攻天下之所不欲，危！」秦惠王最後聽從司馬錯的意見。張儀的論點只強調名與利，未強調德。司馬錯抓住張儀「重利輕德」的要害，極力強調要「務博其德」，從正面反面加以駁斥，說明不博其德，連名與利也將失去。文章雖屬對話體，一場辯論的紀實，但已確立辨體體製，爲辯體的發展打下良好的基礎。魏晉以來，有陸機〈辨亡論〉，以陳述前代得失，爲後世鑑誠。劉孝標〈辨命論〉則是論述自然命定，反對神論。由於六朝以來此體作品絕少，所以《文心雕龍》、《文選》等不載其體，亦不著其說。自唐宋以來，作品漸多，遂自成一體。像韓愈〈諱辨〉，柳宗元〈辨文子〉、〈論語辯〉，羅隱〈辯言〉，石介〈辯惑〉，姚鼐〈辯逸周書〉，劉大櫆〈焚書辯〉等等。譬如韓愈〈諱辯〉⑫⑦一篇，爲李賀因父親名晉肅不能舉進士，而辯駁「避諱」問題。開篇先敍毀謗之事的緣起：「愈與李賀書，勸賀舉進士，賀舉進士有名，與賀爭名者毀之」，然後列出論敵觀點：「賀父名晉肅，賀不舉進士爲是」，其事態嚴重到：「聽者不察，和而倡之，同然一辭」。接著說明不得不辯駁的理由：「若不明白，子與賀且得罪」，來龍去脈交代清楚後，以下針對「賀舉進士爲非」的論點，分從一質之以律，二考之以經，三稽之以國家之典，據理力辯。最後又再立「事親」、「作人」典範，以此爲準，批評今世之士，不行曾參、周公、孔子之行，卻於「諱親之名」上，「務勝於曾參、周公、孔子」的歪邪之道，實是「宦官宮妾」的小道，在反詰語句中，層層撕破今世之士妒賢嫉能的僞君子眞面目。其功到自成的辯駁技法，更使全文含蓄圓熟，爲後世辯駁類散文帶來深遠影響。

柳宗元〈桐葉封弟辯〉⑫⑧一文中，「桐葉封弟」是周末以來流傳的故事，一直未被人討論過。文章開頭就說「古之傳者有言」，「傳者」即表示未可輕信之意。對此種說法，柳宗首先用「吾意不然」，表示懷疑，以此句駁倒上文，並明確指出，當封應「以時言」，「戲」而不當封則不該賀，僅數句就道出了因桐葉之戲封弟於唐的荒謬性。但作者又再進一層論辯：「設有不幸，王以桐葉戲婦寺，亦將舉而從之乎？」假設推論極爲有力，不僅深刻揭示周公促使成王以戲封弟的不可信，更加顯出「天子不可戲」之言的不合理。接著，作者正面提出主張，以爲君主之言「要於其當」，如若未當「雖十易之不爲病」。於是，論說再進一層，除申明「若戲而必行之，是周公教王遂過」外，並強調即使非戲言，不當亦宜易之的觀點，對君無戲言，君威神聖不可犯的否定，增強了文章思想性與周密性。最後，作者以推測語氣道：「吾意周公輔成王，宜以道……，必不逢其失而爲之辭」，釜底抽薪地推翻前述的傳說。本篇富於邏輯性，每段以不同的理由來論辯，周公不可能讓成王以戲言封弟的觀點，綜覽全篇，確如《藝概》所云「奇峰異嶂，層見迭出」⑫⑨的特色，辨析逐段深入，論述極爲透徹。難怪劉師培對作家流別溯源時，認爲柳宗元的文章，特長於邏輯分析與思想類推，「能探原立論，核覈刻深」，與名家之旨趣相同，實可謂之爲「名家之文」⑬⓪。

4.原

「原」體是說理散文的一種，以「原」名篇，在漢魏時有《淮南子》的〈原道訓〉，指萬物本原於自然之道。劉勰《文心雕龍》的〈原道〉，指文章的本原是道。這時的「原」還不是文體。徐師曾說：「自唐韓愈作五『原』，而後人因之。」⑬①說明「原」體是從韓愈才開始有的。韓愈寫了〈原道〉、〈原性〉、〈原毀〉、〈原人〉、〈原鬼〉以來，後人仿效者大有人在，如皮日休〈原謗〉、歐陽修〈原弊〉、王安石〈原過〉、曾國藩〈原才〉、黃宗羲〈原君〉以及近代嚴復的〈原強〉和譯著〈原富〉等。這類作品，從內容上說，都重在「推論其本原」，「溯原於本始，致用於當今。」⑬②就是說都重在推求本原，以針砭時弊，指陳得失而闡明作者的觀點。從寫作上來看，由於講究推本求源，往往運用古今對比，發表議論，指陳利害得失。像韓愈〈原毀〉中，以古今「君子」作比，譴責當時士大夫詆毀後進之士的不良風氣，主張「責己也重以周，待人也輕以約」來挽救這種社會頹風。黃宗羲〈原君〉⑬中，從君子起源，推究設君之因，並對比古今爲君之道，明確指出君主的職分在爲天下人做事，不能把國家看成是一己的產業，任意揮霍。更不能把它當作私有財產傳之子孫，受享無窮，突出強調「民貴君輕」的見解。除上述各種文體外，還有如「議」、「表」、「章」、「書」、「序」、「贊」、「評」等，其中也有一部分是說理性散文。

說理性散文是一種議事、論證、析理的文章，它運用判斷、推理、證明等邏輯方法，以剖析事物，闡述事理，辨明是非，表達作者思想觀點。這種說理方式在文章中，具體表現爲論點，論據和論證三個部分。因此，在鑑閱時，掌握說理性散文的論點、論據、論證是十分重要的。在論點方面，論點是作者對所議論的問題提出的見解和主張，是說理性散文的主腦，好比是人的靈魂，是說理文的「綱」，更是指引讀者掌握文章脈絡的指標，因此絕不能模稜兩可，是非不清，應集中鮮明，內涵豐富。在理性觀點上，把人引向新的高度和深度，啓發人心。像韓非〈五蠹〉一文中，舉例設譬，反覆論證，闡明了作者「事因於世而備適於事」⑭的因時變法的主張。韓愈〈師說〉：「古之學者必有師，師者所以傳道、授業、解惑也。」⑮這一句便是援古立論，成爲全文的綱領，說明了師者的作用任務，指出全文的論述的中心。孟子〈魚我所欲也〉全文圍繞「舍生取義」的論點，層層剖析，文短意深。在論據方面，多擺事實，講道理，辨是非，所謂「舉事以類義，援古以證今」，旁徵博引，以闡明事理。

在論據方面，固然重要，但並非多多益善，作戰兵貴精，說理性散文的論據，則應以一當十，意味盎然，讀來耐人尋味，啓人心扉。像李斯〈諫逐客書〉⑬⑥引證歷史，列舉了秦王攝取列國「色、樂、珠、玉」的許多事實，有力的否定了秦王逐客的做法，論據充足，分量重，給人印象深刻。像韓愈〈原毀〉⑬⑦先以古代大舜的仁義和周公的才藝作爲正面說理論據。其次，勾勒「今之君子」的「怠」、「忌」之志作爲反面論據。再次，簡略記述言「某良士」、「某非良士」時，「同利者」和「不同利者」的喜怒情態作論據。全文論據堅實充分，援引古今，例證生動，在正反相形的論據中，借古諷今。

在論證方面，有新穎的論點，又有確鑿的論據，還需要有一個推論過程。其方法有歸納、分析、例證、比喻、對比、類比等，隨勢曲注，隨物賦形。說理性散文並不只是向讀者簡單告知某一道理，而是表現出一個探索論證的過程。如孟子〈魚我所欲也〉⑬⑧一文，圍繞「舍生取義」的論點，從三個層次揭示其內涵，始論「舍生取義」是因爲「義重於生」；次論「舍生取義」是人固有的善性；再論人可以做到「自反而義」。三個層次互相制約，自成系統。先探求「舍生取義」的原因是「義重於生」，再探求這一原因的根本是固有的善性，最後由因及果，論及可以做到「自反而義」。在同一個層次上，也包含多樣化的聯繫，如第一層先由彼及此，從魚與熊掌價值的大小，聯繫到「生」與「義」、「死」與「不義」的孰「大」孰「小」。然後由表及裏，論「義」必然重於「生」，「不義」必然重於「死」，可見經過此一論證過程，增加擴充論點的內涵，道理也隨之深刻。同時，在陳理論證中，情和理相關相連，字裡行間透露作者感情，發出更奪目的光輝。蘇洵〈六國論〉⑬⑨一文，作者爲了論證首句：「

六國破滅，非兵不利，戰不善，弊在賂秦。」的論點，首先用分類法，把六國分爲：一是賂秦三國，一是不賂秦三國。在論證賂秦三國滅亡因由時，運用兩個省略式的三段論推理，得出「秦之所大欲，諸侯之所大患，固不在戰矣」的結論，並引古語「以地事秦，猶抱薪救火，薪不盡，火不滅」作比喻論證。在論證不賂秦三國滅亡原因時，又用小分類，以「與嬴」爲分類標準。「與嬴」的齊，敗在「不助五國也」，不「與嬴」的燕，敗於「以荊卿爲計」，趙則敗於「用武而不終」。以事實分論後，歸納出「燕趙處秦革滅殆盡之際，可謂智力孤危，戰敗而亡，誠不得已」，有力證明了「蓋失強援，不能獨完」的論點。再假設論證得出「勝負之數，存亡之理，當與秦相較，或未易量」的推理，深化了主題，並引出後面兩個假設。作者運用多種論證方法，使說理透徹，雄辯有力，迭宕多姿，感染力強。

三、實用性散文

長期以來，實用性散文如詔、令、奏、議、表、疏、檄、書、序等，一直沒有受到足夠的重視，以及享有應有的地位。劉勰就曾感慨云：「雖藝術之末品，而政事之先務。」[140]但是，歷代文家大抵把實用性散文當作文學散文來論述。如曹丕〈典論論文〉說：「蓋奏議宜雅，書論宜理，銘誄尚實，詩賦欲麗。」[141]陸機《文賦》也說：「詩緣情而綺靡，賦體物而瀏亮。碑披文以相質，誄纏綿而淒愴。銘博約而溫潤，箴頓挫而清壯。頌優遊以彬蔚，論精微而朗暢，奏平徹以閑雅，說煒曄而譎誑。」這裡的文體，除了詩賦外，其他大都是實用性散文。劉勰《文心雕龍·書記》中分列了二十四類實用文體，而全書涉及實用文類則多達四十四類，占全書的四分之三。蕭統《昭明文選》，在〈序〉中提出「能文爲本」的標準，能文的特色是「事出於沉思，義歸乎翰藻。」[142]他不選經籍子史的文章，卻選入大量的詔、令、奏、表、銘、箴、誄、哀等實用文。而這類處理公私事務的實用性散文，更在歷代輯纂的歷代文選、散文選中，都占有很大比重，可以這樣說，中國古代文苑中，許多著名散文佳作，究其實質多爲實用性散文。在浩如湮海，積架盈箱的實用性散文中，錦章佳作，琳琅滿目，實爲我國散文中的一塊塊瑰寶，它們並沒有束縛散文的發展，反而使散文藝術美得到更充分的表現，展現出全新的思想風貌和藝術形式。今依據其內容及應用功能，分爲公文與日常實用文兩類論述之。

(一)公文

指處理公務的文書。就其性質，可分上行文和下行文。下行文是皇帝對臣下的旨令文告，有詔、誥、諭、令、檄等名目，統稱爲詔令文。上行文是臣屬向皇帝陳事言情之文，有章、奏、議、疏、表等名稱，統稱爲奏議文。上從朝廷的詔令，下至臣屬的奏議，其中不乏優秀的實用性散文，情眞意切，行文講究結構布局，用語簡約典雅，對後世不無啓發，具有借鑑價值。

1. 詔令

劉勰《文心雕龍·詔策》云：「詔者，告也。」「詔告百官」，這是說「詔」是明白告示臣屬或天下。最早起源於《尚書》，稱「誥」、「命」、「誓」等。「誥」是勉勵的文告；「誓」是君主訓誡士衆的誓詞；「命」是君主的命令。戰國時稱「命」或「令」。秦并天下，改「命」爲「制」，「令」爲「詔」[143]。秦之後，歷代詔令種類，名目繁多，如：詔、誥、策、制、諭、敕、冊、……，代有增益，及至劉勰對下行文總稱爲「詔策」文，而到了清代，姚鼐則統稱爲「詔令」文。這類文章的功用在於：「昭王制，肅強侯，所以悅人心而勝於三軍之衆，猶有賴焉。」[144]它具有移風易俗，令往民隨，「響盈四表」的威力。因此，除帝王親撰外，多出自「有司之實務」的專職本人、專職機構或祕書手筆，像「兩漢詔誥，職在尙書」[145]，「魏晉誥策，職在中書，劉放、張華，並管斯任」，而他們多是文壇名手，非一般文人所能參與製作。由於詔令文具有規範、指導性質，在行文上「指事而語，勿得依違」，自有威重之勢，而且語多典雅凝重，溫潤深厚。正如曾鞏所說：「號令之所布，法度之所設，其言至約，其體至備，以爲治天下之具。」[146]其中漢高祖〈入關告諭〉、〈求賢詔〉，漢武帝〈求茂才異等詔〉，曹操〈讓縣自明本志令〉、〈軍譙令〉，陸贄〈奉天改元大赦制〉、武則天〈求訪賢人詔〉等，均是詔令文的名篇。例如漢武帝〈求茂才異等詔〉[147]一文，文中先以「蓋有非常之功，必待非常之人」一句，揭示詔書目的在羅致人才，並以比興手法提出選材原則，在於用士不計流品，不循資格。其選材方法在於考察，並具體交代「非常之人」將承擔「非常之功」。全文寥寥五、六十字，文字活潑精煉，內容豐富深刻，以理動情，奪人心魄，具有振奮精神和鼓舞信心的力量。

另外，像曹操〈軍譙令〉[148]全篇八十多字，以平淡無奇又簡要的筆法，說明用兵的目的，敘述將士的犧牲，再說明對死者家屬所採取的五項撫恤政策，最後發出百年之嘆，文章短而有致，直抒胸臆，造句自然，感情眞摯。而他的〈讓縣自明本志令〉、〈求賢令〉、〈求逸才令〉等文，一反兩漢用人標準，任筆而寫，毫無顧忌，層層披露，想說什麼就說什麼，表現出率直通侻的特色，與建安前的典雅矜重的詔令，全然不同，其文章摒棄虛誇浮華，革易浮冗文風，爲簡明清峻之風開了端緒。

2.奏議

古代臣屬論諫政事進呈帝王的奏章，歷代名目繁多，且不斷有所變化，如章、表、奏、疏、議、上書、封事、彈章、對策、札子等等。秦以前，凡臣屬向君主言皆稱「上書」，像樂毅〈報燕惠王書〉、蘇秦〈獻書趙王〉、李斯〈諫逐客書〉等等。秦始皇改「書」爲奏，大凡內容上是「陳政事，獻典儀，上急變，劾愆謬。」⑭都總謂之爲「奏」，故「奏」便成爲人臣向君主上書的一種專用文書，後世雖有各種別名，但都可以統稱爲「奏書」，一直沿襲至清代。漢代除保留「上書」之名外，又再分爲「章」、「奏」、「表」、「議」四類。「章」用來謝恩；「奏」用來彈劾、揭發；「表」用來陳述衷情；「議」用來發表不同意見。在西漢中葉，廣開言路，進言者衆，恐怕所奏宣泄，就用皀囊密封，呈皇帝親自拆閱，叫「封事」；另有「彈事」專門用於彈劾。雖然名稱紛繁，但都屬奏議文，性質上並無差別。奏議文其基本要求是以語言整飭典雅，議論明確透徹爲要。而在寫作要求上，以明白公允，誠懇篤厚爲本，以辨析事理，疏通事義爲首要任務。由於奏議文多爲歷代名臣的精心之作，具有很高的文學價値，對歷代議事言情之文有直接影響。

歷代臣下上帝王書數量極爲浩瀚，除了那些奏書專集，我們幾乎可以從所有臣子、文士的集中看到這類作品。而且「責難於君謂之恭，陳善閉邪謂之敬」[150]許多名臣文士敢於犯顏陳事，藉以「進苦口之藥石，針害身之膏肓」，寫出不少可貴又有價值的奏議文。正由於這些文章是直陳帝王，關係重大，往往也成爲精心之作。劉勰就曾說：「樂毅〈報書〉辨以義，范雎〈上書〉密而至，蘇秦厲說壯而中，李斯〈自奏〉麗而動。」[151]他稱贊樂毅〈報燕惠王書〉爲「辨以義」，范雎的〈上書昭王〉爲「密而至」，蘇秦的遊說之辭爲「壯而中」，李斯的〈諫逐客書〉爲「麗而動」，並把這些上書奏議文與屈原、宋玉並稱，與楊雄、班固媲美，可見其重要性與文學價值。其他歷代名篇還有：董仲舒〈賢良對策〉、孔融〈荐禰衡表〉、諸葛亮〈出師表〉、〈隆中對〉、曹植〈求通親親表〉、李密〈陳情表〉、賈誼〈陳政事疏〉、晁錯〈論貴粟疏〉、李諤〈革文華疏〉、魏徵〈諫太宗十思疏〉、陳子昂〈復仇議狀〉、王安石〈本朝百年無事札子〉、胡詮〈戊午上高宗封事〉等等。試觀賈誼〈論積貯疏〉[152]一文，圍繞「積貯」這個中心議題進行論述，列舉事實，說明道理，並提出解決問題的方法，論證十分嚴密。晁錯〈論貴粟疏〉一文，則通篇圍繞「貴粟」之利和「輕農」之弊，進行對比論證，時而正面說理，時而反面論證，論述透闢，富有說服力，都是「事深於政術」，「理密於時務」[153]的佳作。再者，像諸葛亮的〈出師表〉[154]就把敘事、抒情和議論相結合，在勸勉後主「開張聖聽」的主旨下，處處流露了對先帝劉備的知遇之恩的追念，和一心報國之情，語重心長，眞摯感人。李密〈陳情表〉[155]陳述作者因奉養祖母難以奉詔出仕的苦衷，全文緊扣一個「孝」字，敘祖孫「烏鳥私情」，使人讀來感到情眞意深，極其哀婉動人，更使得晉武帝覽表之後，心動神搖，由怒轉憫，立時下旨「

停召」，作者也因此擺脫困境，轉危爲安。由於「表」這種文體的作用是「陳情達事」，即說明事理時兼及表白自己的心迹，在奏議文中是最富於情感的，也是其他奏議文所達不到的。

此外，像班昭〈爲兄上書〉⑯，作者上書和宗皇帝，爲兄班超再次請還。全文緊扣「爲超求哀，丐超餘年」的主旨，圍繞班超「留」、「歸」的問題，多角度闡發事理，同時，著重從國家長治久安來分析邊陲環境，與班超不能留滯的道理。經由作者層層的陳析論辯，終於使之骨肉團圓，其文言情懇切，理中含情，發自肺腑，婉曲道出，實是奏議文中難得佳篇，堪與李密〈陳情表〉相匹。

至於，檄移一類，是在詔令和奏議之外的平行公文。這些官府間行移，是各級機關的往來公文。檄移，是檄文和移文的合稱。檄文多用於軍事方面的聲討、征召或曉諭；移文即公務相移之辭，是譴責性文書，多用於官府，也用於曉喻百姓。因其性質有相似之處，故並舉而連稱。檄文始於先秦，移文始於漢。其文唐以前多用散體，唐以後則多爲駢體。檄文功用廣泛，或說己方的美好，或敍對方的苛虐，或指明天時，或分析人事，或計算強弱，或衡量權勢，雖是靠威信行文，其中實際卻含有兵家譎詐。寫作時，用變幻莫測的方式來表達旨意，以漂亮的詞語說服人心，因此要「事昭而理辯，氣盛而辭斷」⑰。著名的檄文有司馬相如〈喻巴蜀檄〉、陳琳〈爲袁紹檄豫州〉、駱賓王〈爲徐敬業討武空檄〉等。其中陳琳〈爲袁紹檄豫州〉⑱寫得很有氣勢。先從曹操父祖三代罵起，繼而揭發曹操縱容手下盜墳掘墓，直斥其「行桀虜之態，污國虐民，毒施人鬼」，行文恣肆，氣勢磅礴，銳不可擋。至於移文的寫法主要在於辭切事明，不求雕飾。唐以後，移文成爲官府平行機構間往來公文。著名的移文，如劉歆〈移大常博士〉、孔稚圭〈北山移文〉等。

日常實用文由於用途、對象不同於官場，較少禁忌與拘限，多直抒己見，表達眞實的思想，豐富的情感，不僅在當時發揮很大的實用效能，且以其較高的文學價値而傳流後世。以下主要論述書信、贈序、序跋、哀祭等幾種日常實用文。

㈡日常實用文

1.書信

書信是使用最廣的一種實用文體。起源於春秋戰國，劉勰說：「戰國以前，君臣同書。」⑲可見書信其始與公文區別不大，上下平行均可用書。而人們一般日常往來信函，則始於兩漢而盛於六朝。吳納就曾指出：「昔臣僚敷奏，朋舊往復，皆總曰書。近世臣僚上言，名爲表奏，惟朋舊之間，則曰書而已。」⑯因此，臣下向皇帝進言陳詞的上書、表奏，當歸入奏議文，這裡的「書」，單指朋舊間往來信函。歷代書信的代稱很多，由於所使用的工具，如竹簡、木版、白絹等的不同，故稱「簡」、「牘」、「札」、「尺素」。又由於用途和作者身份不同，而有「啓」、「帖」等名稱。「啓」用於尊長及朋友，表謙遜之意。「帖」是便條，後人把書法家的信札稱帖，又有兼重其書法，視爲摹本之意。

在實用性散文中，以私人書信最受人重視。先秦時私人信函，如巫臣遺二子書，范蠡〈遺文種書〉。自漢代起，其內容無所不包，表達上能自由抒寫個人情懷，名篇佳作問世，流傳廣泛，傳誦至今。如司馬遷〈報任安書〉、楊惲〈報孫會宗書〉、揚雄〈答劉歆書〉、鄭玄〈戒子書〉等，無論是辯誣陷以白沉冤，也無論是抒鬱積以薄世情，亦無論是敍家事以訓後生等，都能做到陳述問題剴切明白，抒發胸臆眞摯感人。魏晉南北書信散文寫作嫻熟，得到充分發展，所謂「文藻條流，托在筆札」[161]，極具文學價值。如曹植〈與楊德祖書〉、曹丕〈與吳質書〉、嵇康〈與山巨源絕交書〉、邱遲〈與陳伯之書〉等，抒情敍志，傳情盡言，恣意逞詞，人樂諷誦。唐宋以來，書信內容除軍國大事，政治事件外，論文論學、論聖道、以至百工雜藝等更加廣泛，藝術手法日臻完美，可謂雲興霧合，蔚爲壯觀。如韓愈〈答李翊書〉、柳宗元〈答韋中立論師道書〉、白居易〈與元九書〉、歐陽修〈答吳充秀才書〉、蘇軾〈答謝民師書〉、王安石〈答司馬諫議書〉、李白〈與韓荊州書〉、王維〈山中與裴秀才迪書〉等等，名篇林立，蜚聲文壇。明清時期，由於政治因素，雖然思想桎梏嚴厲，但其諷世、愛國信札，爲人所稱道。如袁宏道〈答梅客生〉、宗臣〈報劉一丈書〉、夏完淳〈獄中上母書〉、姚鼐〈復魯絜非書〉、鄭板橋家書、林覺民〈與妻書〉等即是。五四以來，白話書信平易近人，如冰心〈寄小讀者〉、朱光潛〈給青年的十二封信〉等敍事達情，斐然成章，令人愛不釋手。縱觀書信散文的演進，作品浩如烟海，宏偉可觀，文質兼美，璀璨奪目，在我國散文發展史上有其重要地位。

書信是社會生活的交際工具，致書對象無論長輩、平輩、晚輩，或官民、親朋、初交故舊均可。從內容來看，自政治、學術、時代風尚、天下大勢到人情世故、日常家事、人生哲理幾乎無所不包。在表達上，由於書信的特點是「舒布其言，陳之簡牘」[162]，是最具親和力的文體，作者寫作不假修飾，發自肺腑，吐露表情，從中更容易看到作者的思想性格、音容笑貌，以及一般散文中所難見到的親切之感，所以說「尺牘書疏，千里面目」[163]即是這個道理。像夏完淳〈獄中上母書〉[164]，作者抗清復明，身臨縲紲，不爲利誘，無畏蹈死，至死不渝。赴死前，因「忠」未能拯救國人，「孝」不能躬持雙親，滿心內疚，凝思於筆端。全文緊扣一個「忠」字，將公與私，國與家，忠與孝，自始至終貫串於字裡行間。此信是作者臨難陳詞，本無意爲文，所以不假修飾，行文多用短語，吐情寫意，一氣呵成，情至之語，自能感人。作者寫了實事，動了眞情，毫無遮掩，一泄而下，的確體現了書信的因事遣詞，不尚虛飾，言必眞言，情是眞情的特點。

其次，表現手法靈活，既可以敘事抒情，也可以議論說理。像韓愈〈答李翊書〉[165]，是李翊致書韓愈，求教寫古文方法，韓愈回了這封信，但這不是一般的覆信，而是韓愈古文創作的經驗，成爲韓愈闡發古文理論諸作中，十分具有代表性的專著。全文以「爲文之道」爲中心，分從「爲人與爲文」、「從古與從今」、「文與養」、「文與用」等「爲文之道」中的一些問題，作全面而深刻論述，議論中帶有濃厚情感，表現了一個以復古道爲己任的文學革新運動大將的自覺性、自信心、責任心。既有思想明晰性，也有論述的形象性，敘事、說理、言志、抒懷兼而有之。這就是劉勰所說的：「詳諸書體，本在盡言，所以散鬱陶，詠風采，固宜條暢以任氣，優遊以懌懷。文明從容，亦心聲之獻酬也。」[166]正是由於揮洒任意，盡言傳情的特點，使得書信也最能體現作者的個性風采。

書信雖然有盡言達情的特點，但往往也受特定對象的限制，因此，書信寫作要根據特定對象，要講究措辭得體。像對尊長者要「敬而不懾，簡而無傲」[167]。對平輩朋舊，宜從容舒緩，切忌盛氣凌人，出言不遜。對晚輩，則應親切引導教誨，避免以教訓口吻居高臨下。像王安石〈答司馬諫議書〉[168]一文，王安石與司馬光有十多年的交往，早期同任辟牧司判官，神宗初年又同任翰林學士，所以王安石說：「與君實遊處相好之日久。」但是雙方政見不合，故王安石又說：「議事每不合，所操之術多異故也。」對於司馬光既是老友，又是政敵，王安石在覆信時就格外用心，一方面在原則爭辯上得理不讓人，另一方面又要顧及老友情面，所以措辭委婉曲折，不卑不亢，尤其結尾云：「如君實責我以在位久，未能助上大有爲，以膏澤斯民，則某知罪矣；如曰今日當一切不事事，守前所爲而已，則非某之所敢知。」以退爲進，含蓄之中又有譏諫，柔中有剛，意在言外，委婉而不失立場，確如〈曾文正公日記〉所稱「風神高遠」。

2.贈序

贈序是爲親朋師友臨別贈言而作。贈序的起源有二。一是來源於臨別贈言的習俗。古人在送別時用懇切語言勸勉出行之人。《說苑．雜言》說：「子路將行，辭於仲尼，曰：『贈汝以車乎？以言乎？』子路曰：『請以言。』」[169]《荀子．非相》也說：「贈人以言，重於金石珠玉。」[170]說明自古就有臨別贈言之舉，贈序文乃是其遺意。二是，由詩序發展而來。古代文人雅士於親友送別之際，往往賦詩相贈，輯詩成集，爲集作序，即爲贈序，如王勃〈秋日登洪府滕王閣宴餞別序〉即是。其後雖無詩歌唱和，僅作文章贈別，表示惜別勸勉之意以相贈，是以姚鼐就說：「唐初贈人，始以序名，作者亦衆。」[171]

可知贈序興於初唐，成熟於中唐。古文運動興起，韓愈、柳宗元提倡用古文寫作，主張「文以明道」，反映社會現實，因此贈序面貌為之一新，除了表達惜別之情和勸勉之意外，往往是針對現實，借題發揮，或感慨議論，或傾訴不平，內容更加充實豐富，尤其贈序文已脫離贈詩，而是單獨存在的贈序文。韓愈之作，如〈送李愿歸盤谷序〉、〈送孟東野序〉、〈送董邵南序〉等。柳宗元之作，如〈送薛存義序〉、〈送寧國范明府詩序〉等。宋代的贈序如歐陽修〈送徐無黨南歸序〉、〈送曾鞏秀才序〉；曾鞏〈贈黎安二生序〉等。明清以來的作家，也都繼承傳統，寫了不少名篇佳作。如宋濂〈送東陽馬生序〉，劉大櫆〈送姚姬傳南歸序〉，龔自珍〈送欽差大臣侯官林公序〉等等。此外，從唐代起，贈序也稱作「引」，徐師曾說：「唐以後始有此體，大略如序而稍為短簡，蓋序之濫觴也。」⑰②如蘇洵〈送石昌言北使引〉，姚鼐的解釋是：「蘇明允之考名序，故蘇氏諱序，或曰引，或曰說。」⑰③

贈序文為其敍友誼，道別情的性質所決定，為了要做到致敬愛，陳忠告，寫作上常以委婉含蓄之筆，抒情寄意。像韓愈〈送董邵南序〉⑰④文章雖短，內容富於變化。董邵南多次投考進士未中，鬱鬱不樂，擬到河北投奔藩鎮，尋求出路。韓愈對董邵南的不得志表示同情，但對他投效藩鎮並不贊成，所以開頭不說今日之河北，只說昔日之燕趙；不說燕趙之為官者，只說燕趙不得志之士。接著，一方面說董邵南會與那裡的好慕義者同調相憐，彼此投合，隱含勸勉之意。但另一方面卻暗示藩鎮抗命，風俗漸改，委婉忠告，那裡不一定是施展抱負的理想之地，含蓄表示不應到河北去。全篇寫得曲折逶迤，波瀾起伏，語言曲盡呑吐之妙，顯示了作者高度的藝術技巧。此外，贈序文有的以議論為主，有的以敘事爲主，有的以抒情爲主，實沒有定規，林紓說：「諸體中，唯贈送序最無著實之體例，可以憑空自成樓閣。」⑭像柳宗元〈送薛存義序〉⑭文，一方面斥責爲害人民的官吏，一方面嘉勉爲官清正的薛存義是「不虛取直」，並進一步闡發「爲吏者人役也」的觀點，作者借送友之機，提出官吏要爲民公僕的思想，實是難能可貴的見解，文章寫得實在而有感情，是一篇言之有物，誦之有情的贈序。

3.序跋

凡寫在一部書或一篇詩文前面或後面，其作用是綜述作品要旨、寫作目的或詳述作品，這類文章都屬序跋類。一般把寫在詩文前面的叫「序」，寫在後面的叫「跋」。序既可自作，也可請人作，或爲他人作。序的起源很早，可以追溯到先秦。孔子曾給《易經》作「序卦」，《詩經》有「大序」、「小序」。但「序」體正式形成應在漢代，如劉安《淮南子‧要略》，司馬遷《史記‧太史公自序》、〈十表序〉、〈列傳序〉，揚雄〈法言序〉，班固〈兩都賦序〉等，其中又以司馬遷〈太史公自序〉對序文的形成和確立，影響最多。司馬遷〈太史公自序〉⑭一文，在內容上：一是概述了《史記》的創作動機和成書過程，二是敘述作者家世、生平。全篇既是書序，又是作者的自傳，這種體式影響很大，像班固《漢書》的〈敍傳〉，王充《論衡》的〈自紀〉等，均沿其體發展而來。古代序文，多放在全書的最後，如《史記‧太史公自序》、《漢書‧敍傳》、《論衡‧自紀》、《說文解字‧敘》等。魏晉南北朝時，始置於全書前面，如蕭統〈文選序〉等。如此一來，後人多把放在書後的文章稱作後序，或稱爲「題」、「讀」、「書某某後」、「題某某後」，如韓愈〈讀荀〉、柳宗元〈讀韓愈所著毛穎傳題後〉、王安石〈讀孟嘗君傳〉、陸放翁〈書通鑑後〉等。宋時文人又把後序稱之爲「跋」，於是就有「題跋」、「序跋」之名，如歐陽修集有〈雜題跋〉，蘇軾〈跋石鐘山記後〉。可以這樣說，序和跋的性質相近，「跋」之名出現較晚，宋代才逐漸形成。序又可作敍，或作緒，或作引，如蘇氏父子爲避父祖諱而改爲引。跋又有後序、跋後、後記、題後、書後、讀後等異名。

序跋文在內容上多爲「次作者之指而道之」[178]，或「所以序作者之意」[179]，具有介紹、評述的作用。所以在寫作上，徐師曾《文體明辨》指出：「其爲體有二：一曰議論，二曰敍事。」[180]以議論爲主的序跋文，像柳宗元〈讀韓愈所著毛穎傳後題〉，歐陽修〈五代史伶官傳序〉，曾鞏〈戰國策目錄序〉、王安石〈讀孟嘗君傳〉等均是名篇。其中如曾鞏〈戰國策目錄序〉[181]一文，以批駁劉向所謂「戰國謀士，度時君之所能行，不得不然」的觀點，但文中卻藏鋒斂鍔的先正面論述，以孔孟如何守先王之道爲例，因時適變，用游士的「不知道之可信」、「偷一切之計」與之對照；再從反面論述，以戰國游士亡身滅國之例，說明「其爲世之大禍明矣」。作者又以「而俗猶莫之寤也」一句，借俗莫之寤的感嘆暗駁劉向。最後作補充論述，以《戰國策》本身來說，不能簡單採取「放而絕之」的辦法，而應使「當世之人，皆知其說不可從……；使後世之人，皆知其說之不可爲。」全文以樸茂深厚的蘊藉，纖徐婉曲的結構，從容和緩中窮盡事理，深中肯綮。像王安石〈讀孟嘗君傳〉[182]是以題跋面目出現的議論文章。文中提出孟嘗君談不上「得士」，一反世俗觀點。因爲他所收羅的畢竟只是雞鳴狗盜之雄，而非富有材略之士，進而申論以齊之強大，苟得一雄才輔弼，便足抗秦保土，何至受制於人，從理論上發歷史人物之議，提出自己的卓越見解，並間接地表達了王安石的抱負和他對政治改革的願望。偌大的議論，卻能壓縮在八十八字之中，又有起有伏，言辭駿利，實是序跋文中的力作。

以敘事為主的序跋文，如許慎〈說文解字序〉、李清照〈金石錄後序〉、蘇軾〈跋石鐘山記後〉、陸游〈跋李莊簡公家書〉等即是。像李清照〈金石錄後序〉[183]，文中概述《金石錄》編撰由來，並記述了李清照夫婦家世、經歷和不幸遭遇，並抒發了悼故人，思舊物的心情，細膩的敘述，寫盡了家國身世之感，為後人傳誦不已。而許慎〈說文解字敘〉[184]則在說明寫作目的、方法，同時表達作者「其於所不知，蓋闕如也」的敬謹態度，於敘事中，令人似乎看到一位誠懇而敬慎的大儒形象。像陸游〈跋李莊簡公家書〉[185]，記述名臣李光的事蹟。李光是南宋力排和議，堅決主張抗金的大臣，因此觸忤了秦檜而受到迫害，文中的敘事可補《宋史・李光傳》的不足，是一篇令人耳目振發的敘事文章。歷代名家序跋，大都是「短行小藻」文章，但不管以持論為主，或以敘事為勝，都充分表現了其高超的藝術技巧。是以林紓在《畏廬論文》中說：「書序最難工」[186]毛晉也說：「題跋似屬小品，非具翻海才，射雕手，莫敢道隻字。」[187]可見，在歷代名家序跋文中，實蘊含極其豐富的寫作匠心，及精闢有益的見解，堪稱散文中不可多得的珍品，值得我們細細品味鑑賞。

至於序跋的序文和贈序，有時都單稱序，容易混淆，區別二者的不同，可從文章題目、內容、形式來判斷。如歐陽修〈梅聖俞詩集序〉、韓愈〈送孟東野序〉，從題目上就可斷定歐文為序跋之序文，韓文為贈序之文。又如李白〈春夜宴桃李園序〉[188]一文，從題目上看，沒有「送別」之類的字詞；從內容上看，是記述在春天夜晚，與諸弟兄在桃李園宴飲的情景，藉以抒發作者的豪情逸興。結尾又說：「不有佳詠，何伸雅懷？如詩不成，罰依金谷酒數。」明顯可知是詩集的序文，不是贈序文。

4.哀祭

祭奠死者，或憑弔古人，或祭祀山川鬼神等文章均屬之。源於先秦，盛於漢魏。因作者身份或對象的不同，哀祭文又有誄、哀辭、弔、祭文等類別。「誄」文是哀悼旌表死者的，起初的誄有爲死者定「謚」的作用，即給死者追記褒揚的稱號。但隨著文體發展，「而今誄惟以寓哀，則不必問其謚之有無，而皆可爲之，至於貴賤長幼之節，亦不復論矣。」⑱⑨如曹植〈王仲宣誄〉，潘岳〈馬汧督誄〉，顏延年〈陶徵士誄〉等。哀辭也屬哀祭文，不過，多用於不幸而亡或夭殤者，因此其辭多「情主於傷痛，而辭窮乎愛惜」⑲⓪如曹植〈行女哀辭〉，韓愈〈歐陽生哀辭〉等。祭文主要祭告亡親故友。古代祭祀天地山川時，有祝文或禱文，內容限於請鬼神享用祭品。後來發展爲祭文，喪葬親友時用之，用以「兼贊言行，以寓哀傷之意。」⑲①祭文一般是在祭奠時宣讀的，所以有個祭享的格式，如「維某年某月某日，某某（祭奠者）以清酌庶饈之奠，致祭於某某（死者）……」，結尾則是「嗚呼哀哉，尙饗！」以表達祭奠者既恭且哀之情。祭文與墓志銘等不同，墓志銘多記述死者生平，以贊頌死者功業德行爲主，且多爲他人代筆。祭文偏重對死者追悼哀痛，多是作者爲親友而作，雖也追記生平，但情思哀切，語語淒絕。如韓愈〈祭十二郎文〉，白居易〈祭元微之文〉，歐陽修〈祭石曼卿文〉，袁枚〈祭妹文〉。另外，祭文也用於祭告天地山川，或憑弔古人古迹。如韓愈〈祭鱷魚文〉，祭文有時署

「祭」，有時署「弔」。署「弔」者，偏重於憑弔，也是祭文的一種。如陸機〈弔魏武帝文〉、李華〈弔古戰場文〉等。

哀祭文多是因情造文，往往情愈淵深，凄惻動人。像韓愈〈祭十二郎文〉[192]，文中追述了韓愈與十二郎自幼及長，相依爲命的可悲身世，傷嘆十二郎的夭折，與自己日益憔悴衰老的境況，尤其細寫十二郎死訊傳報經過，對十二郎死訊既疑又信的恍惚不寧情緒，全文錯雜寫來，如敘家常，令人覺得一片哀音，纏繞筆下，實可謂「一往慟哭而盡」[193]，通篇不加雕飾，於嗚咽處見其傷親感世之情，確乎是「祭文中千年絕調」。又如，王安石〈祭歐陽文忠公文〉[194]這篇祭文，首先盛贊歐陽修在文學方面的成就；其次稱頌歐公在政治方面的高風亮節和突出建樹；最後抒發自己對亡靈的向慕之情。全文情辭懇切，語語有根據，字字吐眞情，寄寓了作者深沈的痛惜和感念之情，是以蔡上翔《王荊公年譜考略》稱此文云：「於歐公之爲人爲文，其立朝大節，其坎坷困頓，與夫平生知己之感，死後臨風想望之情，無不具見於其中。」[195]是以茅坤、林雲銘均認爲王安石此篇祭文遠在蘇軾之上。而顏延之的〈陶徵士誄〉[196]是篇情文並茂的誄文，全篇由序言和誄辭組成。序言先以比興手法來寫，藉巢高、夷皓等高隱之士的抗行峻節比況陶淵明，並描寫了其清貧生活與閑適的性情。誄辭中則描寫陶淵明歸隱山林生活景況，接著追懷自己與陶淵明道義之交的情誼，及對亡友的沉痛哀悼。結尾以柳下惠、黔婁等賢者比況陶淵明，以見作者對其推崇情思，全文雅煉自然，是一篇「事理情交至」[197]的哀祭文。由此可知，這些傳誦不衰的哀祭文多具情眞意切，出之自然的特性，也足以令人了解劉勰所說：「情往會悲，文來引泣，乃其貴耳。」⑱的道理了。

結語

歷代文體相沿有一定規範，這是「有常之體」，而且文體有其一定應用場合、用途、特有表現對象以及形式等，從創作角度來看，作者須先看文之大體，而「文各有體」、「以體製爲先」的觀點，自有其積極意義。所以王國維就說過：「最工之文學，非徒善創，亦且善因。」⑲但劉勰也說：「夫設方之體有常，變文之數無方。」⑳文體變化是文學史上必然的趨勢，所謂「定體則無，大體則有」㉑就是這個道理。作者融合、改造、變化文體，使其「契會相參，節文互雜」，充分發揮創造力，但須適度有原則，「譬五色之錦，各以本采爲地矣。」㉒這是說各種文體契合相參，其主要體裁仍不失原有特性，就像五色錦仍有一定的底色，道理是一樣的。

陸機《文賦》說：「體有萬殊，物無一量。」這個「殊」是指文體特點和寫作要求各異，所採用的思維方式、表達技巧、揭示主旨的方法，乃至於運用語言的要求都各不相同。所以從鑑賞來看，則必先辨體、識體，深入體察各文體取材標準、立意、構思、布局的差異，篇法的種類等，始有益於揣摩各類文體的文情，或進而理解作品新裁斯出，其中創變的恢弘之處。

【附註】

①曹丕〈典論論文〉，見蕭統《昭明文選》，卷五十二，頁七二〇。

②徐師曾《文體明辨序》（臺北，長安出版社，民國六十七年），頁七七、八〇。

③顧爾行〈刻文體明辨序〉，見徐師曾《文體明辨序》，頁七五。

④劉勰《文心雕龍．附會》，頁六五〇。

⑤遍照金剛《文鏡祕府論．論文意》。（臺北，河洛圖書出版社，民國六十五年），頁一四一。

⑥劉勰《文心雕龍．神思》，頁四九四。

⑦章太炎《國故論衡．文學總略》，見《章氏叢書》（臺北，世界書局，民國七十一年），上冊，頁四四八。

⑧遍照金剛《文鏡祕府論．論體》，頁一五二。

⑨吳曾祺《涵芬樓文談》（臺北，商務印書館，民國六十九年），頁十二、十三。

⑩劉勰《文心雕龍．論說》，頁三二八。

⑪劉勰《文心雕龍．風骨》，頁五一四。

⑫劉勰《文心雕龍．附會》，頁六五二。

⑬劉勰《文心雕龍．史傳》，頁二八七。

⑭劉勰《文心雕龍．詮賦》，頁一三五。

⑮劉勰《文心雕龍．定勢》，頁五三〇。

⑯ 劉師培〈文章變化與文體變遷〉，見《漢魏六朝專家文》（臺北，中華書局，民國五十八年）十四，頁四五。
⑰ 劉勰《文心雕龍．定勢》，頁五三〇。
⑱ 見徐師曾《文體明辨序．文章綱領》總論，頁八〇。
⑲ 劉勰《文心雕龍．總術》，頁六五六。
⑳ 劉勰《文心雕龍．附會》，頁六五一。
㉑ 劉勰《文心雕龍．總術》，頁六五六。
㉒ 郭紹虞〈提倡一些文體分類學〉，復旦大學學報，一九八一年第一期。
㉓ 劉勰《文心雕龍．熔裁》，頁五四三。
㉔ 〈楊叔能小亨集引〉，元好問《遺山先生文集》（臺北，臺灣商務印書館，四部叢刊），卷三十六，頁三七八。
㉕ 王文祿《文脈》（臺北，新文豐出版社，民國七十五年），卷一，頁一一〇。
㉖ 劉熙載《藝概．詩概》，頁八〇。
㉗ 沈括《夢溪筆談》，卷二十三，頁七二九。
㉘ 柳宗元《柳河東全集》，卷二十一，頁二四七。
㉙ 《舊唐書．韓愈傳》，卷一一〇，頁四二〇四。
㉚ 吳納《文章辨體序說．傳》，頁四九。

㉛ 魏禧《日錄》，見《魏叔子文集》，第七冊，頁三〇一〇。
㉜ 同註⑨，頁十四。
㉝ 同註②，頁七八。
㉞ 姚華《弗堂類稿．論著丙》（中華書局聚珍仿宋版），頁二。
㉟ 同註②，頁一四五。
㊱ 同註㉚，頁四八。
㊲ 錢泳《履園叢話．考索》（臺北，文海出版社，近代中國史料叢刊續輯），頁八四、八五。
㊳ 袁中道《珂雪齋近集．花雪賦引》（臺北，偉文圖書公司，民國六十五年），卷之六，頁五三一。
㊴ 錢鍾書《管錐篇．全漢文》（香港，太平圖書公司，一九八〇年），下冊，卷十六，頁八九〇。
㊵ 劉勰《文心雕龍．通變》，頁五一九。
㊶ 劉勰《文心雕龍．通變》，頁五一九。
㊷ 劉師培《中國中古文學史》（臺北，育民出版社，民國六十八年），頁二二。
㊸ 劉師培〈文章變化與文體遷訛〉，見《漢魏六朝專家文》十四，頁四五。
㊹ 劉師培〈文心雕龍誄碑篇口義〉，《國文月刊》三十六期。
㊺ 《左傳．哀公十六年》，見楊伯峻《春秋左傳注》，頁一六九八。
㊻ 同註㊸。

㊼ 章學誠《文史通義．黠陋》，見葉瑛校注《文史通義校注》，卷四，頁四二九。
㊽ 同註②，頁七五。
㊾ 《禮記．曾子問》，見孫希旦《禮記集解》（臺北，蘭臺書局，民國六十二年），頁二六二。
㊿ 《禮記．祭統》，見《禮記集解》，頁六一七。
51 見《群書治要．序作》，《全上古三代秦漢三國六朝文》（臺北，世界書局，民國五十二年），卷三十七，第三冊，頁十二。
52 見鄭玄《毛詩傳．鄘風〈定之方中〉》（臺北，新興書局，民國六十五年），頁二一。
53 范曄《後漢書．周榮傳》（臺北，藝文印書館，未著出版年），卷三十五，頁五五〇。
54 同註㊷，頁二〇。
55 陸機《文賦》，見蕭統《昭明文選》，卷十七，頁二四一。
56 秦觀〈韓愈論〉，見《淮海集》（臺北，商務印書館，四部叢刊），卷二十二，頁七八、七九。
57 王更生〈論我國古今散文體類分合之價值原則及方法〉，《孔孟學報》五十四期，民國七十六年。陳必祥《古代散文體分類概論》（河南，河南人民出版社，一九八六年）。
58 劉知幾《史通．六家篇》，見張振珮箋注《史通箋注》（貴州，人民出版社，一九八五年），卷一，頁一四。
59 同註㉚，頁四九。
60 劉知幾《史通．敍事》，見《史通箋注》，卷六，頁二〇〇。

61 司馬遷《史記・屈原賈生列傳》，卷八十四，頁二四八一—二五〇五。

62 班固《漢書・蘇武傳》（臺北，藝文印書館，未著出版年）卷二十四，頁一一四八—一一五二。

63 程千帆〈先唐文學源流論略〉之四，《武漢師範學院學報》一九八一年第四期。

64 同註㉚，頁五〇。

65 同註㉚，頁一二。

66 劉勰《文心雕龍・誄碑》中云：「夫屬碑之體，資乎史才。」頁二一四。

67 歐陽修〈論尹師魯墓志〉，見《歐陽修全集・居士外集》卷二十三，頁五三四。

68 韓愈〈柳子厚墓志銘〉，見馬通伯校注《韓昌黎文集校注》，卷七，頁二九四—二九七。

69 儲欣《唐宋十大家全集錄・韓昌黎全集錄》卷六；《唐宋八大家類選》卷十三，引見李道英《八大家古文選注集評》（廣西，廣西師範大學出版社，一九九六年），頁二三八。

70 林紓《畏廬論文・流別論》，頁二十。

71 魯迅《朝花夕拾》，見《魯迅全集》（北京，人民文學，一九八九年）第二冊，頁三〇二。

72 章學誠〈上朱司馬論文〉，見《章學誠遺書》（北京，文物出版社，一九八五年），卷二十九，頁三三六。

73 轉引自金振邦《文章體裁辭典》（吉林，東北師範大學出版社，一九八六年），頁一四。

74 曾國藩《經史百家雜鈔・序例》。（臺北，世界書局，民國七十一年），第一冊，頁三。

75 陸淳《春秋集傳纂例》（臺北，新文豐出版社，民國七十五年），卷一，頁二五六。。

⑯ 劉師培〈各家總論〉，見《漢魏六朝專家文》二，頁六。
⑰ 同註②，頁一四五。
⑱ 同註⑯，頁五。
⑲ 李紱《秋山論文》，轉引自張高評《左傳之文學價值》（臺北，文史哲出版社，民國七十一年），頁一四七。
⑳ 朱筠《古文詞通義》，卷九，轉引自張高評《左傳之文學價值》，頁一四七。
㉑ 劉知幾《史通．敘事》，見《史通箋注》，卷六，頁二一二，二一七。
㉒ 《左傳．莊公十年》，見楊伯峻《春秋左傳注》上冊，頁一八二—一八三。
㉓ 《戰國策．燕策二》（臺北，里仁書局，民國七十一年），卷三十九，頁一〇六四—一〇六六。
㉔ 司馬光《資治通鑑》（臺北，洪氏出版社，民國六十九年），卷六十五，頁二〇七〇—二〇七六。
㉕ 曾鞏《曾鞏集》（北京，中華書局，一九八四年），上冊，卷十九，頁三一六—三一八。
㉖ 方苞《方望溪全集．集外文》，卷六，頁三五二—三五四。
㉗ 朱自清《朱自清選集．集外散文》，第三卷，頁七六五。
㉘ 歐陽修《歐陽修全集．居士集》，卷二十，頁一四四—一四七。
㉙ 陳柱《中國散文史》第三編，頁一八五。
㉚ 劉勰《文心雕龍．明詩》，頁六七。
㉛ 陶宏景〈答謝中書書〉，見《全上古三代秦漢三國六朝文》，第七冊，卷四十六，頁七。

㉒ 劉勰《文心雕龍．物色》，頁六九三。
㉓ 見高步瀛《唐宋文舉要》，甲編卷一，頁八七。
㉔ 嚴羽《滄浪詩話．詩評》云：「本朝尚理而病於意興，唐人尚意而理在其中。」楊愼《升庵詩話》卷四：「唐人詩主情，去三百篇近，宋人詩主理，去三百篇卻遠矣。」
㉕ 魯迅〈小品文的危機〉，見《魯迅全集．南腔北調集》，第四冊，頁五七六。
㉖ 楊名實《徐霞客遊記．序》，見《徐霞客遊記》（臺北，世界書局，民國六十四年），上冊，頁一。
㉗ 同註㉚，頁四一。
㉘ 尤侗序，見吳秋士《天下名山遊記》（上海，中央書店，民國二十五年），頁一。
㉙ 同註②，頁一三五。
⑩ 見《徐霞客遊記》，上冊，頁八一一。
⑩ 潘耒〈徐霞客遊記．序〉，見《徐霞客遊記》，上冊，頁三。
⑩ 同註②，頁一四五。
⑩ 王安石《王臨川全集》（臺北，世界書局，民國五十五年），卷八十三，頁五二六。
⑩ 蘇軾《蘇東坡全集》，上冊，頁三九七。
⑩ 蘇轍《欒城集》（臺北，臺灣中華書局，四部備要），卷二十四，頁四、五。
⑩ 劉勰《文心雕龍．物色》，頁六九五。

⑩⑦ 李漁《閒情偶寄》（臺北，臺灣時代書局，民國六十四年），卷十四，頁三〇五、三〇六。

⑩⑧ 魏學洢〈核舟記〉，見張山來《虞初新志》（臺北，新興書局，筆記小說大觀），卷十，頁二一五五、二一五六。

⑩⑨ 朱自清《縱跡·溫州縱跡》，《朱自清文集》，第一卷，頁一三八、一三九。

⑪⓪ 余光中《聽聽那冷雨》（臺北，純文學出版社，民國六十三年），頁三一—三八。

⑪① 許地山〈落花生〉，見《許地山代表作》（臺北，蘭亭書店，民國七十二年），頁二六、二七。

⑪② 楊牧編《豐子愷文選》（臺北，洪範書店，民國七十七年），第一冊，頁五五—五八。

⑪③ 薛福成〈巴黎油畫記〉，見《庸盦文編·外編》（臺北，文海出版社，近代中國史料叢刊），卷四，頁一〇六五、一〇六六。

⑪④ 劉勰《文心雕龍·論說》，頁三二六。

⑪⑤ 劉熙載《藝概·文概》，頁三七。

⑪⑥ 劉勰《文心雕龍·論說》，頁三二八。

⑪⑦ 劉勰《文心雕龍·奏啓》，頁四二二。

⑪⑧ 同註⑤⑤。

⑪⑨ 同註②，頁一三二。

⑫⓪ 同註③⓪，頁四三。

⑫¹ 見《周濂溪集》（臺北，新文豐出版社，民國七十五年），卷八，頁六八九。
⑫² 袁枚〈黃生借書說〉，見《小倉山房文集》（臺北，廣文書局，民國六十一年），卷二十二，頁二一三。
⑫³ 同註②，頁一三三。
⑫⁴ 同註⑨，附錄，頁四。
⑫⁵ 姚鼐《古文辭類纂・序》（臺北，華正書局，民國七十二年），頁四。
⑫⁶ 《戰國策・秦策一》，卷三，頁一一五—一一九。
⑫⁷ 見《韓昌黎文集校注》，卷一，頁三四、三五。
⑫⁸ 柳宗元《柳河東全集》，卷四，頁四六。
⑫⁹ 劉熙載《藝概・文概》，頁二四。
⑬⁰ 劉師培於〈論文雜記〉、〈文章學史序〉二文，以歷代詩文而條其流別，而將柳宗元歸之於名家之文，云：「善言事物之情，出以形容之詞，而知人論世，復能探原立論，核覈刻深。」見《劉申叔先生遺書》第二冊、第三冊，頁八五一、一八八九。
⑬¹ 同註②，頁一三三。
⑬² 同註②，頁一三二。
⑬³ 黃宗羲《明夷待訪錄》（臺北，新文豐出版社，民國七十五年），頁三五四。
⑬⁴ 韓非〈五蠹〉，見陳奇猷校注《韓非子集釋》（臺北，華正書局，民國六十四年），下冊，卷十九，頁一〇

四〇一一〇七八。

⑬⑤ 見《韓昌黎文集校注》，卷一，頁二四。

⑬⑥ 選自《史記·李斯列傳》，見《史記三家注》，卷八十七，頁二五四一—二五四五。

⑬⑦ 見《韓昌黎文集》，卷一，頁一一。

⑬⑧ 《孟子·告子上》，見朱熹《四書集註》（臺北，世界書局，民國六十二年），卷六，頁一六七。

⑬⑨ 見《嘉祐集》，卷三，頁四、五。

⑭⓪ 劉勰《文心雕龍·書記》，頁四五七。

⑭① 同註①。

⑭② 蕭統《文選序》，見《昭明文選》，頁二。

⑭③ 《史記·秦本紀》，見《史記三家注》，卷六，頁二三六。

⑭④ 同註⑫⑤，頁一六。

⑭⑤ 劉勰《文心雕龍·詔策》，頁三五九。

⑭⑥ 曾鞏〈南齊書目錄序〉，見《曾鞏集》上冊，卷十一，頁一八七。

⑭⑦ 見蕭統《昭明文選》，卷三五，頁四九九。

⑭⑧ 見《全上古三代秦漢六朝文》，第三冊，卷二，頁二。

⑭⑨ 劉勰《文心雕龍·奏啓》，頁四二一。

⑮⓪《孟子·離婁》，見朱熹《四書集註》，卷四，頁九七。

⑮①劉勰《文心雕龍·才略》，頁六九八。

⑮②見《全上古三代秦漢三國六朝文》，第一冊，卷十六，頁三。

⑮③劉勰《文心雕龍·議對》，頁四四〇。

⑮④諸葛亮〈出師表〉，見蕭統《昭明文選》，卷三十七，頁五一六、五一七。

⑮⑤李密〈陳情表〉，見蕭統《昭明文選》，卷三十七，頁五二三、五二四。

⑮⑥班昭〈爲兄上書〉，見《後漢書·班超傳》，卷三十七，頁五六八、五六九。

⑮⑦劉勰《文心雕龍·檄移》，頁三七九。

⑮⑧陳琳〈爲袁紹檄豫州〉，見蕭統《昭明文選》，卷四十四，頁六一四—六一九。

⑮⑨劉勰《文心雕龍·書記》，頁四五六。

⑯⓪同註㉚，頁四一。

⑯①劉勰《文心雕龍·書記》，頁四六〇。

⑯②劉勰《文心雕龍·書記》，頁四五五。

⑯③《顏氏家訓·雜藝篇》，見王利器《顏氏家訓集解》（臺北，明文書局，民國七十三年），頁五〇七。

⑯④夏完淳〈獄中上母書〉，見《夏內史集》（臺北，新文豐出版社，民國七十五年），卷九，，頁五〇一。

⑯⑤見《韓昌黎文集校注》，卷三，頁九八—一〇〇。

⑯⑯ 劉勰《文心雕龍·書記》，頁四五六。
⑯⑰ 劉勰《文心雕龍·書記》，頁四五七。
⑯⑱ 王安石《王臨川全集》，卷七十三，頁四六三、四六四。
⑯⑲ 《說苑·雜言》，（臺北，臺灣中華書局，民國五十九年），卷十七，頁十一。
⑰⓪ 《荀子·非相》，見王先謙《荀子集解》，卷三，頁二一七。
⑰① 同註⑫⑤，頁一五。
⑰② 同註②，頁三六。
⑰③ 同註⑫⑤，頁一五。
⑰④ 見《韓昌黎文集校注》，卷四，一四五。
⑰⑤ 同註⑦⓪。
⑰⑥ 柳宗元《柳河東全集》，卷二十三，頁二六三。
⑰⑦ 司馬遷《史記·太史公自序》，見《史記三家注》，卷一三〇，頁三二八五—三三二一。
⑰⑧ 薛鳳昌《文體論》（臺北，臺灣商務出版社，民國五十七年），頁五五。
⑰⑨ 劉知幾《史通·序例》，見《史通箋注》，卷四，頁一〇一。
⑱⓪ 同註②，頁一三五。
⑱① 曾鞏《曾鞏集》，上冊，卷十一，頁一八三、一八四。

⑱ 王安石《王臨川全集》，卷七十一，頁四五二。

⑱ 《李清照集》（臺北，河洛圖書出版社，民國六十四年），頁七一—七五。

⑱ 許慎《說文解字·序》（臺北，黎明文化出版社，民國六十四年），頁七六一—七七三。

⑱ 陸游〈跋李莊簡公家書〉，見朱東潤注《陸游選集》（上海，上海古籍出版社，一九六二年），頁二五一。

⑱ 同註⑰。

⑱ 毛晉《增補津逮祕書·容齋題跋》（日本京都，中文出版社，民國六十八年），第十冊，頁七七八四。

⑱ 見瞿蛻園等校注《李太白集校注》（臺北，里仁書局，民國七十年），卷二十七，頁一五九。

⑱ 同註㊹。

⑲ 劉勰《文心雕龍·哀弔》，頁二四〇。

⑲ 劉勰《文心雕龍·祝盟》，頁一七七。

⑲ 見《韓昌黎文集校注》，卷五，頁一九八。

⑲ 吳楚材《古文觀止》，見王文濡校勘《評注古文觀止》（臺北，華正書局，民國六十三年），卷八，頁四八。

⑲ 王安石《王臨川全集》，卷八十六，頁五四三。

⑲ 蔡上翔《王荊公年譜考略》（臺北，洪氏出版社，民國六十四年），卷十七，頁二三五。

⑲ 見蕭統《昭明文選》，卷五十七，頁七九〇—七九三。

⑲ 李兆洛《駢體文鈔》（臺北，世界書局，民國五十九年），下冊，卷二十六，頁五九一。

⑲⑧ 劉勰《文心雕龍・哀弔》，頁二四〇。
⑲⑨ 王國維《人間詞話》，六四，頁三七。
⑳⓪ 劉勰《文心雕龍・通變》，頁五一九。
⑳① 〈文辨〉，王若虛《滹南遺老集》（臺北，新文豐出版社，民國七十五年），卷三十七，頁二三七。
⑳② 劉勰《文心雕龍・定勢》，頁五三〇。

第四章　散文立意的鑑賞藝術

前言

無論說理敍事，或寫景狀物，以至日常應用之文，總要表現作者的觀點態度和寫作意圖，這稱之爲「立意」，現在一般也把它稱作「主題」、「主旨」或「中心思想」。是以散文表面上看起來，往往海闊天空，零亂無章，實際上，這些看似各不相屬的事物，都是被文中的立意串連一起，所謂文章之道「述志爲本」①，「必先樹意以定篇」②，即是這個道理。可見，「立意」實是散文作品的精神和核心所在。然而，「立意」更是散文鑑賞的重要環節，因爲立意明確與否，能反映作者創作目的是否清楚。如何立意，則影響到全文內容展開和表達方式的選擇。尤其立意的高下，能決定文章作品質量的高低，價值的大小和生命力的強弱，因此黃宗羲於〈論文管見〉就明確指出：「所謂文者，未有不寫其心之所明者也。心苟未明，劬勞憔悴於章句之間，不過枝葉耳，無所附之而生。」③是以，無論是創作或鑑賞散文，首先應該考慮的是「立意」。以下大別爲三節，分從散文立意的作用、特色和藝術論述之。

第一節　散文立意的作用

我國歷來散文家十分重視文章的「立意」，「常謂情志所託，故當以意為主，以文傳意。」④「凡為文以意為主」⑤、「古人作文一篇，定有一篇之主腦。」⑥在在強調「立意」對篇章的重要。散文之所以以立意為重，實是基於：立意具有統攝、指揮全文的作用。

一、立意是散文的靈魂

這是就立意在篇章中思想價值上說的。黃侃《文心雕龍札記》中指出：「作文之術，誠非一二言能盡，然絜其綱維，不外命意、修辭二者而已。」⑦說明「命意」與「修辭」，亦即內容與形式，二者缺一不可，相互為用。當然「意」是主人，因為「先立意則文脈貫通」⑧，「辭」受制於「意」，方能實現文章內容與形式，靈魂與血肉的完美結合。反之，則如杜牧所批評的：「苟意不先立，止以文采辭句繞前捧後，是言愈多而理愈亂。」⑨「辭」是為「意」服務的，然而只以追求辭藻華麗為能事，使「辭」離開了「意」，文章也就沒有什麼意義了，「皮之不存，毛將焉附」。而「辭之所以能鼓天下者，乃道之文也。」⑩文中的「道」也可以說是「意」。可知，散文的「立意」，正如人的「靈魂」一樣，不可須臾離廢，所謂「意者，一身之主也。」⑪就指這個道理。尤其，當散文「立意」

充分發揮時，即使是「烟雲泉石，花鳥苔林，金鋪錦帳」，都因「寓意則靈」⑫。可以看出「立意」在文章作品中的「主腦」、「靈魂」的作用，實具有舉足輕重的地位，這就是爲什麼歷代文家都一致主張：「善論文者，貴求作者之意旨，而不居形貌也。」⑬，實給後世深切的教益。

王羲之〈蘭亭集序〉⑭一文，記敍永和九年三月三日修禊日，作者與當時名士謝安、孫綽等四十一人，於會稽蘭亭集會盛況。作爲一篇記遊之作，是極爲平常的題材，然而作者在寄情山水間，表達出一種高遠的情韻與探索生命生存的眞義，成爲後世傳誦不朽的名篇。文中，作者首先描述「群賢畢至，少長咸集」的高雅之樂，「崇山峻嶺，茂林修竹」，「清流激湍，映帶左右」的自然之樂，以及「一觴一詠」、「暢敘幽情」的志同道合之樂。人世間的是非榮辱，得失毀譽，又何足道哉？一種與物同化，忘忽自我的愉悅自由，躍然於字裡行間。大自然是博大永恒的，可是人生卻渺小短暫，想到聚會有時而盡，作者因樂而生悲，從「所之既倦，隨情事遷」和「向之所欣，俯仰之間，已爲陳迹」中，思索著天道綿綿而人世匆匆的人生生命意義，抒發了人生無常的感慨，體現出作者對生命的深沉思索與疏曠胸懷。作者面對自然，充份表達出大樂和大悲的人生觀念的立意，言近旨深，發人深省。正是由於這樣的主題，賦予了一個普通的題材以強大的生命力與感染力，後人對此稱道不已，給予高度評價：「其筆疏曠淡宕，漸近自然，如雲氣空濛，往來紙上」⑮、「筆情絕俗，高出選體」⑯、「至其文情之高曠，文致之輕鬆，更難備述」⑰等，斯篇有淡雅簡勁之妙，令無數後世之人再三品讀玩味。

像方孝孺〈指喻〉⑱一文，文中敘述「左手之拇有疹」，而導致「肢體心膂無不病者」之非常小的事情。作者藉此一小事，針對現實，寄寓了「天下之事，常發於至微，而終爲大患」，勸人「宜以拇病爲戒」，防微杜漸，妥善處理國家大事。全文筆鋒縱橫馳騁，立意貫穿全文，熠燿發光，以小喻大，生動警策，意蘊深遠，事理引人遐想。這不正是「寓意則靈」嗎？也就是說文章材料不怕散，更不怕小，只要有眞知灼見的主旨閃爍其中，作品就具有「靈魂」，增強了思想與藝術價值。可見，立意好，內容好，是贏得讀者欣賞，使作品得以長存的關鍵。

二、立意是散文的主宰

這是就立意在文章中的組織作用而言的。散文離不開材料、結構形式、表達手法和語言文字，這一切要素都要根據「立意」來統攝、酌定。古人云：「意猶帥也」⑲，立意在文章中有決定性影響，只有先確定「立意」，才能「舉一綱而萬目張」，「提領而頓，百毛皆順」。有了「立意」，材料的取捨，結構的安排，語言的運用，文題的製定等等，就有了準繩和依據。所以程端禮形象的說道：「作文，以意爲將軍，轉換開闔，如行軍之必由將軍號令。……如通篇主意間架未定，臨期逐旋摹擬，用盡心力，不成文矣。」⑳

先從立意決定材料取捨來看。立意和材料相輔相成，立意支配材料，材料表現立意。材料是構成文章內容的主要成分，所謂「不使事，難於立意。」㉑立意離開了材料，只是空洞抽象的概念，構不成篇章。但是「立言之要，在於有物」㉒，「作文須是靠實……不可駕空織巧。」㉓材料沒有立意統轄，就是一堆零散的材料，也不成其爲文章。陳騤《文則》就說：「文之作也，以載爲難；事之載也，以蓄意爲主。」㉔「事」就是材料，「意」就是主題，「事」必「蓄意」，否則寧可棄置不用。蘇東坡教人作文時也說：「作文亦然。天下之事散在經子史中，不可徒使，必得一物以攝之，然後爲己用。所謂一物者，意是也。不得錢不可以取物，不得意不可以明事。此作文之要也。」㉕生活中、書本中可入散文的材料，「取之不盡，用之不竭」，選用什麼，捨棄什麼，哪些該詳，哪些該略，唯一的依據是文章的「意」。文章的主旨需要的材料，一經「意」的統攝，就變得有生命力，形成完整的統一體。例如《左傳·鄭伯克段於鄢》㉖記敍了春秋時期，鄭莊公兄弟間君位爭奪問題，揭露了在上位者貪欲、虛僞、多詐、人倫殘殺的內涵。其中要寫的內容很多，但爲了有力表現主題，在大量的材料中，作者選取了鄭莊公應變的策略與措施，寫得具體而詳細。而對於姜氏、共叔段，則寫得很概略，只寫了「命西鄙北鄙貳於己」、「將襲鄭」等事情梗概，對他們的謀略、行動都沒有具體說明。選材精當，繁簡適宜，恰如其分地表達了主旨。

比如司馬遷的《史記》很善於選材表現主題。〈孫子列傳〉㉗通篇只寫了一件事，孫武向吳王闔廬獻《兵法》十三篇，闔廬看後問孫武，能否用於操演陣勢。孫武說，可以。於是集合後宮婦女一百八十人，讓孫武指揮。婦女們聽到口令，笑得前合後仰，孫武再三申明軍令，婦女們還是大笑不已。孫武當場把兩個隊長，即吳王的兩個寵妃斬首，另派兩個隊長。再發口令，全場「無敢出聲」、「婦人左右、前後、跪起皆中規矩繩墨」。司馬遷只用一個材料來表達內容的原因，就在於婦女最難操練，特別是後宮的宮女，更難操控，孫武卻能把她們操練得井井有條，就突出表現了孫武非凡的軍事才能，至於其他都已經包容在這一材料中，就不必一一去寫了。作者胸羅丘壑，造化在手，約而出之，已達到爐火純青的藝術高度。

「立意」決定文章的謀篇布局。文章是個整體，其部分與整體，部分與部分的關係，應該如何組合安排「轉換開闔」，疏密詳略，都須聽命於「立意」的主宰，爲表意而謀求最佳的結構布局方案，以貫徹作者的創作意圖。劉熙載說：「主腦既得，則制動以靜，治煩以簡，一線到底，百變而不離其宗，如兵非將不御，射非鵠不志也。」㉘例如，司馬遷〈李將軍列傳〉，全文以縱式結構布局，中間穿插細節。李廣是漢朝名將，一生身經七十餘戰。作者重點選擇了四次戰役，按先後順序排列，中間穿插李廣的治軍方法，個性愛好以及生活細節。內容豐富，有張有弛，波瀾起伏，成功地表現了主旨。

又如，同是以六國爲題材，蘇洵、蘇軾和蘇轍，各有一篇〈六國論〉㉙，但各自立意角度不同，謀篇布局也各不相同。蘇洵〈六國論〉，論「弊」是其立論中心，文章又先後分從事實和事理上提出兩個分論點，並分析六國中有「賂秦」與「不賂秦」之分，「不賂秦」者又有「與嬴」與「始有遠略，能守其土」之別，層層深入反複論證，論證過程中，善用設問，巧用比喻，以達到借古諷今的目的。蘇軾〈六國論〉，論「士」是其中心。蘇軾「雜然有感於中」而作，引用大量傳記中「皆爭養士」的史實，從春秋末至於戰國，一直到漢代「文、景、武之世」，引出論點，實在是「考之世變」之論。蘇轍〈六國論〉，論「勢」是其重點。全篇以提出問題、分析問題、解決問題的結構方式安排。文章旨在論六國形勢，從韓魏地理位置的戰略意義入手，概括六國滅亡的教訓，爲宋提供歷史借鑑。

立意指揮語言文字的運用。散文是語言的藝術，語言則是散文表達的工具。陸機《文賦》說：「理扶質以立幹，文垂條以結繁」。「理」就是「立意」，「文」就是運用之辭。「立意」與「辭」就是主幹和枝葉的關係，如果「文浮於理」文章沒有立意做爲主幹，枝葉再垂條結繁也無從著落，因爲「繁采寡情，味之必厭」。雖然「鼓天下之動者存乎辭」㉚但是辭須受意調遣，離開意辭毫無意義，所以歷代文家都強調「是意能遣辭，辭不能成意」㉛，「辭有緩有急，有輕有重，皆生乎意」㉜，「因意成語，語不使意」㉝全是說明一個道理，凡爲文必要有「意」，而遣詞造語，要根據立意的需要來斟酌。比如，柳宗元〈小石潭記〉㉞，作者不僅僅摹寫山水，也把其不幸遭遇、胸襟氣度寓寄其中。小石潭那竹樹環合的境界，他人身臨其境時也許會感到幽美宜人，留連忘返，但作者在政治失利，貶謫偏遠永州，仍受毀謗攻擊，心懷不能不憂鬱，在這種特定的思想感情，自然滲透在作品之中，篇末作者寫其遊覽感受時說：「坐潭上，四面竹樹環合，寂寥無人，凄神寒骨，悄愴幽邃。以其境過清，不可久居，乃記之而去。」對作者來說，「凄神寒骨，悄愴幽邃」之境，是「不可久居」的，文中辭語的遣用，配合全文意旨，正是作者凄清慘淡心情的曲折、含蓄的流露，同時也正是這些辭句，奠定了作者寫這篇文章的感情基調。

例如，冰心的〈笑〉㉟，作者用三幅笑的畫面，提煉出「愛」的主題。爲了表現高尚聖潔而深沉的人類之愛，作者在遣詞上十分下功夫，如文中描寫的光、聲、色三者十分柔和協調，光是月亮的「清光」、「螢光」、「幽輝」，而不是強光，不給人以強烈的刺激。聲音是「潺潺」的流水聲，而不是澎湃的巨響。色彩是淡雅素潔的，花是白色的花，衣是白色的衣，麥壠和葡萄架也是「新黃嫩綠」，避免了強烈的大紅色。由這些清光、柔聲和素色所構成的畫面，鮮而不媚，美而不嫵，與全篇立意和諧一致，意與辭完美結合，實可譽之爲「美文」。

第二節　散文立意的特色

姚鼐說：「詩文美者，命意必善。」㊱散文具有取材廣泛，行文自由，坦露眞情的特點，因之也更講究立意的提煉。歸納而言，散文之佳者，其立意一般具有新、深、遠、貫的特色。

一、意新

「謝朝華於已披，啓夕秀於未振。」㊲散文貴在立意創新，立意新，方能洗人耳目，這是散文成功的關鍵。我國歷來文家非常注重文章的獨創性，極力反對依傍古人，蹈襲前人，強調：「情新因意勝，意勝逐情新。」㊳又說：「文章有衆人不下手而我偏下手者，有衆人下手而我不下手者。」㊴作者莫不自覺地把立意新，創作獨具特色的作品，視爲文章的生命力之所在，力求達到「雖杼軸於予懷，怵他人之我先，苟傷廉而愆義，雖亦愛而必捐」⑩這樣的求新、創新的地步。由古今佳作美文來看，其「立意」都善於「避俗」、「避熟」⑪。在避俗方面，力求不因襲陳說，另闢蹊徑去尋找認識事物的新角度，不人云亦云。在避熟方面，則突破常規的思維，探索出人意料的新見解，使作品超卓不凡，獨標一格，自出機杼，別開新境。例如，「桐葉封弟」，最早見於《史記·晉世家》，在秦漢時代，此說可以強調君主的權威性，嚴肅性。而到了中唐時期，柳宗元主張政治革新，於是在〈桐葉封弟辨〉⑫一文，從新的角度提出：「凡王者之德，在行之若何，設未得其當，雖十易之不為病」的說法，賦予君權以新的內涵，不但有史論的價值，而且給人以別開生面的啓迪。另外，像歷代文家多贊美管仲，以為管仲霸諸侯，攘夷狄，終其身齊國富強，是戰國時的傑出政治家。但是蘇洵〈管仲論〉⑬一反習俗之定見，提出翻新意見。他認為齊國之治，不是管仲，而是鮑叔；齊國之敗，不是豎刁、易牙、開方，而是管仲。作者評價人物能獨具隻眼，力排衆議，不拾他人牙慧，使立意求新，別具一格，不落俗套，令人嘆服。而韓愈作〈師說〉，作者不僅不顧流俗抗顏為師，更從理論上闡明從師的重要性，其立意奇絕，獨樹一幟，不同凡響，蜚聲於後世。由此可見，古今「立意之士，務欲造奇」⑭，究其用心，實在於「不創前未有，焉傳後無窮」⑮，唯有新意，散文才能超越前賢，才有存在價值。

二、意深

立意新固然好，但刻意追新則「易流於詭」⑯。詭譎荒誕，則使文章悖於事，違乎情，謬乎理，在「求新」之時，歷代優秀文家更致力於文章立意的深刻度，因爲散文作品的高低優劣取決於是否有深刻的思想內容，所以王構《修辭鑑衡》云：「意深義高，雖文詞平平，自是奇作。」㊼由歷代深刻立意的散文作品中，我們可以發現其深刻性，首先是作者的見識精卓，胸襟高，見地遠，對事物有識多思。作者有胸襟，然後能載其性情、智慧，隨遇發生，隨生即盛，所以劉熙載就說過：「文以識爲主，認題立意，非識之高卓精審，無以中要。」㊽魏禧也說：「識不高於庸衆，事理不足關係天下國家之故，則雖有奇文與《左》、《史》、韓、歐陽並立無二，亦可無作。」㊾文章的「意」，正是作者「識」的體現。許多優秀作品，作者善於命意，多緣於其人之學問道義胸襟，是以其胸懷遠大，識見愈高，立意愈能產生質的飛躍。除識見高外，作者還善於窮究物情，洞幽察微，力求「從三十三天上發想，得題中第一義，然後下筆，壓倒天下才人，又須下極一十八重地獄，慘淡經營，然後文成。」㊿同時，在闡發上，「貴透徹，不可隔靴搔痒。」51力求使立意擴大和深化，精深透徹，「纂言者必鈎其玄」以至「透璞見玉」，達到見別人之所未見，別人淺見我深見，別人少見我多見，切中要害，高人一籌的境地。文章寄意一深，文味則濃，更經得起人咀嚼品賞。比如，曾鞏〈墨池記〉52即是立意深刻，久傳不衰的名篇。文中首先記述墨池的處所、形狀和來歷；其次，由池及人，闡發「學問非天成」，引出道德冶煉在「精力自致」；最末期勉後學深造學問道德努力不息。作者以「學問非天成」、「欲深造道德者」，必以勤學苦練爲本，作爲全文的柱石，揮霧劈峰，拓展遠境。以學獲智，以智練德，如此深邃的意蘊，只是運用墨池的史實，巧妙引申升華，體現深而不晦的哲理，令人低回往復，徘徊賞之，其手法可謂高矣。

例如錢大昕〈奕喻〉53，是借生活中人們司空見慣的下棋這普通現象，生動揭示了一個引人深思的生活哲理。首先，作者簡要敘述自己在友人寓所的一次下棋經過，其中突出地敘述了自己由觀棋到下棋過程中前後態度的不同變化，以作爲下文的舖墊。其次，作者由點到面，從下棋這件小事，擴展到生活中許多現象，進一步從爲人處事的高度來立論，揭示生活中一個人們習焉不察的事實：「吾能知人之失，而不能見吾之失，吾能指人之小失，而不能見吾之大失。」使文章的主旨，從下棋這一狹窄的範疇中突破出來，警戒那些主觀臆斷，盲目自信，強不知以爲知之人，不能公允評價生活中的一切事物和現象，反而導致無休止的爭論，永遠不會有正確的結論。此篇立意具有更深刻又普遍的社會意義，也使文章內容更加富有力度。作者力透表象，燭隱發微，揭示事物內在意蘊，使人悟得更多，更深的道理，這正像陳繹曾《文說》中所說的：「凡作文發意，第一番來者，陳言也，掃去不用；第二番來者，正語也，停之不可用；第三番來者，精意也，方可用之。」54文章正是有了這一層精深立意，才不同於一般，經得起咀嚼。

三、意遠

文貴遠，尤其散文，其立意不能過分直露，須把悠遠的思想溶入具體的敘述描寫之中，因爲立意「濃而近者易識，淡而遠者難知」55。濃而近的立意則易淺露，淡而遠的立意常有餘味，是以作者們莫不棄卑離隰，登高望遠，期使作品內容容量大，立意淡遠，使文章能光芒四射。劉大櫆就認爲「文貴遠……遠則味永，文至味永則無以加。」㊺試觀《史記．伯夷列傳》㊻一文，作者捨棄一貫先敍後贊之法，改採夾敍夾議，通篇議論詠嘆，回環跌宕。首先提出「天道無親，常與善人」的論點，分從正反兩面借古事論證論點之非，再從今世正反兩面證明善人惡報，惡人善報，結尾云：「余甚惑焉，儻所謂天道，是邪非邪？」在層層析進中，嘆天道之難知，情思吞咽吐瀉，筆力遒勁有力。然在無字之處，流露出司馬遷對當世神學的質疑，更是對天人感應、陰陽災異、五行迷信的批判。這種含意高峻悠遠之處，寄寓於筆墨之外，使篇章別饒恣態，情趣奇出，實可謂之「精語峙乎篇中」，而「纖旨存乎文外」。

像〈赤壁之戰〉㊼是奠定三國鼎立的關鍵一戰，登場人物衆多，事件也複雜。作者以吳蜀聯盟爲主線，著重描寫吳蜀因各自利益而結盟，以及東吳內部主和、主戰間的矛盾衝突。而在曹魏一方，則運用暗線，經由吳蜀聯盟中不同人物對形勢的分析，顯示曹操的氣勢與野心，優勢與劣勢。全文表面上看起來是客觀的再現當時事件，實際上飽含作者的見解，這種見解在文中不是直接點出，而是需要讀者尋繹思考才能得到作品蘊藉的淡遠之意。就孔明來說，他遇到這樣危機，他仍能處變不驚，利用外交，保住蜀漢地位，更經由他對時勢的分析，與孫權的對話，展現出一位政治家的風範。就孫權來說，他兼聽各方意見，並詳加深入探析，作出聯劉抗曹的決定，可見一個主帥正確決策多麼重要。而魯肅從中周旋，多方運籌，對主帥推心置腹，對友軍以誠相待，十分得體。周瑜冷靜而有信心，促使孫權下定決心抗曹，張昭則缺乏信心，一味長敵人威風，滅自己的志氣等等，讀者不僅從整個事件上了解作者用心，更可從每個人物身上體會作者意味深遠的妙旨，悠然無窮，蘊藉豐贍，不可盡說。這也就是古人所崇尚的「句中有餘味，篇中有餘意，善之善者也。」㊽而這種立意深遠的取得，實是在於作者藝術造詣，自然會妙。所以說，立意遠，一直是歷來文人作家所推崇與追求的境界。

四、意貫

凡能傳誦不衰的散文精品，決非出自偶然，乃是作者反複思考，苦心經營，且「愼辨而去取之」㊾，謹防茫無統序，意多亂多，而使立意「一而貫懾」，集中而不枝不蔓，重點突出，說深說透，以盡吐心中意氣。同時，無論筆下多複雜的事物，作者都「必有法以束之」㊿，且能「治煩以簡」，如「有意矣，而或不只一意，則必有所主，猶人身不只一骨，而脊骨爲之主。」(61)一意到底，使人讀後留下集中明晰的深刻印象。像王安石〈讀孟嘗君傳〉(62)這篇短文，作者緊扣「得士」之說駁論，集中闡發「豈足以言得士」的觀點。全文巧設四層波瀾，先正後反，先揚後抑，以「雞鳴狗盜」爲論據，論證了「士之所以不至」和不足以言得士的道理，駁倒了「孟嘗君能得士」的世俗之見。文章立意簡潔集中，有理有據，充分論辯，內涵豐富，引人思索，成爲歷代說理性散文中的佳作。

例如，郁達夫〈仙霞紀險〉(63)是一篇遊記，全文端緒圍繞一個「險」立意布局。一開始，作者極寫仙霞的山嶺關隘之險：山高—「絕壁千尋」；水深流急—「渦漩萬丈」；彎多—「比杭州的九溪十八澗，起碼總要超過三百多倍」；路險—「要試車路的崎嶇，要將性命和命運去拼」，眞是險象環生，令人膽寒！接著，作者再巧妙地由自然轉向社會，寫人世環境的險惡，刻劃當地人民驚恐萬狀的生活情態，以揭示出亂世荒年給人民帶來的深重災難和痛苦。這一個「險」，「譬如萬山磅礴，必有主峰，龍袞九章，但挈一領」⑭，集中體現了全文的精髓，中心突出，引人深思。所以李漁說：「作文之事，貴於專一。專則生巧，散乃入愚。專則易於奏工，散者難於責效。」⑮由此可以明白散文作家講究立意集中的道理。

第三節　散文立意的藝術

優秀散文作家除要有發現「意旨」的本領外，更重要的是如何將「立意」表現出來。爲求「意以稱物，文以逮意」，歷來成功的散文作家無不在煉意技巧和表意手法上，殫心竭慮，千淘萬漉，反複運思，多方推敲，以期達到劉勰所言：「裁則蕪穢不生，熔則綱領昭暢，譬繩墨之審分，斧斤之斫削矣。」⑯的境地。

一、煉意技巧

煉意的技巧，手法衆多，而且不同類型的散文，又不盡相同。但是歸納起來，最常見的煉意技巧有以下幾種：

㈠開掘深意

優秀的散文寫一人一事、一山一水、一草一木、一蟲一鳥，都要不斷的否定，不斷的超越，才能從這些平凡的事物中，寫出事物內涵的精義，從這些細微的事物中，反映全貌；從這些瑣碎的事物中，表現出至深的哲理和思想，給讀者以深刻社會人民的思考與啓發。正如黃宗羲所說：「每一題，必有庸人思路共集之處纏繞筆端，剝去一層，方有至理可言。猶如玉在璞中，鑿開頑璞，方始見玉，不可以璞爲玉。」⑰就是通過事物的局部，表現出事物的整體，透過生活現象向生活底蘊開掘，透過人物的外在境況向人物的內心世界開掘，使事物的深層內涵得以外化。這種拓深方法往往由表及裡，由淺入深，由小見大，由個別及一般。以「言內之象」表達「言外之旨」，寓無限於有限之中。王安石〈傷仲永〉⑱文中透過「聞」、「見」和「問」，言及仲永的童年、少年與成人三個時期，敘述了他的天才從被發現到被斷送的過程。再一轉折，揭示其原因在「不使學」，對這一事件的內在含義高度的概括，指出這軼聞中所蘊含的普遍而深刻的道理，既簡潔又深刻。

彭端叔〈爲學一首示子姪〉⑲一文中，「爲學」是指做學問，作者只借四川的兩個和尚朝南海的故事，闡發了爲學成功的關鍵在於要有堅強的意志和毅力的觀點。作者指出天資不高的人若能好學不倦，就會突破昏庸的限制而達到成功；反之，天資再高，也無濟於事。從文章中可以看出，作者選擇論述的角度是爲學的態度，而在論述爲學態度時，也僅從爲學成敗的關鍵在於是否有堅強意志和毅力展開論述，文章主旨鮮明集中，論述充分。雖是一個角度，一個側面，闡明的卻是爲學中的重要問題，堪稱小中見大，既深且透。

蘇軾之創作，尤擅「即小見大，以無化有」⑩，並將小題材中深刻意義發掘殆出。像他的〈李氏山房藏書記〉⑪就是此類之作。文中由李氏藏書、讀書這件很平常事情的介紹中，批評了當時科舉士子在印刷便利發達，書籍普遍易得的情況下，卻仍「束書不觀，遊談無根」的敗壞學風，並表彰李氏於讀書有得外，更能推己及人，將書「以遺來者」的「仁者之心」，進一步揭示出書籍的啓迪作用，強調了認眞讀書的必要性和重要性，因此茅坤就說此文：「題本小而文旨特放。」⑫

㈡求異化新

作者對於已成定論或流傳千古的說法，從新的角度作新的思考，使思考的軌迹，不再只沿著單向、直線延伸，而是以某一點爲中心，向四方輻射，甚至對現成的事物向反方向作出新的發掘，不再拘於一孔之見，一隅之感，藉以步入「柳暗花明又一村」的天地。韓愈在〈答劉正夫書〉中說：「夫百物朝夕所見者，人皆不注視也。及睹其異者，則共觀而言之，夫文豈異於是乎？」⑬即是說創作上要力求異於常情常理。可知，求新求異是散文作品特別強調的。比如柳宗元〈敵戒〉⑭一文，作者從反面立意，使文章內涵得到進一步擴張，增強文章表達效果。文中先提出與衆不同的論點：「皆知敵之仇，而不知爲益之尤；皆知敵之害，而不知爲利之大」，識見之卓越，無異超出一般人意想之外的石破天驚之語。敵人存在固然有害，但更應以敵爲戒，常備不懈，以轉害爲利。以下引三個歷史事件作爲論據：一是戰國末年秦與六國爭雄，秦一統天下及亡於陳勝之事。二是春秋晉楚鄢陵之戰，晉厲公勝楚軍之後，益發驕橫，不聽大夫范文子的勸諫，任用親信，殺害重臣，引起全國上下不滿，大臣欒書派人殺死了他。三是春秋時魯大夫孟孫與臧孫互爲仇敵之事。孟孫速憎恨臧孫紇，孟孫速死了後，臧孫紇感到憂慮。這件事由廣而狹，由大而小，即天下事、國事、家事論證了「敵存」的「利」與「敵去」的「害」。最後告誡今之人要有「敵存滅禍，敵去召過」的戒心，使論證加深加廣，更具說服力。全文立意出奇反常，作者卻把原因闡述頭頭是道，從立意到語詞運用，都不落俗套，造成一種震聾發聵的新奇之感。

例如，歐陽修〈縱囚論〉⑮，是評論唐太宗釋放三百死囚出獄返鄉探親，約他們自歸就刑，結果全部聽命，人人如期歸來，不失一人，最後死囚得以寬赦，此事向爲人贊許爲「仁德」。但是歐陽修一反世俗之見，首先指出這事不近人情，無論從唐太宗放還死囚，還是死囚如期自歸來說都如此。其次，死囚知信守義是由於唐太宗施恩德所致的說法尤不可通，其實是出於唐太宗爲求取仁德的名聲，用以籠絡人心，這是「上下交相賊」的必然結果，實不可取。最後以爲政「必本於人情，不立異以爲高，不逆情以干譽」爲結論。立意突出，高人一籌，卻又合情合理，不可移易。

夏丏尊、葉聖陶在《文心》中說：「讀書貴有新得，作文貴有新意味，重要的在於觸發的功夫。」⑯其實許多材料並不新鮮，但許多散文作者敢於觸發，別出心裁變換一下觀察或表現事物的角度，提煉出全新的見解，即使同一個題材，也可以寫得千姿百態，因爲同一「主題的異化和深化，是古典作家以自己的方式處理傳統題材的兩個出發點，也是他們使自己的作品具備獨特性的手段。」⑰其實何嘗只是古代作家，現代作家亦莫不如此，他們雖寫同一題材，但表現主題卻千變萬化，各寓深意，因此形成同材異文的差異，而可彼此爭勝。蘇東坡〈題西林壁〉詩云：「橫看成嶺側成峰，遠近高低各不同。」變換角度，求異化新，是開拓思路，推陳出新的一種方法。例如，韓愈〈伯夷論〉一文就是很好的例子。伯夷叔齊事迹，《史記》中〈伯夷列傳〉敍述完整。據〈太史公自序〉云：「末世爭利，維彼奔義，讓國餓死，天下稱之，作〈伯夷列傳〉第一。」⑱可見，司馬遷崇敬伯夷叔夷爲人，以「奔義」、「讓國」的立足點，折射當時社會的「爭利」、「爭國」，以至互相傾軋殘殺，兵禍連連，殃及無辜百姓，並藉以抒發作者疾世憤俗之情。但是，韓愈卻能不重複前人的觀點，「創意造言，皆不相師」⑲，採用轉換角度的方法，從新的側面切入。其〈伯夷頌〉云：「士之特立獨行，適於義而已，不顧人之是非，皆豪傑之士，信道篤而自知明者也。」⑳韓愈與司馬遷不同，他把意旨歸結爲：伯夷是「信道篤而自知明」的堅持之士，突現其「窮天地，亙萬世而不顧者也」的「特立獨行」，並用以自喻，絕不向惡劣流俗妥協的決心，所以錢基博《韓愈志》云：「〈伯夷頌〉則以自況，爲斯道之重言之也。」㉑兩篇文章寫同一題材，彼此各寓深意，各有千秋，也展示出作者們不同的內心世界，及其各自的時代特色。

另外，像韓愈膾炙人口的〈馬說〉㉒一文，從耳熟能詳的伯樂相馬的故事中，發掘千里馬與善相馬之間的關聯，文首即揭示題旨：「世有伯樂，然後有千里馬。千里馬常有，而伯樂不常有。」說明奇才異士，只有遇到賢主，受到重用，才能施展奇才。全文以馬作喻，抒發懷才不遇的知識分子不幸命運。由於作者獨特的意旨，也使〈馬說〉一文成爲千古絕調。其後岳飛的〈良馬對〉㊸，獨闢蹊徑，又寫出了另一與馬有關的佳篇，全文以對話體表現。篇中自始至終談的是馬，但作者借題發揮，含而不露地批評宋高宗用人失當，致使有用之材的良馬「不幸相繼以死」，其餘皆屬「駑鈍」之材。尤其文中指出「致遠之材」是「受大而不苟取，力裕而不求逞」，而「駑鈍之材」則是「寡取易盈，好逞易窮」，以對比寓意方式深隱暗蓄，巧點旨歸。及至清代，方苞的〈轅馬說〉㊹一文亦以馬爲喻，在立意上則別具風采。文中以「轅馬」德力兼備爲中心，感嘆其遭遇之不公。首先分三層說明轅馬的遭遇，一是「領局於軛，背承乎韅」羈絆多，但任務重，鞭打頻，且「乘危而顚，折筋骨無所避之」等危難深。二是在馬群中勞逸不均，當轅馬遭艱辛危難時，「而衆馬之前導而旁驅者不與焉」。三是，更甚者爲所受待遇十分不公，「其渴飲於溪，脫駕而就槽櫪，則常在衆馬之後」。其次，對「將車者」提出選用轅馬的標準與辨識方法，並以「駑蹇者」、「狡憤者」襯托「轅馬」的德與力。本文通篇用喻，終不說破，使其寄寓更爲深沉含蓄。此文寫於作者四十六歲，白衣入直南書房時，當時擔任編校《御制樂律》、《算法》等書的重任㊺。因爲職務需要，多次往來京師和承德離宮之間，親眼目睹許多德才劣下的位居要職，而自己身爲白衣，待遇低，還時時受人監管，這不正是與「轅馬」的處境相似嗎？作者實是藉馬喻，婉轉表達有德有力又忍辱負重的賢能之士，其勞逸不均，待遇不公的不合理現實。作者以豐富而內蘊深沉的轅馬形象，表現了凝重的題旨。三篇同寫馬的散文，筆致細緻，熔煉細切，但各篇的內涵意蘊、謀篇布局、表達方法各不相同，連篇讀來，啓人深思。

其他題材相同，題目不同的古今散文佳作非常多，像同以秦與六國爲題材的，有賈誼〈過秦論〉、杜牧〈阿房宮賦〉、三蘇〈六國論〉等。同以蓮花爲題材的，如周敦頤〈愛蓮說〉、李漁〈芙蕖〉、朱自清〈荷塘月色〉、顏元叔〈荷塘月色〉。同以泰山爲題材的，如姚鼐〈登泰山記〉、徐志摩〈泰山日出〉等。另外，同題的散文，如許地山、老舍同題散文〈落花山〉；冰心、林語堂同題散文〈笑〉；郁達夫、謝冰瑩同題散文〈雨〉；俞平伯、朱自清同題散文〈槳聲燈影裡的秦淮河〉；朱自清、劉白羽同題散文〈綠〉等等，不勝枚舉。各篇雖同寫一題，卻能翻出新意，因情造文，各具風姿，變化爭勝，交相輝映。

㈢縱橫比較

將事物進行比較分析，容易發現事物的優劣。因爲客觀事物常具有「一事多義」的特徵，所以散文作者往往採用縱橫比較方法，從不同角度著眼，以比較權衡來煉意，向立意的深度展開。如周敦頤的〈愛蓮說〉㊻，文中不只寫蓮，作者先縱比，從自己的「蓮之愛」，古與陶淵明的「菊之愛」相比，今與當世人的「牡丹之愛」相比，三種人品花的比較。再橫比，從蓮擴展到菊，再擴展到牡丹，三種花特質比較分析，文章旨趣就鮮明突出了。不離開世俗，但又不沾染世俗；不逃避貪富圖貴的社會，卻不被利祿富貴所動；陶淵明愛菊隱逸之趣難仿效，世俗人愛牡丹的鄙淺之見礙難苟同。作者的品格志趣，也在這縱橫比較之下更充分反照出來了。

韓非〈五蠹〉篇⑻即從比較剖析中，得出觀點。作者先從「上古之世」、「中古之世」、「近古之世」、「當今之世」的縱向不同時代說起，通過四個階段的比較，發現各個時期的情況大不一樣，治理的方法也各不相同，是以提出了變法的理論根據。接著再從三方面進行古今對比，從橫的方面說明變法理論的正確性。一是經濟上的對比，古代人少財多，「是以厚賞不行，重罰不用而民自治。」今世人多財少，「雖倍賞累罰，而不免於亂。」證明今世不變法必亂。二是思想上的對比。堯舜之時，權勢微薄，因而「輕辭天子」。今世權力厚重，因而「重爭士橐」。人的觀念因時而變，不變法必亂。三是施政上的對比。古之周文王「行仁義而王天下」，後世的「徐偃王行仁義而喪其國」，說明「仁義用於古而不用於今」，施政上不變法必敗。通過層層的縱橫分析比較，有力揭示了「古今異俗，新故異備」的變法主張。

歐陽修的〈朋黨論〉⑻，是為批駁保守派誣陷改革派私立朋黨的論調而作的。文中說明國家的興亡治亂和朋黨的密切關係，其關鍵在於「君子之朋」和「小人之朋」有著根本差異。作者分別列述了堯舜、殷紂王、周武王、漢獻帝、唐昭宗等不同歷史時期，從正反兩面比較論析，婉切有力的說明當退小人之朋而進君子之朋的主張，文中選用大量史實，精確可靠，層層比較，層層印證，不由人不信服。

(四)附情於物

作者因物感興，借物寄意，把自己的深遠情思投射到某一物上，讓意旨隨物的外在特徵，與內在精神，窮形盡相的傳達出來，即是處處寫物，處處有意，意在物中。運用這種方法來立意的好處是「蓋正言直述，則易於窮盡，而難於感發。唯有所寓託形容描寫，反複吟詠，以待人之目得，言有盡而意無窮，則神爽飛動，手舞足蹈，而不自覺。」⑻使人感到物情密附，且意旨超越事物對象的本身，發人聯想，達到言近旨遠的效果，給人以久遠的回味。例如，陸蠡的〈囚綠記〉⑼，文中以常春藤為中心，經由戀綠擇居、囚綠賞玩、開釋綠囚三方面敍說，表現常春藤受人為的褻瀆和摧殘，卻永不屈服，不任人擺弄，與被囚的命運對抗，為的是重獲自由，尋求陽光的內涵。但文中不僅只於詠物，篇末指出蘆溝橋事件發生，「不能再留連於烽火四逼中的舊都」，經由這種特殊時代氣氛的點染，和「囚綠」的類比，可見作者從自然物的生命意識升華出人生哲理，一種「生的缺陷」和「生的歡喜」交揉互滲的深厚意旨，顯得十分深沉，而餘韻曲包。

又如龔自珍〈病梅館記〉⑼，通篇寫梅，首先寫因文人畫士視梅「以曲為美」、「以欹為美」、「以疏為美」的病態審美觀；其次寫廣收江寧杭州、蘇州的病梅，誓用畢生精力療梅，不粗暴干預摧殘，讓梅按自己的天性自然，毫無拘束的生長，充滿生機。作者經由「病梅」、「療梅」的記敍，以物寓意，弦外含意。清末嘉、道時期正值鴉片戰爭前夜，時局動亂，朝政腐敗，同時，上位者以文字獄、科考等嚴重束縛、壓制、摧殘人才。作者以「病梅」隱喻被壓抑、被摧殘、被鎮壓的人才。以「文人畫師」喻統治者。以「曲」、「欹」、「疏」的夭梅標準喻用人標準。以江浙之梅皆病喻人才普遍受束縛的嚴重程度，而「病梅館」則是作者革除時弊，解放人性，創造人才成長的良好環境，全文傾注了作者挽枯扶榮的願望和決心。

再如宋濂〈猿說〉⑫，文中首先說明武平猿的特色「毛若金絲，閃閃可觀」，其次寫武平猿母子間感人親情，猿「母度不能生，洒乳於林，飲子」，「子悲鳴而下，斂手就致」；猿子「每夕必寢皮乃安，甚者輒抱皮跳擲而斃」，活畫出武平猿母子細膩親情與形象，尤其猿母愛子與猿子孝親的行爲，感人至深。在一掬同情淚的同時，可以發現事實上，全文由猿及人，作者集中提煉的主旨是在人類的心靈建設，並非僅僅皮相的諷刺世間之不能孝親者，由於「母黠，不可致。獵人以毒傅矢，伺母間射之。」人類的凶殺無情，玩弄智識，不擇手段，造成了人類以至動物等有情世界的崩離，不得不令生活在這「世情薄，人情惡」的社會裡的讀者同聲一慟，作者從極平凡的題材中，表現其悲憫的情懷，十分動人心弦。

㈤虛實相映

主題是存於散文作家腦海中的概念，但散文中所呈現的內容，卻是眞切具體可感的客觀事物。是以，散文作者善於由實化虛，從眞實而具體的事物中熔煉，逐步深化爲思想觀念的意旨。然而爲使文章更具深度和力度，作者又必須考慮所記敘的事物形象與中心思想間的關聯性，以致虛實互爲映帶，達到精確深入又富藝術魅力。這也正是劉熙載所說：「遠想出宏域，高步超常倫，文家具此能事，則遇困皆通。」⑬可見，虛實相映立意方法，足使作品實因虛存，又以虛達實，可以引起讀者豐富的聯想，加深對事物的體認，也讓散文別見一番天地。例如，歐陽修〈眞州東園記〉⑭，眞州發運史施正臣、許子春和判官馬仲涂以監軍廢營作爲東園，州人紛紛往遊。但作者並未親臨東園實地遊覽，而是根據創建人之一許子春帶來的圖畫而寫成此文。作者並不平直地按圖摹寫，而是避實擊虛，以豐富的聯想來補充圖畫的不足及未涉足的不足。全文在東園今昔對比中橫生烟波，平添了無限情韻：今天高甍巨桷，水光日景，寬閑深靚可以答遠響而生清風之處，正是「前日頹垣斷塹而荒墟也」。今日嘉時令節，到處飄蕩著州人士女嘯歌管弦之聲，正是「前日之晦冥風雨、鼪鼯鳥獸之嗥音也」。昔日之荒涼與今日之繁綺，一一對比出來，既繪出原圖所提供的亭臺樓閣，鮮花美果，又比原圖顯得更豐美，有韻致。所以劉大櫆就說：「歐公記園亭從虛處生情……歐公園亭以敷娛都雅勝，此篇舖敘今日爲園之美，一一倒追未有之荒蕪，更有情韻意態。」⑮但全文自出機杼之處，尙在其運用虛實手法立意。全篇在昔衰今盛中，就把重修亭園的創建者：施正臣、許子春、馬仲涂三人，同僚間團結協作，官民間「上下給足」，百姓間毫無「辛苦愁怨之聲」，賢士大夫間「共樂於此」的主旨巧妙地不露痕跡表現出來。可見作者所寫主要不在東園本身，而是著眼於當時政壇上鮮見的非相互傾軋的人事關係。歐陽修之子歐陽發認爲本篇「創意立法，前世未有其體。」⑯可謂的評。

蘇轍〈上樞密韓太尉書〉⑰，作者上書意在表達求荐之意，但卻不直接提出這個要求，而從爲文養氣說起。並引孟軻、司馬遷證成其說，以見自期不凡。其次，進一步陳述爲激發自我志氣，歷覽名山、大川、京邑、宮闕，拜謁當代名流，以襯未見韓琦之憾。最後點出求見非爲升斗之祿，意在「益治其文」，更見其意旨之不凡，所以《古文觀止》評曰：「注意在此，而立言在彼，絕妙奇美。」⑱

用文中以賓作主，由遠及近，從虛到實，表面上看立意和立言呈游離狀態，正是這種別具一格寫法，讓文章顯得疏闊婉折，跌宕奇警。

另外，像韓愈〈送溫處士赴河陽軍序〉⑲一文，也是用虛實相生手法來立意的典型作品。溫處士當時在洛陽附近隱居，他與韓愈、石處士是好友，過從甚密。石處士被聘之後不久，溫處士也被河陽軍節度使兼御史大夫烏公（重胤）召到幕下。韓愈為送別朋友而感到不捨，又為朋友能受重用，而感到欣慰。但文章卻從良馬起筆，用「伯樂一過冀北之野而鳥群遂空」，稱頌烏公的善取士。其立意妙處誠如前人所指：「作文須知避實擊虛之法，如題是送溫處士，便當贊美溫生，然必實講溫生之賢若何，便是呆筆。作者已有送石生文，便從彼聯絡下來，想出『空群』二字，全用吞吐之筆，令讀者於言外得溫生之賢，而烏公能得士意，亦於筆端帶出，此所謂避實擊虛法也。」⑳而劉熙載也曾指出：「《春秋》文見於此，起義於彼。左氏窺此祕，故其文虛實互藏，兩在不測。」㉑足見這種含意雋永，餘味無窮的虛實相映立意手法，為歷來作家所重視。

二、表意手法

一篇散文的立意表現手法十分多樣，但是歸納言之，不外以下兩種方法：一是含藏不露，一是直接表達。

㈠含藏不露

魏禧說：「古人之妙，只是說而不說，說而又說，是以極吞吐往復，參差離合之致。」⑩劉熙載也曾說過：「敍事不合參入斷語。太史公寓主意於客位，允稱微妙。」又說：「論不貴強下斷語，蓋有置此舉彼，從容敍述，而本事之理已曲無遺者。」⑩這些都是說明，文章的主題須隱蔽，不要直接寫出來。好的作品往往將主題融化在文章對人物、事件、景物、現象等敍述之中，在篇章字裡行間中是不直接顯現出來的，使文章在「說」與「不說」的交互變化中，或出或沒，或近或遠，給人以煙波浩渺，氣象萬千之感。例如，蘇軾〈後赤壁賦〉⑩同是記遊赤壁，可是節節變換，與〈前赤壁賦〉絕不雷同。全文無中生有，以空幻取勝。尤其結尾說見到孤鶴，繼而夢見道士，最後把孤鶴看作是道士的化身，把人引入幻境。《古文觀止》評曰：「此篇作幻境幻想，從欒字領出嘆來。一路奇情逸致，相逼而出。」⑩幻境幻想充當了奇情逸致的寄託物，二者融合爲一體，無比新奇。文章也就在一連串的記事記遊之中，將主題蘊含其中，作者情緒由喜而悲，反映了作者寄情山水，但還沒有醫治精神上創傷的深意，十分耐人尋味。

司馬遷爲文善敍事理，因事託意。他往往利用具體的歷史事件的敍述，展現歷史人物的行爲，勾畫出人物精神風貌，並寄寓自己的愛憎喜惡與是非褒貶之意。像〈魏公子列傳〉⑩中具體描述三件事：結交侯嬴、竊符救趙、返魏破秦，三件事各自獨立又相互聯繫，眞切生動地塑造了信陵君內在氣質，內在風骨。作者於文末云：「信陵君之接岩穴隱者，不恥下交有以也，名冠諸侯，不虛耳。」字裡行間洋溢著對魏公子的尊崇，把立意和抒情盡融在整個具體事件之中，實可謂「意不淺露，語不窮盡」，其微情妙旨，令人咀嚼不盡。

郁達夫的〈故都的秋〉⑩⑦，十分特別。作者是江南人，卻對十年前曾在故都北平體會過的秋，魂牽夢繞，並且不遠千里，從杭州趕到青島，又從青島趕到北平，爲的只是想好好「飽嘗一嘗」這故都的秋味。文中以冷色調描寫故都的秋色、秋味、秋的意境與姿態，並以江南的秋作襯墊，細緻地勾畫故都之秋的清朗、寧靜。作者慧心獨具的從秋天裡領略到故都獨有的「秋味」。但這種「秋味」，文中並沒有直接寫出，而是從反面說道：「秋並不是名花，也並不是美酒」，說明這種秋味並不具有令人贊嘆惹眼的外形，或刺激的味覺，而是存在於不爲人注意的普通事物裡。接著，作者指出不出家門，一碗濃茶、一角碧空、一陣鴿聲中，就能領略到無限的秋味。文中並細膩地從北國之秋常見的幾種景物中，曲盡其妙的捕捉到其秋味的精髓。作者正是借由這些反複體味北國秋味景物的描寫，以蘊藏其深微的意旨。實際上北國的秋味，也正是他寓寄的人生況味，生命之味。這種味美得內在，美得具有眞諦，人生也唯有從最細微處，才能悟得生活精義，啓示著人生的智慧。作者把複雜微妙而又難言的主題，潛藏於幽邃的自然景物之中，景物成了作者心靈的折射，這正是「作者得於心」，而「覽者會以意」的佳作。

「幅短而神遙，墨希而旨永。」是含藏不露的散文最佳寫照。散文的篇幅是有限的，因此許多作者把意旨見解深藏於文字之外，追求以少勝多，以一當十，以有限的文字表達無限內涵的境界，期使讀者經由散文的具體文字表達，慢慢領悟作品的眞諦，以獲得鑑閱上的滿足與美感。

(二)直接表達

文章的作用，在把作者的思想傳達給別人，因此，直接明顯表達文章的主旨，觀點明朗，讀者可以抓住中心，順利理解全文。這種表達手法，在運用時，有以下幾種常見方式。

1.開宗明義

就是一起筆即揭示主旨，讓讀者抓住頭緒，產生閱讀興趣。蘇軾〈喜雨亭記〉⑱便是典型的例子。作者任鳳翔府判官時，曾在衙門正堂北面造亭以爲休憩之所，落成之時，正是久旱逢雨之日，於是將亭命名爲「喜雨亭」，並作〈喜雨亭記〉。文章開始即點明主題，「亭以雨名，志喜也。」接著簡述亭子的建造來歷和亭周圍環境，並由亭及雨，記述三次下雨情景，勾勒出官吏、商人等三種不同身份的人的喜樂神態，結尾以歌來議論雨的價值超過珍珠白玉。全文開篇就點明「喜雨」，展開記敍和議論，所以《古文觀止》詳道：「只就喜雨亭三字，分寫、合寫、倒寫、順寫、虛寫、實寫，即小見大，以無化有。意思愈出而不窮，筆態輕舉而蕩漾，可謂極才人之雅致矣。」⑲由此可見，開宗明義確實是表達主旨的有效方法。

像劉開〈問說〉⑪，全篇針對當時讀書人「有學而無問」的陋習，闡明「好問」的求學態度。文章開篇即從學與問的關係提出「君子之學必好問」的觀點，以引起人注意力。接著，由古及今，正反對比說明辨析其理，最後強調指出「古人以好問爲美德」，令人信服。而荀子〈勸學〉一篇，首句：「君子日：學不可以已」是全篇題旨，以下則圍繞「學不可以已」的道理進行闡發。又歐陽修〈五代史伶官傳序〉一文，作者從後唐莊宗李存勖寵幸伶官，以致敗亡的史實，看到「憂勞可以興國，逸豫可以亡身」。所以文章起首即揭示立意云：「嗚呼！盛衰之理，雖曰天命，豈非人事哉？」國家的興亡成敗，實繫於人爲，而非天命，全文以此爲宗旨，展開論述。

2.卒章顯志

卒章就是指篇末，顯志是點出中心主旨，就是先不揭露，直到文章結束，才點明主旨，讓人豁然開朗，引人入勝。它又可稱爲篇末點題。例如司馬光〈諫院題名記〉⑪，本篇是作者在仁宗嘉祐中任諫官時所作。文章首先從「古者諫無官」落筆，以示今日之諫官責任重大。其次闡明諫官的職責，應「志其大，捨其細，先其急，後其緩，專利國家而不爲身謀」，尤其諫官的品德應忌好名，「汲汲於名者，猶汲汲於利也」是不足爲取的。文末以「可不懼哉」揭示其深意。作者認爲題名於石，雖以警一時之忠詐曲直，但深意卻在於責望後人，專利國家，保全元氣，不可爲自己一生的榮辱而謀。作者避開「題名以示榮」的庸人思路，篇末揭以「懼」字惕之，調逸思深，獨具匠心，故《古文觀止》評云：「文僅百餘字，而曲折萬狀，包括無遺。尤妙在末後一結。後世以題名爲榮，此獨以題名爲懼。立論不磨，文之有關世道者。」⑫而林西仲也說「然其不可及處，正不外此。」⑬可見，成功的篇末揭旨，可以使文章內容得到進一步的提高和升華，給人以無窮的回味與啓示。

柳宗元〈捕蛇者說〉⑭一文，文中敘述以捕蛇爲業的蔣氏三代的悲慘遭遇，和鄉鄰們非死則徙的苦難生活。作者先用異蛇之毒與賦斂對比；又以「更若役」與「復若賦」對比；再以鄉鄰被賦斂的先逼死與蔣氏捕蛇完賦中後死對比，刻劃出當時慘痛之至的血淚生活。經由層層對比後，最後點明全篇主旨：「熟知賦斂之毒，有甚是蛇者乎。」而作者運用卒章顯志手法直接揭示主旨，其用心實是寄望「觀人風者」能得到此文，發發善心，體察民情之苦。

其他像賈誼〈過秦論〉、杜牡〈阿房宮賦〉、范仲淹〈岳陽樓記〉等都是卒章顯志的名篇，作者取居高臨下之勢，對內容進行歸納概括，使表達的主題具有普遍意義，或通過諷諭，給人以歷史的借鑑；或通過警策之語，給人以哲理的啓迪。

3. 一字立骨

就是將中心主旨凝鑄、歸納，或升華爲一個字，或一個詞。作者以這個字或詞爲核心，多側面、多層次去表現，經緯全篇，使文章的意旨鮮明突出。它可以置於文首、文中或文尾。置於文首者，屬於開宗明義法；置於文尾者，即是卒章顯志法。這裡只就置於篇中者說明之。

例如諸葛亮的〈出師表〉⑮，是作者出師伐魏前上後主劉禪的奏章。全文圍繞一個「忠」字立意。奏表中反複勸勉劉禪繼承劉備遺志，親賢臣，遠小人，察納雅言，完成復興漢室大業。並敍述了作者二十年來勠力爲國的經歷，表達「北定中原」、「還於舊都」的決心和忠忱。文章內容集中，主旨顯豁而深刻。

林覺民〈與妻書〉⑯作者給妻子的絕筆信函，吐情寫意，全篇立意在一個「愛」字。作者臨難陳事言志，引典議理，抨擊朝政，縱談國事時世，「於啼泣之餘，亦以天下人爲念」，曉以大義，開導妻子，犧牲二人之福，爲「天下人謀永福」。並倒敍抒情，極寫夫婦「疏梅月影」、「並肩攜手」，傾注無限眷戀，恩愛難捨，再叮囑妻子善撫後代。面對天下人的博愛和妻子的深情，作者選擇了天下人，表現出作者英雄赴死之悲壯和精神之高尚，詞盡而意無窮，感人至深。

其他像歐陽修的〈醉翁亭記〉以「樂」字爲骨；李密的〈陳情表〉以「孝」字貫全文；郁達夫的〈仙霞紀險〉以「險」爲主；朱自清〈綠〉以「警詫」爲中心等等。

煉意技巧和表意手法，遠不止上述所說的。歷來散文作者他們傳世的美文佳作，往往令人一睹爲快而回味無窮，這都得歸功於他們在立意上下苦功，謀創新，求精進的結果。因爲他們知道「隨人作計終後人，自成一家始逼眞」，「縱橫自有凌雲筆，俯仰隨人亦可憐」的道理。

結語

劉熙載《藝概》曾說：「《文賦》：『意司契而爲匠』，文之宜尚意明矣。」[117]「尚意」一語，的確概括出我國散文的實質精神。散文在創作上，須「意在筆先」，「以意爲主」，即以立意爲主導，以意選材，以意定篇，以意行文。在表現方法上，注重「寄意言外」，「以蘊藉勝人」，強調作品「義生文外，祕響旁通，伏采潛發」[118]的豐富性和獨特性。在鑑賞批評上，強調以意論文，全面分析「意」與「辭」之間的關係，尋繹出散文作品「意有所寄，言所不迫，理具文中，神餘象表」[119]的思想性與藝術性，從理論上給予深入闡發。因此，可以這樣來說，研析散文的立意，有助於深入剖析和體會作者的創作歷程。同時，又有提昇「意深格高」的表現技巧和「意新語工」的優秀散文的作用。

【註釋】

① 劉勰《文心雕龍．情采》，頁五三八。
② 劉師培〈論謀篇之術〉，見《漢魏六朝專家文》四，頁十四。
③ 黃宗羲〈論文管見〉，見《南雷文定．三集》（臺北，世界書局，民國五十三年），卷三，頁五九。
④ 范曄〈獄中與諸甥姪書〉，見《宋書．范曄傳》卷六十九，頁一八三〇。
⑤ 杜牧〈答莊充書〉，《樊川文集》，卷十三，頁一一二〇。
⑥ 李漁《閒情偶記．詞曲部》，頁一〇。
⑦ 黃侃《文心雕龍札記．熔裁》，頁一一一。
⑧ 王昌齡《詩格》，見《中國歷代文論選》，第二冊。
⑨ 同註⑤。
⑩ 劉勰《文心雕龍．原道》，頁三一。
⑪ 黃子肅語，引自吳景旭《歷代詩話．詩法》（臺北，世界書局，民國六十八年），下冊，頁一〇一八。
⑫ 王夫之《夕堂永日緒論內編》一，見載鴻森《薑齋詩話箋注》（臺北，木鐸出版社，民國七十一年），頁四四。

⑬章學誠《文史通義·詩教下》，頁七九。
⑭見《全上古三代秦漢三國六朝文》（臺北，世界書局，民國五十二年），四冊，全晉文卷二十六，頁九。
⑮林雲銘《古文析義》（臺北，廣文書局，民國七十四年），卷四，頁一九六。
⑯浦起龍《古文眉詮》，卷四十二，轉引自《古文鑑賞大辭典》，頁五〇四。
⑰余誠《重訂古文釋義新編》，卷七，轉引自《古文鑑賞大辭典》，頁五〇三。
⑱方孝孺《遜志齋集》（臺北，臺灣商務印書館，四部叢刊），卷六，頁一四二、一四三。
⑲同註⑫。
⑳程端禮《程氏家塾讀書分年日程》，轉引自《中國古代寫作理論》（湖北，華中工學院，一九八五年），頁一一一。
㉑陳善《捫虱新話》，卷四，頁二五九。
㉒章學誠《文史通義·文理》，頁二八七。
㉓吳納《文章辨體序說》，頁一三。
㉔陳騤《文則》（香港，中華書局，一九七七年），甲，頁七。
㉕葛立方《韻語陽秋》（臺北，新文豐出版社，民國七十五年），卷三，頁七二八。
㉖《左傳·隱公元年》，見楊伯峻《春秋左傳注》，上冊，頁一〇—一六。
㉗《史記·孫子吳起列傳》，見《史記三家注》，卷六十五，頁二一六一—二一六四。

㉘ 劉熙載《藝概・經義概》，頁一七三。
㉙ 蘇洵〈六國論〉，見《嘉祐集》，卷三，頁四、五。蘇軾〈論養士〉，見《蘇東坡全集・續集》，卷八，頁一一四九、一一五〇。蘇轍〈六國論〉，見《蘇轍散文全集》，頁七四。
㉚《易傳・繫辭》（臺北，學生書局，民國七十六年），頁三五一。
㉛ 同註⑤。
㉜ 同註㉔乙，頁一一。
㉝ 皎然《詩式》（臺北，新文豐出版社，民國七十五年），卷一，頁一。
㉞ 柳宗元《柳河東全集》，卷二十九，頁三一六。
㉟ 冰心〈笑〉，見《二十世紀中國美文大觀》（北京，群言出版社，一九九三年），頁一三八、一三九。
㊱ 姚鼐〈答翁學士書〉，見《惜抱軒全集》（臺北，世界書局，民國五十六年），卷六，頁六四。
㊲ 陸機《文賦》，見蕭統《昭明文選》，卷一七，頁二四〇。
㊳ 范晞文《對床夜話》（臺北，新文豐出版社，民國七十五年），卷五，頁三三一。
㊴ 魏際瑞《伯子論文》（臺北，新文豐出版社，民國七十五年），頁六五七。
㊵ 同註㊲，頁二四二。
㊶ 劉熙載《藝概・詩概》，頁八三。
㊷ 同註㉞，卷四，頁四六、四七。

㊸蘇洵《嘉祐集》，卷八，頁八、九。

㊹劉勰《文心雕龍·隱秀》，頁六三五。

㊺趙翼〈讀杜詩〉，見《甌北詩鈔》（上海，商務印書館，民國二十五），頁二四五。

㊻吳曾祺《涵芬樓文談·命意》，頁二二。

㊼王構《修辭鑑衡》（臺北，新文豐出版社，民國七十五年），頁二三九。

㊽劉熙載《藝概·文概》，頁三八。

㊾魏禧〈宗子發文集序〉，見《魏叔子文集》（臺北，臺灣商務印書館，民國六十二年），三，卷八，頁一〇二四。

㊿廖燕《五十一層居士說》，轉引自徐立、陳新《古人談文章寫作》（廣東，廣東人民出版社，一九八五年），頁八四。

51 嚴羽《滄浪詩話·詩法》，見郭紹虞《滄浪詩話校釋》（臺北，東昇出版公司，民國六十九年），頁一一一。

52 《曾鞏集》，上冊，卷十七，頁二七九。

53 錢大昕《潛研堂文集》（臺北，臺灣商務印書館，四部叢刊），卷十七，頁一六四。

54 陳繹曾《文說》（臺北，臺灣商務印書館，四庫全書本），頁一四八二—二四六。

55 李東陽《麓堂詩話》（臺北，新文豐出版社，民國七十五年），頁九九。

56 《史記·伯夷列傳》，見《史記三家注》，卷六十一，頁二一二一—二一二七。

㊿⑦ 司馬光《資治通鑑》，卷六十五，頁二〇七〇－二〇七六。
㊿⑧ 姜夔《姜氏詩說》（臺北，新文豐出版社，民國七十五年），頁二七。
㊿⑨ 劉熙載《藝概．文概》，頁四五。
⑥⓪ 同註㊴。
⑥① 陳澧《東塾集．復黃芑香書》（臺北，文海出版社，民國五十五年），卷四，頁二六六－二六七。
⑥② 王安石《王臨川全集》，卷七十一，頁四五二。
⑥③ 見《郁達夫散文》（北京，中國廣播電視出版社，一九九二年），上冊，卷二，頁一八八－一九二。
⑥④ 曾國藩〈復陳太守寶咸書〉，見《曾文正公全集》（臺北，世界書局，民國七十四年），一冊，頁四九。
⑥⑤ 李漁《閒情偶寄．戒泛浮》，頁二二。
⑥⑥ 劉勰《文心雕龍．熔裁》，頁五四三。
⑥⑦ 同註③，頁五八。
⑥⑧ 王安石《王臨川全集》，卷七十一，頁四五一。
⑥⑨ 彭端叔〈爲學一首示子姪〉，見《廣注論說文》（臺北，廣文書局，民國七十一年），卷三，頁十。
⑦⓪ 吳楚材《古文觀止》，見王文濡《評注古文觀止》，卷十一，頁四。
⑦① 蘇軾《蘇東坡全集．前集》，卷三十二，頁三八八－三八九。
⑦② 茅坤《唐宋八大家文鈔》（臺北，清文淵閣四庫全書本，故宮），卷二十四，〈李氏山房藏書記〉評。

⑬ 見《韓昌黎文集校注》，卷三，頁一二一。

⑭ 柳宗元《柳河東全集》，卷十九，頁二三一。

⑮《歐陽修全集·居士集》，卷十八，頁一三六。

⑯ 夏丏尊、葉聖陶《文心·觸發》（臺北，臺灣開明書店，未著出版年），頁八五。

⑰ 程千帆〈相同的題材與不相同的主題·形象·風格〉，見張伯偉編《程千帆詩論選集》（山西，山西人民出版社，一九九〇年），頁八四。

⑱《史記·太史公自序》，卷一三一，頁三三一二。

⑲ 李翺〈答朱載君書〉，見李翺《李文公集》（臺北，臺灣商務印書館，四部叢刊），卷六，頁二六。

⑳ 同註⑬，頁三六。

㉑ 錢基博《韓愈志》（臺北，華正書局，民國七十四年），頁一二三。

㉒ 同註⑬。

㉓ 見錢汝雯編《岳鄂王文集》（臺北，中國文獻出版社，民國五十四年），卷中，頁一三三。

㉔ 方苞《方望溪先生全集》（臺北，臺灣商務印書館，民國五十七年），第一冊，頁一。

㉕ 方苞四十六歲，三月時清聖祖命以白衣入值南書房；秋八月，直蒙養齋，編校樂律曆算諸書，見〈兩朝聖恩恭紀〉，《方望溪先生全集》，第四冊，頁四二。

㉖ 周敦頤《周濂溪集》，卷八，頁六八九。

⑰ 見陳奇猷校注《韓非子集釋》（臺北，華正書局，民國六十四年），下冊，卷十九，頁一〇四〇—一〇七八。
⑱ 《歐陽修全集·居士集》，卷十七，頁一二四、一二五。
⑲ 同註55，頁一〇二。
⑳ 陸蠡〈囚綠記〉，見秦賢次編《陸蠡散文集》（臺北，洪範書局，民國六十八年），卷三，頁一四〇—一四三。
㉑ 見《龔自珍全集》（臺北，河洛出版社，民國六十四年），第三輯，頁一八六。
㉒ 宋濂《宋學士全集》（臺北，新文豐出版社，民國七十五年），卷二十六，頁二五三。
㉓ 劉熙載《藝概·文概》，頁三〇。
㉔ 《歐陽修全集·居士集》，卷四〇，頁二七九。
㉕ 劉大櫆批語，見姚鼐輯，王文濡校註《古文辭類纂》（臺北，華正書局，民國七十二年），下冊，卷五十四，頁一三五三。
㉖ 見《歐陽修全集·附錄》，卷五，頁一三七〇、一三七一。
㉗ 蘇轍《欒城集》，卷二十二，頁一。
㉘ 見王文濡《古文觀止》，卷十一，頁三五。
㉙ 同註73，卷四，頁一六四、一六五。
㊿ 周振甫《文章例話》（臺北，蒲公英出版社，未著出版年），頁二四五。

(101) 劉熙載《藝概．文概》，頁一。

(102) 見《魏叔子文集．雜說》，第七冊，頁二九九二。

(103) 劉熙載《藝概．文概》，頁一二。

(104) 同註(71)。

(105) 同註(98)，頁二六。

(106) 《史記．魏公子列傳》，見《史記三家注》，卷七十七，頁二三七七—二三八五。

(107) 同註(63)。

(108) 《蘇東坡全集．前集》，卷三十一，頁三七七—三七八。

(109) 同註(98)，頁四。

(110) 劉開〈問學〉，見《孟塗詩文集》。

(111) 司馬光《司馬文正公傳家集》（臺北，臺灣商務印書館，民國五十四年）。

(112) 同註(98)，卷九，頁三七。

(113) 同註(15)。

(114) 同註(34)，卷十六，頁二〇〇。

(115) 諸葛亮〈出師表〉，見《全上古三代秦漢六朝文．全三國文》，三冊，卷五十八，頁四。

(116) 林覺民〈與妻書〉，見郭預衡、劉盼遂《中國歷代散文選》（臺北，五南圖書出版公司，民國八十年），頁七七七—七七九。

⑪⑦劉熙載《藝概・文概》，頁三八。

⑪⑧劉勰《文心雕龍・隱秀》，頁六三二。

⑪⑨黃侃《文心雕龍札記・隱秀》，頁一九一。

第五章　散文布局的鑑賞藝術

前　言

我國散文，文無定型，是一種自由馳騁的文學體裁。它好像一個多面的結晶體，不論說東道西，談天論地，或繪景抒情，明理言志，都可以冶於一爐，納於一章。創作時，任性而發，任情寫來，隨心所欲，「只覺著要怎樣寫，便怎樣寫了。」①「行於所當行」、「止於不可不止」，無拘無束，「隨變適會，莫見定準」②。但是散文篇幅短簡，或寫一人，或寫一事，或表達一點思想，無驚人故事，無離奇情節，無傳奇人物，要在短簡篇幅中，寫出叫人讀而不厭，甚至拍案稱絕的文章，非在謀篇布局上講究不可。可以這樣說，一篇散文，在很大程度上決定於布局的美。我國許多散文佳篇，高明的作者把匠心與布局技巧藏而不露，下筆行雲流水，自自然然，達到「得之於心，應之於手，有化工而無人力」③的爐火純青境地。看似「無人力」，實是慘淡經營的成果，不露形迹，絕不是不講求布局工夫。清劉熙載曾評莊子之文云：「看似胡說亂說，骨裏卻盡有分數。」④惲敬〈與舒白香書〉也指出：「觀古今之文，越天成越有法度。如《史記》，千古以爲疏闊，而柳子厚獨以潔許之。今讀伯夷、屈原等列傳，重疊拉雜，及刪其一字一句，則其意不全，可見古人所得矣。」⑤姚鼐也說：「文章之事能運其法者才也，而極其才者法也。古人有一定之法，有無定之法。有定者，所以為嚴密也；無定者，所以為縱橫變化也。二者相濟而不相妨。」⑥由此可知，文章渾然天成，不是無法，而是作者「從容於法度中」⑦，熟而生巧，融而能變，達到游刃有餘的高妙地步。而這裏的「分數」、「法度」、「法」就是指布局工夫。

何謂布局？就是文章的結構經營。散文結構自古以來又有「篇法」、「章法」、「謀篇」、「格局」、「法度」、「布置」等不同名稱。作家提煉思想觀點後，則需考慮謀篇大略，布局細端，表達連貫而完整的思想，以「彌綸一篇」，「雖千波百折，必能自成條理。」⑧而不講求謀篇，是為文大忌。近人劉師培認為：「古人作文最重文思。文思不熟，雖深於文者亦難應手，文至不應手時，即不免於雜湊。」⑨他所說的「文思」，就是指文章的布局技巧而言的。事實上，早在《易經》就有「言之有序」的觀念，但是當時尚未建立起文有法度的理論。及至梁朝劉勰始提出結構安排的具體成熟要求。他指出謀篇布局是附辭會義的重要手段。用它來「總文理，統首尾，定與奪，合涯際，彌綸一篇，使雜而不越者也。若築室之須基構，裁衣之待縫緝矣。」⑩這一說法為謀篇布局的理論架構奠立基石，後代文家莫不踵繼發皇⑪，是以「自古有文章，便有布置，講學之士不可不知也。」⑫

謀篇布局是散文的骨骼，又是散文內部組織形式，更是文學、思想、情愫的有形媒介。面對一篇篇散文，只從局部出發，當然難以獲得整體印象。閱讀時「觀文者披文以入情，沿波討源，雖幽必顯。」⑬，其中「披文」、「沿波」非僅限於文字的認讀，而應進一步登臨高處，放眼全文，探究其篇什布局結構。所以近人劉師培一再強調：「無論研究何家之文，首當探其謀篇之術。」⑭是故，正確解讀散文的謀篇布局，是了解其包藏使散文成爲「美文」的獨到祕密。

如何把握散文的謀篇布局呢？歸納起來主要可從布局的內容，布局的順序以及布局的技巧三方面探究。

第一節 散文布局的內容

散文的布局，是根據主題思想的需要，把材料進行合理的結構、組織，使「章多而不亂，辭衆而不散」，將篇章組織成一個「理圓事密，聯璧其章」⑮的有機體。因此，品賞時，對其布局內容，應要把握好如下幾個環節：理清線索、抓住文眼、指點過渡和照應、注意開頭和結尾、辨析標題。

一、理清線索

清袁枚在《續詩品》中指出：「穿貫無繩，散錢委地；開千枝花，一本所繫。」⑯如果說錢與花是散文材料，那麼繩與本就是散文線索。線索具有貫穿繁多材料，體現材料的內在聯繫，突出文章中心的作用。作者無論用何種方式，選擇多少材料，只要有目的的去表達中心內容，總按一定線索組織起來，如此才能做到「衆理雖繁，而無倒置之乖；群言雖多，而無棼絲之亂。」⑰不管是記人敍事，議論說明，還是抒情寫景，散文都有或明或暗，或主或次的線索，以統攝勾連整體，使文章井然有序，脈絡貫連。據此，在鑑賞那些結構工巧，內容豐富的散文時，注意線索，抓住線索，則能「玄識腠理，然後節文自會。」⑱也就是說能深切領會文章肌肉紋理，章節層次。所以，朱自清就強調：「讀一篇文章，最要緊的事是能找到線索。」⑲

由於作者構思巧妙不同，文體多姿，表達靈活，線索也會有相應變化。一般散文的線索，可以根據作品內容和作者立意的契合點來研析，選取出最能體現內在聯繫，貫穿全篇的線索，它可以是某一句話，某一物品，或某一事件，更可以是單線或複線等等。像《史記·廉頗藺相如列傳》⑳全文所寫「完璧歸趙」、「澠池之會」、「廉藺交歡」三個事件，三個事件各具首尾，具有獨立性，但三者合起來爲一篇完整作品，這就是因爲文中以秦、趙二國的衝突與廉藺二人的對立事件爲線索，完成全篇內在聯繫。

韓愈〈獲麟解〉㉑一曰：「皆知其爲祥也」，二曰：「不可知其爲祥也」，三曰：「則其謂之不祥也亦宜」，四曰：「麟之果爲不祥也」，末曰：「則謂之不祥亦宜也」，全篇在「祥」與「不祥」間做文章，「祥」與「不祥」實爲全文線索。蘇軾〈赤壁賦〉㉒雖然遊的是假赤壁，寫出來卻是膾炙人口的作品。文中以「清風徐來」、「月出東山」的清風明月與起思古之幽情，引出對宇宙人生的看法，全文以「風」「月」二物，在結構上飛針走線，作法變化曲折多端。

〈鄒忌諷齊王納諫〉㉓中的三問：「我孰與城北徐公美」、「吾孰與徐公美」、「吾與徐公孰美」等句，以問句爲線索。現代作家冰心的〈笑〉㉔，文中用「安琪兒」、「兒童」、「老婦」三幅「向我微微的笑」的畫面綰合一起，以一個「笑」字貫通意脈，以表達其愛的哲學。而姚鼐〈登泰山記〉㉕以泰山「雪景」爲貫穿全文的線索，篇中以雪景始，雪景終，處處扣緊雪景來描述，並以雪景塗抹山川絢麗色彩，產生渲染效果。歐陽修〈醉翁亭記〉㉖一文的外在線索是：點出亭—亭外景—亭中宴—離亭醉歸；內在線索是：總點樂—賞景之樂—宴酣之樂—醉歸之樂。全篇意若貫珠，言爲合璧，波瀾起伏，天衣無縫。

有的文章線索一貫到底，有的則旁枝逸出，有的是時空交織，情物結合，幾種線索縱橫交織，和諧交凝，構成完整統一的作品。據此，領悟了文章的線索，理清了作者的思路和文章的脈絡，也就掌握了散文的藝術特色，才能產生美感與共鳴。

線索是作品材料的聯繫和作者構思藝術的綜合，形成散文有機整體的重要因素。《藝概》云：「惟能線索在手，則錯綜變化，惟吾所施。」㉗這告訴我們，縱然作者組織題材多種多樣，構思巧妙不同，筆法千變萬化，但把握住線索，則有助領略其結構千岩萬壑，重巒複峰之變化，而步入勝境，走進賞心悅目的天地。

二、抓住文眼

《神異記》載：「張僧繇嘗於金陵安樂寺畫四龍而不點睛，云：『點之則飛去矣』，人以爲妄，固請點之。須臾，雷電破壁，見二龍飛去。未點睛者如故。」㉘此雖傳說，卻生動地反映出點睛之筆的重要。畫龍如此，賦詩作文亦然，往往有傳神的一字或一句，詩文便通篇活潑，遍體光輝。那傳神的一字一句，即稱之爲詩眼或文眼。有詩眼，則可使詩意深化，妙趣橫生。有文眼，則可使文情並茂，氣象萬千，產生動人的藝術魅力。所謂「文眼」，就是最能顯示文章內涵眞諦的最關鍵的字句。從藝術含義上說，「文眼」是散文謀篇布局的焦點，也就是全文最精彩耐人尋味的地方，成爲經緯全篇的眼目。文章有了它，往往文意爲之一振。「文眼」在何處？劉熙載指出：「或在篇首，或在篇中，或在篇末。在篇首則後必顧之，在篇末則前必注之，在篇中則前注之後顧之。顧注抑所謂文眼者也。」㉙這是說，「文眼」在作品中並無固定的位置，可在篇首，樹立觀點；或在篇中，前顧後注，統綰全篇；或在篇末，深化題旨。各施其長，唯適而已。可見「文眼」不管其位置如何，均屬「居要」地位，即是設在文章筋脈的關鍵處，成爲牽動全篇的凝聚點。而「文眼」的作用，正如劉禹錫所說：「片言可以明百意，坐馳可以馭萬景」㉚明百意是指思想內容上籠罩全篇，馭萬景是指結構上網絡全文。有了它，文章便產生凝聚力，架起堅實的支柱，將全部材料像珠璣似的串結一個整體。透過「文眼」的引路，可以俯瞰全局，統攬全文情脈，深入體會文章主旨。好的文眼，作者不僅下字準確生動，甚至能收到「一字窮理，定全篇主腦；片言居要，連通體經絡」的藝術效果。以下從三方面作說明。

㈠**篇首立眼，領起全文**。朱自清〈荷塘月色〉，開頭一句：「這幾天心裏頗不寧靜。」㉛就是文章的文眼，這個文眼領起全文，收舉綱張目之效。抓住這個文眼，就抓住了全文的神。作者抒發「在這蒼茫的月下」，覺得自己「是個自由的人」，「像超出了平常的自己」的感慨；在欣賞荷塘的靜美時，流露出淡淡的喜悅與淡淡的哀愁，這些都是「心裏頗不寧靜」的折射。篇末惦念起江南採蓮情景，卻指稱「已無福消受」這種趣事，隱約透露現實的動蕩，激起了作者內心的漣漪。荷塘的靜謐，與作者內心的「不寧靜」相反相成，反映出作者對當前現實社會的不滿，想超脫又無法超脫的苦悶。可見「這幾天心裏頗不寧靜」這個「文眼」，對全文各個部分，「左提右挈，精味兼載」，具有凝聚的功用。

劉禹錫〈陋室銘〉㉜一文，以「惟吾之德馨」的「德馨」作爲文眼。全文開頭以山水襯托，蜿蜒引出陋室，描寫陋室環境，往來客人，主人志趣，突出德爲室之主宰，陋室因吾德而芳馨，顯現氣魄非凡，充滿自信，給人無窮的回味和深刻的啓示，具有舉足輕重的意義。

㈡**篇中藏眼，貫穿一線**。王安石〈遊褒禪山記〉㉝一文寫作者經過遊洞艱險曲折之後的體會，由遊洞而萌發關於人生世事的哲理聯想。篇首寫遊山探勝，卻因失諸檢察，功虧一匱，半途而返，處於「未能極夫遊之樂」的懊惱心境時，作者別具慧眼，筆鋒陡然一轉，以「而世之奇偉、瑰怪、非常之觀，常在於險遠，而人之所罕至焉，故非有志者不能至也。」爲文眼，引出一大篇烟波浩渺的議論，逼出「志」、「力」、「物」三者關係，大處落墨，爲下文蓄勢張目，說明兩個道理：一是不畏險遠，一是深思愼取，將遊歷的感想升華到精深見解。作者未盡的遊興在議論中得到宣洩，強烈的感受在議論中盡情吐露，全篇神充氣足滴水不漏，實得力於篇中設眼，前後勾連，顧映生姿，誠所謂「逸興滿眼，餘

音不絕。」㉞

劉基〈賣柑者言〉㉟篇中的「欺」字是「一動萬隨」的凝聚點。文章開頭盛贊藏柑技巧，渲染柑果色澤，烘托柑果名貴，及至筆峰隨轉，著一「欺」字，揭出其「金玉其外，敗絮其中」的本相，既歸納了前文，也爲下文發端引緒，讓賣柑者反客爲主，慷慨陳詞，眞可謂金針巧度，一言窮理，既照映全篇，又極盡開闔變化。

㈢**篇末設眼，總括全文**。柳宗元〈捕蛇者說〉㊱篇末的「賦斂之毒有甚是蛇」，統攝全篇，聚集了全文的「神光」。文章開頭用奇異反常的「永之人」爭捕毒蛇的現象，設置懸念，暗指「賦斂之毒有甚是蛇」；中間以蔣氏三代捕蛇當租稅爲樂，以具體事實指陳「賦斂之毒有甚是蛇」；末尾以聯想孔子語「苛政猛於虎」，直指「賦斂之毒有甚是蛇」。不難發現，篇末文眼，連通體經絡，文章步步深入，待到收篇，由反而正，千思萬緒，繫於一點，結構嚴謹而富於變化，搖曳多姿。

朱自清〈冬天〉㊲一文，寫冬夜裏三件事：一是少時與父兄們一起圍坐桌邊煮豆腐吃；二是十多年前與三位友人在西湖泛舟，意興酣暢；三是與妻在世時，一家人四口在台州過冬，天雖寒冷，但「家裡卻老是春天」，而文末更指出：「無論怎樣冷，大風大雪，想到這些，我心上總是溫暖的。」三幅畫面，表現出父愛、友情、夫妻愛，寒中見暖，而「溫暖」則爲本篇「文眼」，韻味淡遠，不留痕迹。

文眼乃「神光所聚」㊳，它必須照映前後，它的位置移於何處，則焦點集中於何處，它一動則引起全篇的開闔變化，使得通體生輝。雖然強調文眼，並不等於說凡作品必有「眼」，好的作品，會令人覺得全篇精彩，字字珠璣，反而不見其特別之眼。因此，品賞散文時，不能以有眼或無眼爲標準、爲條件。一篇散文不是非有「文眼」不可，但是精美的「文眼」，確實會增強作品韻味，傳遞篇章精神，啓思考，開心智，感情懷，讓人再三反芻品味，在讀者心中留下深遠的印象。

三、指點過渡和照應

過渡，古人稱作「過文」，是層次與層次，段落與段落之間的橋樑。劉勰《文心雕龍・章句》云：「原始要終，體必鱗次」㊴就是強調段落、層次間的銜接轉換，要像魚鱗般排列有序。針線緊密，搭舟引渡，才能使讀者順利由此岸達彼岸，否則「一節偶疏，全篇之破綻矣。」㊵文章哪些地方需要過渡？一般遇到：內容轉換交接處，或敘述方法轉變，或表達方式變動等等情形需要過渡。過渡常用詞語、句子或段落等，使上文關照下文，或是銜接上下文，使各部分間不會游離脫節，而能緊密貫連，文氣暢通。唐彪在《讀書作文譜》中就說：「過文乃文章筋節所在。已發之意賴此收成，未發之意賴此開啓。此處聯絡最宜得法，或作波瀾用數語轉折而下，或止用一二語直截而渡。」㊶綜觀古今名作佳篇，過渡的表現約有下列幾種情況：

㈠以內容關係為過渡。〈鄒忌諷齊王納諫〉一文，第一段說明妻、妾、客皆以爲徐公美；第二段說明妻、妾、客何以說「美於徐公」。從結構上看，此兩段的過渡，是以內容的因果關係爲主要依據。第三段寫諫告齊威王所受的蒙蔽，第四段寫納諫的效果，此兩段是依遞進關係過渡，由家庭個人區區小事，引出關乎社稷存亡的大計，過渡全不露刀斧針線痕迹。此外，全文在段與段之間的過渡，也十分考究。第二段與第三段之間用了一個「於是」，第三段與第四段之間用了一個「乃」字，使全文從內到外，從頭到尾，互相銜接，結構嚴密。

㈡**以詞銜接過渡**。歐陽修〈醉翁亭記〉第一段寫醉翁亭所處地理位置及得名由來，第二段寫滁山朝暮變化和四季不同景色。從第一段亭的敘寫過渡到第二段山的描繪，其過渡用「若夫」一詞承上啓下，開宕文意。第三段寫遊人，從第二段山景，過渡到遊客，其使用「至於」，轉進一層，別開洞天。第四段寫太守，從遊客過渡到太守，文中用「已而」一詞，表時間之速，筆鋒直轉而下，與第一段結尾呼應，收得水落石出的效果。作者用虛詞領起各段，結合作者感情發展，不僅文意分明，次第井然，而且造成層層推進，步步深入之勢。

㈢**以句銜接過渡**。蘇洵〈管仲論〉㊷評價管仲，闡發拔擢人才的重要性，首段敘述管仲生前死後齊國興亂史實。以下以「夫功之成，非成於成之日，蓋必有所由起；禍之作，不作於作之日，亦必有所由兆。」一句過渡，承前啓後，由敘述轉為議論，假如沒有這一過渡，前後兩部分間的銜接就顯得太突然，兩者的對比難以和諧。

㈣**以段銜接過渡**。郭沫若〈杜鵑〉㊸一文，前三段列舉人們對杜鵑的鍾情與贊美，把它譬為「愛的象徵」。然後用「然而，這實在是名實不符的一個最大例證。」一段過渡，內容一轉，引出杜鵑本來不美的外形，專橫而殘忍的習性，及欺世盜名的本相，順利從上文通向下文，使文章脈絡的進展和變化，顯得自然而連貫。王安石〈遊褒禪山記〉，在寫完遊洞之後，緊接著寫道：「於是余有嘆焉。古人之觀於天地、山川、草木、蟲魚、鳥獸，往往有得，以其求思之深而無不在也。」這是一段過渡，作者心路轉換，表達方式變動，由寫遊山轉成寫治學，由於這一段的過渡，連綴文意，貫通文氣，順理成章，文章主旨闡發更見深刻。

如果過渡是相鄰兩個層次的勾連，照應則顯現相隔較遠層次的關連。照應是行文時，對前面內容的顧及和回應，上下文互相呼應，前面提到的事，後面有著落；後說到的內容，前有交代或暗示，兩相響應，文生絢彩，眞可謂「前能留步以應後，後能回應以應前，令人讀之，眞一篇如一句。」㊹值得注意的是：照應不是後文對前文的簡單重複，而是補充、發揮，進一步發展，是借回顧出新意的。

一般說來，照應的情形，有如下幾種：

㈠**首尾照應**。在多種多樣的照應中，最常見、最普通的首推首尾照應。林嗣環〈口技〉㊺開頭云：「京中有善口技者，……口技人坐屛障中，一桌、一椅、一扇、一撫尺而已。」道出道具之簡。結尾重現場景：「撤屛視之，一人、一桌、一椅、一扇、一撫尺而已。」首尾照應，映襯出口技表演場面繁雜熱鬧和表演者技藝高超。朱自清的〈綠〉㊻一開始便抒發對梅雨潭的綠的驚詫贊美之情：「我第二次到仙岩的時候，我驚詫於梅雨潭的綠了。」文中工筆描繪那「奇異的綠」、「醉人的綠」，結尾作者不禁引吭高唱：「我第二次到仙岩的時候，我不禁驚詫於梅雨潭的綠了。」結尾比開頭增加了「

不禁」二字，進一層突出梅雨潭綠的動人，使作者贊嘆之情表達更爲強烈，也由於結尾略有變化的語句，強化篇首語意，促使讀者產生認識上的飛躍。「文章應宛轉回複，首尾俱應，乃爲盡善。」㊼可見，文章起落兩筆相呼相應，賦予文章圓合之美，不僅攬括全文，更能突出文旨，給人留下深刻感受。

㈡**前後內容照應**。前後照應又稱前伏後墊，是面的照顧回應。王安石〈遊褒禪山記〉，第一段提到有碑仆道，其文漫滅，以致謬傳花山爲華山。這些文句並非「閑文生趣」，而是爲下文議論的張本。文末寫道：「余於仆碑，又悲夫古書之不存，後世之謬其傳而莫能名者，何可勝道也哉！此所以學者不可以不深思而愼取之也。」從仆碑以訛傳訛的情形，引申到社會上輾轉訛誤，相沿失實的普遍現象，由此引出「深思愼取」的重要性。內容前後映照，十分深刻。《戰國策．荊軻刺秦王》㊽中寫燕太子丹爲復國仇，選派荊軻，力挽狂瀾，扭轉局勢，通過「私見樊於期」、「易水送別」、「秦廷行刺」等情節鋪寫，氣氛悲壯，激動人心。但是回顧開篇燕太子丹至秦亡歸後，即與太傅鞠武共謀刺秦事，鞠武諫曰：「奈何以見陵之怨，欲批其逆鱗哉？」「……願太子急遣樊將軍入匈奴以滅口，請西約三晉，南連齊楚，北講於單于，然後乃可圖。」鞠武深知鋌而走險，一朝失敗，必速燕國之禍。秦王、荊軻等人物，都緊緊地繫在這前伏後墊上，兩相照應又互不干擾，收到了引人入勝的悲劇效果。作者千里來龍至此結穴的文筆，不露鑿痕。全文「自有灰線蛇踪，蛛絲馬迹，使人眩其奇變，服其警嚴。」㊾文章內容在前後照應中，脈絡清晰，使全篇內容材料有所附麗和歸依，增強各層次的向心力。

㈢**文題照應**。文題照應即所謂「照應題目」。朱自清〈背影〉㊿一文，是把父親的「背影」作爲全文核心來描寫，背影在文中出現四次。文章開篇設疑——點背影；望父買橘——寫背影；父子分手——哭背影；結尾思念——扣背影。父親背影的反複出現，既緊扣了文章的主題，又強化了主題，眞切地表現出父子之間濃厚感情。柳宗元〈始得西山宴遊記〉51，是一篇緊扣題目的好文章。作者以首段末尾：「未始知西山之怪特」一句，引出西山，點題中的「得」字，「未始知」從反面切題。其後「引觴滿酌，頹然就醉」應題中的「宴」字。用「漫漫而遊」「遊於是乎始」點題中的「遊」字。用「故爲之文以志」照應題中的「記」字。文題處處照應，絲絲入扣，點明作者放情山水的目的是爲獲得精神陶冶和解脫。可見，文題照應，既可扣題，又能突出立意。

㈣**伏筆照應**。伏筆照應，是指前有預伏，後必照應，是點的照顧回應。曾鞏〈墨池記〉52文中述及王羲之嘗臨池學書，「池水盡黑」，這是王氏刻苦專一習書的明證，此句牽一動萬，與下面所指「晚乃善」、「精力自致」、「非天成」、「學固豈可以少哉」處處回顧照應，有如「東雲出鱗，西雲露爪」，主旨逐步明朗而深化。「池水盡黑」是作者不露聲色地埋下的伏筆，讀者往往未能察覺，直至最後讀了照應之筆，才知前面閑筆不閑，正是作者匠心所在。這種領悟與回味所帶來的愉悅是極其難忘的。蘇軾〈教戰守策〉53一文是針對北宋軟弱苟安和士大夫絕不言兵的危險，闡明教民講武的重要意義。第一段末尾云：「今不爲之計，其後將有不可救者」，第五段提出教戰守的具體措施，正是作者提出挽救他日之危的今日之計，可以說是從此句生發出來的。前有伏筆，後有呼應，就使文章內在的邏輯聯繫更加緊密。林紓《畏廬論文》中云：「無意閱過，當是閑筆，後經點眼，才知是有用者。」54

伏筆的使用，在伏而不露，勾前聯後，使得文意跌宕起伏，結構嚴整，增強藝術感染力。

四、注意開頭和結尾

散文的開頭和結尾，猶如「附萼相銜，首尾一體」⑤，在結構藝術中，占著重要地位。如果開頭主要是爲了讓文章眉目鮮明，那麼結尾就是全文情意的集中顯現。好的開頭，有如春天初展，鮮花含露，令人一見鐘情；好的結尾，有如咀嚼橄欖，品嘗香茗，讓人回味再三。

㈠開頭部署

唐彪《讀書作文譜》中云：「一篇機局扼要」，全在「文之發源也」，「此處若能得勢」，則後「皆有力」⑥。好的開頭，使作者「筆機飛舞，墨勢淋漓」⑦。可見開頭的重要。古今佳篇，開頭有種種方法，概括起來，大致有以下主要幾類。

1.開門見山，入手擒題。李斯〈諫逐客書〉⑧一下筆，就尖銳指出：「臣聞吏議逐客，竊以爲過矣。」言簡意豐，直指敵論，鋒芒畢露，文勢奪人。南宋李淦《文章精義》譽爲：「李斯上秦始皇逐客書起句，至矣，盡矣，不可加矣。」⑨這個開頭，一語點題，大氣包舉，布罩全篇，成爲千古雄文。無怪乎梁啓超論文章開頭指出：「文章最要令人一望而知其宗旨之所在，才易於動人。……作文時最好將要點一起首便提出，次則早點提出。」⑩

2.引用典故，寓理於事。文章借用寓言、故事、傳說等開頭，促人類比、聯想。韓愈〈馬說〉⑪

開篇云：「世有伯樂，然後有千里馬。」以《戰國策·楚策》中伯樂和千里馬故事融化而出，巧妙的把人才和識別人才寓寄其中，發人深思。

3.曲徑通幽，渲染氣氛。爲渲染文勢，烘托主題，先以場面或景物描寫開篇。歐陽修的〈醉翁亭記〉本來寫的是與人同樂中，自賞政績，但開頭「環滁皆山也」卻寫的是山水之美，遊人之樂，與開門見山正好相反，是開門布雲，實具有異曲同工之妙。

4.奇句奪目，氣勢磅礴。蘇軾〈潮州韓文公廟碑〉㊷起句不凡：「匹夫而爲百世師，一言而爲天下法。」準確地評價韓愈，來勢勇猛，突兀崢嶸，讀之令人振聾發聵，韓愈的形象，一開頭便樹立在人眼前。杜牧〈阿房宮賦〉㊸起筆：「六王畢，四海一，蜀山兀，阿房出。」先聲奪人，動人心魄，深刻的概括性和歷史感，精煉對仗的三字句，讓人暗生驚嘆。此類開篇或偶句陡起，或排句迭來，氣勢赫赫，令人魂悸魄動，極富感染力。

5.下筆敘事，簡要交待。開篇據題先作簡明扼要交待，隨即入事，乾淨俐落。柳宗元〈捕蛇者說〉：「永州之野產異蛇。」起筆平實自然，並無驚辭奇意，但是沒有開頭藏鋒不露，哪有收尾的脫穎而出？事實上深意卻正從此隱隱而生。這種無特色處見特色的風神，即是其特色。另外像李白〈與韓荊州書〉㊹的開頭云：「生不用萬戶侯，但願一識韓荊州。」借用士人的交口贊譽，點出韓朝宗的顯赫聲望，既可表明自己的仰慕非空穴而來，又避免了阿諛奉承之嫌，實可說是語出自然而文出奇。

6.比喻入題，歸到本題。比喻開端，可使事物或道理，說明更形象、更具體、更透徹，增強文章的生動性。魏徵〈諫太宗十思疏〉⑮開篇云：「臣聞求木之長者，必固其根本；欲流之遠者，必浚其泉源；思國之安者，必積其德義。」連用比喻，形成排比，領起全篇，導出全文立意根基。

7.設問起句，引帶下文。開頭設置疑難問題，可造成懸念，在心理上牢牢抓住讀者，如一石投水，頓起波瀾。蘇軾〈教戰守策〉開頭云：「夫當今生民之患，果安在哉？」以設問句引出問題，造成懸念，引人思索，並為下文陳述政見，獻計獻策，作了很好的準備。

8.反面拍題，刻意求新。柳宗元〈賀進士王參元失火書〉⑯開篇云：「得楊八書，知足下失火災，家無餘儲。僅始聞而駭，中而疑，終乃大喜。蓋將弔而更以賀也。」作者聞災而賀，令人驚愕，出人意外，但正像《古文觀止》中所贊：「聞失火而賀，大是奇事，……取徑幽奇險仄，快語驚人，可以破涕為笑！」⑰

迤邐說來，已有琳琅滿目之感。文章開頭，因文而異，各攬其勝，各呈異彩。但好的開頭，必須胸懷全局，恰到好處領啓全篇，把讀者引入作品。

㈡結尾設置

文章有起必有收，結尾的意義絕不亞於開頭。有善始而無善終，則會「為山九仞，功虧一簣」，《文心雕龍》說：「若首唱榮華而媵句憔悴，則遺勢鬱湮，餘風不暢。」⑱就是這個道理。所以，劉勰鄭重指出：「結言端直，則文骨成焉。」⑲結尾好，方稱佳構。縱觀古今優秀文章結尾，多種多樣，歸納說來，有以下主要數種：

1.卒章顯志，篇末點題。柳宗元〈種樹郭橐駝傳〉⑳由橐駝種樹，娓娓敍來，待到篇末云：「吾問養樹得養人術，傳其事以爲官戒也。」一篇結穴，點明主旨，體現精神命脈。賈誼〈過秦論〉㉑全文析秦亡之因，作者誘發讀者，隨其曲折之筆，逐步前進，直至篇末，轉入議論曰：「仁義不施，而攻守之勢異也。」一語擔得千鈞，成爲點睛之筆，讀至篇末才能識其精髓所在。

2.照應開頭，結構圓合。蘇洵〈六國論〉結尾云：「夫六國與秦皆諸侯，其勢弱於秦而猶有可以不賂而勝之勢，苟以天下之大，下而從六國破亡之故事，是又在六國下矣。」收筆照應起筆，文意豁然貫通，顯現出結構的精嚴完整。

3.設問作結，強化情感。范仲淹〈岳陽樓記〉㉒由事、景、物中生發生「先天下之憂而憂，後天下之樂而樂」的遠大抱負，結尾用問句：「微斯人，吾誰與歸？」表達向「古仁人」學習的堅定志向。語氣強烈，啓人尋思。

4.層進開拓，辭意不盡。杜牧〈阿房宮賦〉結尾分析秦亡的教訓，以古鑑今，以「哀」字作結，是全文的歸納和深化，開拓出新意，震撼人心。

5.餘波盪漾，啓人聯想。〈鄒忌諷齊王納諫〉結尾指出諸國「皆朝於齊，此所謂戰勝於朝廷」，文脈落穴，結尾如繞樑餘音，綿綿不絕。蘇軾〈留侯論〉㉓一文以「忍」字爲中心，層層論證張良因能忍，以就大事。結尾於曲折變化後生發餘音：「太史公疑子房以爲魁梧奇偉，而狀貌乃如婦人女子，不稱其志氣。嗚呼！此其所以爲子房歟？」餘味無窮，以張良形象爲喻，寓至理於淺顯，使讀者在此結語處產生豐富聯想，使文章顯得別有風味。

歷來文家一再強調：「一篇之妙，在乎落句。」⑭即是因爲它關係到篇章思想感情是否長留人心，是否讓人回味而得到啓迪。好的結尾，常常使人「執卷留連，若難遽別」⑮，久久不忍釋卷，產生豐富聯想和想像，甚至拍案喟嘆，感慨萬端。

五、辨析標題

「顧長康（即顧愷之）畫人，或數年不點睛。人問其故？顧曰：『四體妍媸，本無關於妙處；傳神寫照，正在阿堵中。』」⑯「阿堵」即眼睛，從某種意義上說，文章立標題，相當畫家給筆下人物「畫眼睛」。《說文解字》云：「題者，額也。」；「目者，眼也。」⑰題目是一篇文章的前額和眼睛，統師全篇內容；它更是篇章的窗口，不僅能折射文章結構特色，還能顯現文章的精神和風采。可見，辨析文章標題理解篇章大有裨益。散文標題常見的方法，主要有以下幾種：

㈠**概括內容或題材範圍**。有的題目提示出文內容，如〈鄒忌諷齊王納諫〉，內容一是鄒忌諷齊王，一是說齊王納諫，兩部分相互依存，文章題目，十分準確，有助引導讀者理解文章神韻。有的題目，突出文章中心人物，或中心事件，或時空範圍，如朱自清〈背影〉，透過中心人物父親的背影，突出父親神貌及一片至情，至爲傳神。〈燕昭王求士〉文題中突出君主之尊的燕昭王，謙恭屈曲，求士師賢的事件過程。蘇軾〈赤壁賦〉由於身處逆境，秋夜泛舟，爲排遣苦悶心緒，題中緊扣「赤壁」一地，表達人世幻變的情思，獨具特色。張岱〈西湖七月半〉是以七月半為時間範限，追憶杭州西湖當地的風俗世情，構思巧妙。

㈡**揭示文章主題**。有的題目，明白概括了主旨。像賈誼〈過秦論〉，以「過」字突顯全文主題，頗具匠心。司馬光〈訓儉示康〉以崇尚儉僕節約為主題，告示兒子司馬康作為治家的借鑑，令人警悟。其他像梁啓超的〈敬業與樂業〉，韓愈的〈原毀〉，錢公輔〈義田記〉等都是明確揭示主題的例子。有的題目，雖非明確揭出主題，但暗中已寓含主旨。歐陽修〈秋聲賦〉，標題以物為喻，生動形象，在一定程度上暗示文章的主題。方孝孺〈指喻〉題中以指病為喻，暗喻國政，亦是其例。其他像陶淵明〈五柳先生傳〉、韓愈〈馬說〉、歐陽修〈五代史一行傳〉、龔自珍〈病梅館記〉等等，都是這類佳例。

㈢**提示文章體裁**。有的題目帶有文體標幟，明顯反映出文體特徵，如柳宗元〈小石潭記〉、蘇轍〈黃州快哉亭記〉、歸有光〈項脊軒志〉等，其中「記」、「志」等字提示的常是記敘性文體；歐陽修〈縱囚論〉、韓愈〈師說〉、張爾岐〈辨志〉等，其中「論」、「說」、「辨」等字提示的常是說理性文體；李密〈陳情表〉、李白〈與韓荊州書〉、韓愈〈送孟東野序〉、魏徵〈諫太宗十思疏〉等，其中「表」、「書」、「序」、「疏」等字提示的常是實用性文體。

㈣**增強文章吸引力**。有的題目，奇特警醒，先聲奪人，懾人心魄，令人產生強烈閱讀欲望，如《國語·叔向賀貧》，貧與賤，人情之所惡，但文題中卻一反常情，叔向以貧賀人，出人意表，極吸引讀者。柳宗元〈賀進士王參元失火書〉，以賀災達弔災之情，十分新穎別緻。有的題目具有引申、比喻、象徵意義，托物詠志，寓意深刻。如柳宗元〈蝜蝂傳〉，爲善負小蟲作傳，實以物喻人，比喻那些貪婪成性，慾壑難塡之人，其識見和作爲與蟲同。冰心〈櫻花贊〉，表面描寫日本櫻花溢彩流光的神貌，實是用以象徵日本人民的覺醒和中日間的友誼，贊頌他們像櫻花般燦爛輝煌，意境新美。有的題目詩情畫意，引人遐想，像朱自清、俞平伯同題之文〈槳聲燈影的秦淮河〉，以婉轉優美的景象，攫住讀者的心，順利進入如詩之境中，極富藝術魅力。

由於作者的深思之，巧出之，標題始能「眉清目秀」地立於讀者面前，讓人一見鍾情，一睹爲快。所以題好文一半，題目反映了作者構思立意的用心，增強了文章的整體感。題目的勾眉點睛是一種藝術，值得我們深長探究。

第二節　散文布局的順序

劉勰說：「裁章貴於順序」⑱，陳澧也說：「有意矣，而或不只有一意，則必有所主。猶人身不只一骨，而脊骨爲之主，此所謂有脊也。意不只一意，而言之何者當先，何者當後，則必有倫次。既只有一意，而一言不能盡意，則其淺深本末又必有倫次，而後此一意可明也。……若倒置之，則謬矣。……此所謂有倫也。」⑲安排材料先後的方法就是「順序」，也就是陳澧說的「倫」。一篇散文，貫穿始末的有三個方法，即主旨、線索、順序。其中主旨決定材料取捨；線索處理材料銜接；順序安排材料先後。散文汪洋開闔，儀態萬千，在不經意中見法度，在瀟洒中有規矩。其內部必有一個嚴密的收放、吐納、腹藏萬機的布局順序，以創造出其富有個性的結構美。散文布局的順序，概括來說有以下幾種方式。

一、時空順序

即隨著時間的推移或空間的轉換爲順序，展開有頭有尾，次序井然的敘寫。以時間發展的順序，又稱爲縱式結構，這類篇章常按時間先後，或事情的發生、發展、結尾的規律安排文章結構，是最常用的布局方式。《左傳．曹劌論戰》⑧⓪寫齊魯長勺之戰，「十年春，齊師伐我，公將戰」第一段展現戰爭序幕及戰前曹劌求見莊公；第二段寫曹劌對戰前準備工作的考慮；第三段寫戰爭進行過程，曹劌選擇進攻與進擊的時機；最後寫戰後曹劌對戰勝原因的剖析，各部分依時間順序銜接，步步深入，清楚呈現戰爭始末。《古文觀止》吳楚材評曰：「未戰考君德，方戰養士氣，既戰察敵情，步步精詳，著著奇妙。」⑧①洵爲不誣！

空間順序又稱橫式結構，這類篇章主要根據空間變換，或遠近，或內外，或上下，或前後，或左右，或由局部到整體等，使之結構井然。運用這種布局順序，要注意它的觀察方式：一是固定觀察，是觀察位置固定在某一處，變換觀察的方向或角度來描寫不同方位的對象。如魏學洢〈核舟記〉⑧②，作者以空間方位轉換變化為序，分若干側面來觀察，先寫船艙，次為船頭，再寫船尾，後寫船背，逐次展示了核舟精美景象，最末總寫舟中人數、物數及所刻對聯篆文字數。二是移動觀察，是觀察點不斷移動，所寫對象隨之不斷轉換變動。像歐陽修〈醉翁亭記〉先寫全景「環滁皆山也」，接著視線轉向「西南諸峰」，再轉至「瑯琊山」、「釀泉」，最後引出「醉翁亭」，由面到點，由遠到近的層層遞進，移步換形依次寫來，達情致意，美不勝收。

二、邏輯順序

即安排材料不受時空限制，而以材料內容為準，依據事物內部聯繫關係，如總分、並列、遞進、對照等來安排順序。荀子〈勸學〉⑧³一文，以總起分述結構來寫。「學不可以已」是中心論點，以論點統攝全篇要旨。為了論證這個論點，以下用三個並列的分論點，從不同的角度圍繞中心論點展開說理：一是闡述學習的重要性，二是講求學習的正確方法，三是學習應有的態度。三個分論點則是依遞進順序安排的，因為首先把學習的重要意義闡述清楚，才會令人對怎樣學習的問題發生興趣。明白學習意義和正確方法後，還必須注重學習態度。全文層層連鎖，步步推進，順理成章。

宋濂〈送東陽馬生序〉⑧⁴，全文以先分後總方式來安排。作者先歷述少年時代求學種種艱辛情況，再述說現實太學生求學種種優越條件，最後點明題旨，落實馬生身上。文中先從不同角度表達中心主旨，再歸納總結，由賓入主，懇切周至。

韓愈〈原毀〉⑮一文，緊扣「毀」字，以對照式結構行文，全文主要內容可以分成正、反和總結三大段。首段言古之君子責己待人態度，說明古之君子「不怠」、「不忌」，所以「不毀」；第二段言今之君子責己待人態度，由於「怠」與「忌」，所以「多毀」；第三段推論出「毀」之根源在「怠」與「忌」。通過古今君子兩相對比相映，以突出其觀點的正確性。

三、心境順序

即側重作者直接主觀感受、心理變化、情緒波動、認識順序等來組織內容。朱自清〈荷塘月色〉，作者一面描寫荷塘各種景色，或「寧靜」，或「熱鬧」；一面展現內心情緒，或哀愁，或喜悅，相互交錯，跌宕生發。時而作者的情感因「受用這無邊的荷塘月色」，沉浸在「另一世界裏」，而喜悅；忽而又因景象的「熱鬧」，感到無法超脫，而含愁不安。繼而又爲〈采蓮賦〉中的熱鬧情景而沉緬，俄而又爲尋求超脫，「惦念江南」，而不安叢生。這種幻求超脫又無法擺脫的心境貫穿全文。

余光中〈聽聽那冷雨〉⑯，作者筆下展現出一幅潮潤又淒迷的冷雨，以「一滴濕濕濡的靈魂」貫穿全文，時而從少年到暮年，時而從祖國到異國，爲世事而感，爲人生而嘆，淋漓盡致地抒發這一顆「濕濡濡的靈魂」，萍寄蓬飄的一生，忽而有冷調的夢幻，忽而有深沉的激情，更有人世滄桑，永遠無法挽回的無奈感。悲愴而沉重，其中的歷史感、現實感及當代感，均由此心境折射而出。

可見，好的文章，其內部都有個合理又嚴密的邏輯性和條理性的結構。品賞散文時，揣摩作者的布局謀篇順序，循序漸進地咀嚼其中內涵，才能對「只可意會，不可言傳」的微言妙旨，心領神會，產生共鳴。

第三節　散文布局的技巧

平鋪直敘，一覽無餘，讀之令人生厭，是散文的一大忌。所以，作者在有限的篇幅中，想表達更多的內容，則須講究橫雲斷嶺，峰回路轉，揉直使曲，疊單使複的行文展勢技巧。劉勰就說過：「才之能通，必資曉術」，「執術馭篇，似善奕之窮數；棄術任心，如博塞之邀遇。」⑻說明善於駕馭恰當的布局技巧，才能增加內容的藝術表現力。散文錯綜其勢，曲盡其妙的布局技巧，縱橫變化，不勝枚舉。以下擇其要，分析幾種常見的技巧。

一、詳　略

司馬遷寫項羽從「初起時，年二十四。」⑻下筆，因爲初起義兵是項羽一生中重大事件的開始，具有重大的意義，至於過去與此無關的事就不必一一敍寫。由此可見，一篇散文的主幹與枝葉，必須借助詳略手法來安排其主次輕重。詳寫是爲了突出重點，下墨如潑，更鮮明集中地表達主題；略寫是爲了反映全局，惜墨如金，使主題表達更完整。唐彪《讀書作文譜》說：「詳略者，要審題之輕重爲之。題理輕者宜略，重者宜詳。」⑧朱光潛也說：「每篇文章必有一個主旨，你須把著重點完全擺在這主旨上，在這上面鞭闢入裏，烘染盡致，使你所寫的事理情態成一世界，突出於其他一切世界之上，像浮雕突出於石面一樣。讀者看到，馬上就可以得到一個強有力的印象，不由得他不受說服和感動。」⑨從篇章主旨出發，審視材料的輕重主次，是詳略手法的原則，這樣才能達到「附辭會義，務總綱領。」《史記・廉頗藺相如傳》主要寫廉頗、藺相如兩位歷史人物。但在材料安排上，作者詳寫藺相如，而略寫廉頗。對藺相如，經由完璧歸趙、澠池之會、廉藺交歡三個事件，以濃墨重彩刻劃藺相如智勇雙全，以國家爲重的品格。至於廉頗，作者則著墨不多，開頭廉藺並提，簡略介紹廉頗身世和地位，點出二人合傳之意，中間只作必要交代，使廉頗活動隱現其間，最後二人匯合，以交歡作結。作者詳此略彼的寫法，既突出了重點人物，又兼及了雙方，眞可謂巧妙布局，獨運匠心。

又例如張岱〈西湖七月半〉⑨一文，作者不寫西湖七月半迷人的初秋月色，而專寫「七月半之人」的開闊熱鬧場面，尤其以大半篇幅詳細刻劃達官貴人、名娃閨秀、市井無賴等，「逐隊爭出」又「簇擁而去」的亂哄哄場面與不知看月之俗。而以略寫刻劃「我輩」於一角落下，幽雅愜意賞月的高懷雅情。作者如此的安排詳略，留下了無限空間，讓讀者去品味。

二、抑　揚

散文常以抑揚技巧寫人、記事、繪景、言理。所謂揚，就是對人、事、景、理的褒揚；所謂抑，就是對人、事、景、理的貶抑。此種手法又稱擒縱法，文中巧用此法，或先揚後抑；或先抑後揚，均可使文意有奇變，有逆轉，有波折，文勢起伏，參差離合，在人心理上激起波瀾，產生強烈藝術情趣。《戰國策．馮諼客孟嘗君》㉜全文寫馮諼爲孟嘗君謀求「三窟」，使他爲相數十年而無災禍。文章曲折生動，跌宕生姿，鮮明刻畫出一位富有政治遠見和卓越才能的謀臣策士形象。作者刻劃此人物時，不是正面入手，而是反面著筆，採用了欲揚先抑的技法。一開始交待馮諼「貧乏不能自存」，爲生計所迫而託人說項，願寄食孟嘗君門下。孟嘗君未因其「無能」、「無好」而拒於門外。然而他卻不安分，牢騷滿腹，三次倚柱彈鋏，抱怨「食無魚」、「出無車」、「無以爲家」得寸進尺，以至孟嘗君手下「皆惡之，以爲貪而不知足」，認爲馮諼是個又窮又貪又平庸的人。其實，這正是精心設置的筋節，讀罷全篇不難明白，馮諼並非眞的「無能」、「無好」，而是有遠見卓識之士。馮諼三次彈鋏而歌的描寫，抑是假，揚是眞，以突出他鋒芒不露，大智若愚的特色。馮諼從被鄙視到受贊賞的轉變中，造成了強烈效果，留下令人難忘的印象。

還有像歐陽修〈五代史伶官傳序〉㉝一文，起筆即以「盛衰」爲線索，提出興衰主要與人事有關的論點。莊宗牢記父親遺囑時，以受賜「三矢」激發自己，勵精圖治，終於殺敵復仇，得勝而歸，「其意氣之盛，可謂壯哉！」這裏對盛的揚，正是爲後文對衰的抑的張本。當莊宗失去天下，顯得十分狼狽，「一人作亂，四方響應，士卒群臣離散，不知所之，甚至『誓天斷髮，泣下沾襟，何其衰也！』」這是對衰的抑。通過先揚後抑，一盛一衰的安排，揭示出由盛轉衰的規律。揚得越高，抑得越低，觀點就越鮮明，使文章的說服力就越增強。這種抑揚頓挫，低昂往復的筆法，具有一唱三嘆的韻致，其間寄寓了無限感慨，發人深省。

三、虛　實

實，就是具體描述的人、事、物；虛，就是要表達的思想感情。正面直接描寫叫實，側面間接烘托叫虛。具體爲實，抽象爲虛。……凡此種種，不一而足。清代畫家方薰說：「古人用筆，妙有虛實，所謂畫法，即在虛實之間。虛實使筆生動有機，機趣所之，生發無窮。」⑭虛實相生的手法，可以誘發讀者展開想像的翅膀，收到「畫有盡而意無窮」的效果，繪畫如此，散文亦然。所以，蒲松齡就指出：「雖古今名作如林，亦斷無攻堅摭實，硬鋪直寫」⑮之作，讀者可從其虛實交錯運用中，由實處勘到虛處，更由有字句處勘到無字句處，始能得其神理。像范仲淹在〈岳陽樓記〉中概括了洞庭湖壯美景色後，以「前人之述備矣」一句宕開一筆。以下作者借「遷客騷人」或悲或喜的「覽物之情」，間接地寫了「陰雨霏霏」和「春和景明」的「岳陽樓之大觀」，作者在讀者不經意處寫出了洞庭湖壯景，更在不經意處爲後文主旨的引發作準備。洞庭湖的不同景色的描寫後再引出了兩種人生觀，這種迥異的「覽物之情」的鋪敘，又是「先天下之憂而憂，後天下之樂而樂」主旨提出前，不可少的蓄勢。正是在這種虛中有實，實中有虛，或隱或顯的藝術安排中，作者言此意彼，巧妙完成作記與明志的內涵。

蘇洵〈六國論〉⑯文一開篇就提出「六國破滅，弊在賂秦」的觀點，並就這個論點，再從兩方面：

一是「賂秦而力虧，破滅之道也」；一是「不賂者以賂者喪，蓋失強援，不能獨完」完整表明作者觀點，接著分別列舉事例，具體論證觀點，文中用觀點說明材料，材料證明觀點，觀點與材料，一虛一實，互用互證。

至於方苞的〈左忠毅公逸事〉⑰，用了「解貂」、「面署」、「探監」三件事來直接刻劃左光斗，表現其堅如鐵石的性格。第四件寫史可法勤謹治軍，冒寒守夜，「每寒夜起立，振衣裳，甲上冰霜迸落，鏗然有聲，或勸以少休，公曰：吾上恐負朝廷，下恐負吾師也。」表面上寫的是史可法，實際上仍是在寫左光斗，即是寫左光斗的堅強性格，已對史可法產生絕大影響，左光斗崇高精神人品已傳給了下一代。前三事是實寫，後一事爲虛寫，虛實結合，使左光斗的形象更加突出完美。

四、開合

所謂開合，指的是文章的展開和收束。開指馳騁情志，生發題意，放縱筆力，如萬川之水，同布天下；合則指綰闔收攏，扣住題意，聚合筆力，如百川歸海，同泄尾閭。例如韓愈〈送孟東野序〉⑱一文，起筆云：「大凡物不得其平則鳴」，是一篇宗旨。以下縱寫風吹草木鳴，風蕩水鳴，物擊金石鳴，然後收到人身上；人歌、人笑，都有不平於心也。文意再開一筆說到樂：「樂也者，鬱於中而泄於外者也」，再轉到「善鳴」二字，從唐虞的咎陶，一路說到唐孟東野，如此開合布局，無非要襯出孟東野以詩鳴，最後寫送孟東野：「東野之役於江南也，若有不釋然者！故吾道其命於天者以解之。」結出不平。全文迤邐行來，時而放開，時而收攏，隨筆所至，汩汩而下。

李白〈春夜宴桃李園序〉⑲一文，開頭從天地萬物，浮生若夢，收束到應及時行樂，秉燭夜遊。再由秉燭歡宴開展到序天倫，收束到借謝家惠連贊美諸弟才華超群。最後以宴飲景色和豪情逸興作結，緊扣暢敍幽情的題意。開合酣暢，文筆凝煉，題旨暢發，氣韻流麗，確爲其文增色不淺。

五、曲　折

「文不委曲，意不能出，理不能透，局不能緊，機不能圓，無論篇幅長短，俱要委曲。」⑩凡詩文忌直而貴曲，散文尤甚，平庸無奇，令人索然寡味。只有寫得委婉曲折，周轉多變，文章才能顯得遊走生動，神采飛揚。曲折手法有的稱「轉折」，有的稱「頓挫」⑩，文章講究左右運思，邊敲側敍，迂迴行進，深微屈曲，避忌文意急貫直下。像《禮記．晉獻公殺世子申生》⑫一文，晉獻公被驪姬所騙要殺長子申生。臨死前，申生仍不忘君國，向老師狐突訣別時云：「申生有罪，不念伯氏之言也，以至於此。申生不敢愛其死，雖然，吾君老矣，子少，國家多難。」懇請狐突在自己死後出而圖安國之計。第一句把殺身之禍歸咎於自己有罪，歸咎當初伐東山時，未能聽老師之言趁機出奔，絲毫不提父王、驪姬的心狠手辣，滅絕人性，這樣故意宕開一筆，從自身有罪落筆，使其愚忠之情更爲深切，也因此愈見慘惻。第二句從「君老」、「子少」、「國家多難」三個側面擺出國家困境，也是申生牽腸掛肚的憂懷，文章至此，悲涼凄愴，眞可謂筆觸如絲，委曲陳詞，十字三轉，一字一淚。

韓愈〈應科目時與人書〉⑩全篇以「怪物」（龍）譬喻到底，以龍失水得水，比喻自己或窮或達，以龍之品格喻己之人格，三折九轉，跌宕頓挫。吳楚材評曰：「無端突起譬喻，不必有其事，不必有其理，卻作無數曲折，無數峰巒，奇極妙極。」⑩

蘇軾〈赤壁賦〉其所以膾炙人口，傳誦至今，與他能運用曲折之筆有關。蘇軾被貶黃州，心情鬱悶不歡，但當他泛舟「遊於赤壁之下」，「浩浩乎如馮虛御風而不知其所止，飄飄乎如遺世獨立，羽化而登仙」，「於是飲酒樂甚」，因外物感染而心懷開闊，而感到樂甚，形成第一波折。當「扣舷歌之」，卻因客之洞簫聲凄怨，使蘇軾爲之「愀然」，由「樂甚」跌入「愀然」，這是第二波折。經過一番主客對話，又使得「客喜而笑」。其得意忘形，無憂無慮，在「肴核既盡，杯盤狼藉」中，「相與枕藉」，「不知東方之既白」，實可謂「篇終接混茫」，全文韻味無窮。如此行文，眞是「十步九折，愈折而意愈深，味愈雋。」⑩雲龍譎詭，變化莫測，在情緒上引起極大的起伏與跌宕。

朱自清的〈綠〉一開頭就說：「驚詫於梅雨潭的綠」，但緊接著卻沒有寫「梅雨潭」，而是寫「梅雨瀑」，寫「梅雨瀑」又沒寫它的綠，而是寫它的雄奇幽峭和瀑流水花落入人們懷中的奇趣。及至「梅雨潭」的綠招引著我們去追捉，以致「瀑布在襟袖間，但我的心中已沒有瀑布了」時，才使人恍然大悟，原來「梅雨瀑」、「梅雨潭」兩者都可「驚詫」，但「梅雨潭的綠」比起「梅雨瀑」的雄奇幽峭來，尤可「驚詫」，兩者既各有特色，又互爲襯映，作者故意繞個彎才把要說的意思說出來，章法之妙，不在於一瀉千里，而在於一波三折；不在於一氣呵成，而在於婉轉反復。

六、對比

有比較，才有鑑別，一經對比，便涇渭分明，妍媸畢現，使作品的感情抒寫更爲強烈，主旨更爲突出，產生感染力和震撼力，對比技巧的運用，在散文中屢見不鮮。司馬遷〈項羽本紀〉一文，作者繪聲繪色的描寫鴻門宴中兩虎同穴，勢在必鬥的險象，波瀾起伏，扣人心弦。宴席上，雙方人物之間互相對比，使人物形象更加鮮明突出。劉邦從張良計，抓住項伯這條線，然後對付項羽。宴會中，劉邦的措辭，陪盡小心：「臣與將軍勠力而攻秦，將軍戰河北，臣戰河南，然不自意能先入關破秦，得復見將軍於此。今者有小人之言，令將軍與臣有隙。」口口聲聲是謙恭之詞，時時處處皆虔敬之態，成功的利用項羽妄自尊大的弱點，化解危機。他外鬆而內緊，表面鎮定自若，從容應付，骨子裏如履春冰，如捋虎尾。而項羽則外緊而內鬆，表面殺氣騰騰的架勢，實際毫無敵情概念。以「此沛公左司馬曹無傷言之，不然，籍何以至此。」一句，消弭誤會，以致「范增數目項王，舉所佩玉玦以示之者三，項王默然不應」，項莊舞劍殺劉邦，雖然刀光劍影，萬分緊張，卻在項伯的保護下，不能實現。通過這樣的對比，劉項二人性格被活靈活現表現出來。項羽剛愎自用，勇猛而剛直，驕矜坦誠，處事光明磊落，不暗算別人。劉邦的性格機智權變，謹愼細密，不主觀用事，以屈求伸。經過人物相互的對比，自然預示出項羽最終失敗，必然成爲悲劇人物的下場。

司馬光〈訓儉示康〉⑯告誡其子司馬康應崇尚節儉，不可追求奢靡。文中先從「天聖中」儉樸與

「近歲風俗」侈靡相比，突出可貴的家風和「禮勤」、「情厚」的習尚。以下引述宋朝一位身居高位者崇尚節儉，持身律己的事例，作爲「以儉立名」的正面佐證。並再與六位古人和一位今人事例，從反面證實「以侈自敗」的道理。文中博引古今，正反對照，使儉與侈，美與醜，立與敗昭然若揭。事豐例繁，筆端流露一位父親拳拳之心，脈脈之情，十分動人。

歸有光〈項脊軒志〉[107]雋永含蓄，其味無窮。文一開頭寫小書屋：「借書滿架，偃仰嘯歌，冥然兀坐，萬籟有聲」，寫出在幽雅怡人的小書屋中自得其樂的心情。但緊接著寫「迨諸父異爨，內外多置小門，墻往往而是」，流露出作者對大家庭分崩離析的悲傷。作者把幽雅怡人的書屋與分崩離析的大家庭前後毗鄰對比來寫，表現出作者悲中求樂，而樂不勝悲的複雜情緒。尤其文末「庭有枇杷樹，吾妻死之年手植也，今已亭亭如蓋矣。」寥寥幾語，刻劃出枇杷的高大茁壯，但樹美人亡，物是人非，對亡妻流露深沉的緬懷眷戀之情，悲哀之深，是難以言狀的。作者借對比手法，呈現苦樂的心境變化，突出現今境況，在失落的感傷中去體驗世情和品味人生，傳達作者飽經滄桑後無可奈何的心情。

宋濂〈秦士錄〉[108]，意在表現具有非凡之才的秦士鄧弼懷才不遇，「不使立勛萬里外，乃槁死三尺蒿下」的悲慘命運。爲了渲染鄧弼的奇才，作者從文、武兩方面各擇一例入文，先寫其文壓書生，次寫其武壯軍營。兩段文字，似雙峰對峙，如二水分流，既相互對比，又相互融貫，匯爲一體，刻劃出鄧弼文武全才的才幹，有力反襯主旨，讀來令人慨嘆不已。全篇寫來字外含遠神，句中有餘韻，令人沉思良久。

散文布局的技巧多種多樣，層出不窮，作者往往定體擇法，因情立法，妙運從心，隨變適會，因此顯得姿態橫生，不囿一律。尤其一篇之中，多種手法並進，呈現相互滲入，屋瓦毗連的情況，更需要讀者精心開掘，多思善想，熟悉作者馭篇技法，才易掌握散文的精髓。

結語

精巧布局的散文，由於與內容完美融合，相得益彰，使散文蘊含更精湛有力，更意味深長。奇巧布局的散文，引人入勝，啓人共鳴，給讀者帶來美的享受，留下廣闊想像和悠然不盡的回味。不僅如此，散文布局更是測度作者組織安排的標尺。當作者選取最佳布局結構時，篇章中處處閃耀著作者智慧的光芒，表現出新、深、精的文境，讓人手不釋卷，久久沉醉其中。是以，品賞散文布局，實是探得散文家心臆的橋樑。古人曾云：「妙悟者不在多言，善學者還從規矩。」[109]這是說進入文學藝術妙境規矩和妙悟兩種途徑是不可或缺的。識得散文的布局固然要妙悟，但妙悟的基礎則在了解散文布局的法則，兩者融會變通，才能從中體會散文家「從容於法度中」的精妙神髓。

【附註】

① 朱自清《背影．序》，見《朱自清文集》，第一卷，頁一一五。

②劉勰《文心雕龍・章句篇》，頁五七〇。

③葉燮《原詩・外篇下》，見丁福保《清詩話》（臺北，木鐸出版社，民國七十七年），頁六〇九。

④劉熙載《藝概・文概》，頁七。

⑤惲敬〈與舒白香書〉，引自郭紹虞編《中國歷代文論選》（上海，上海古籍出版社，一九八八年），第三冊，頁五五五五。

⑥姚鼐《尺牘・與張阮林》（清宣統元年小萬柳堂重刊本，臺北，國家圖書館）。

⑦朱熹《清邃閣論詩》，見《中國歷代文論選》，第二冊，頁四一二。

⑧林紓《文微》（陶子麟刊本，北京，北京圖書館）。

⑨〈論文章有主觀客觀之別〉，見劉師培《漢魏六朝專家文》十一，頁三八。並參見拙著《劉師培及其文學研究》（臺北，文史哲出版社，民國八十一年），第五章，頁一五七。

⑩劉勰《文心雕龍・附會篇》，頁六五〇。

⑪後人承此說，繼續發展的，如明人王驥德《曲律・章法》中說：「作曲猶造宮室者然。王師之作室也，必先定規式，自門前而廳，而堂，而樓；或三進，或王進，或七進；又自兩廂而及軒寮，以至廩庾庖湢、藩垣苑樹之類，前後左右，高低遠近，尺寸無不了然胸中，而後可施斤斫。」清李漁《閑情偶寄・結構》中說：「至於結構二字，則在引商刻羽之先，拈韻抽毫之始，如造物之賦形，當其精血初凝，胞胎未就，先爲製定全形，使點血而具五官百骸之勢。倘先無成局，而由頂及踵，逐段滋生，則人之一身，當有無數斷續之痕，而

血氣爲之中阻矣。工師之建宅亦然，基址初平，間架未立，先籌何處建廳，何方開戶，棟需何木，梁用何材，必俟成局了然，始可揮斤運斧。倘造成一架，而後再籌一架，則便於前者不便於後，勢必改而就之，未成先毀，猶之築室道旁，兼數宅之巨資，不足供一廳一堂之用矣。故作傳奇者，不宜卒急拈毫。袖手於前，始能疾書於後。」清崔學古《學海津梁》亦說：「文之有格也，猶作室之有間架也。某處爲堂，某處爲廳，某處爲門樓。其高凡幾，深與廣凡幾，雖斧斤未操而規模已定，故一舉斧而成堂也。作文亦然。」……等不乏精深之見，給人很大啓發。

⑫ 范澐《潛溪詩眼》，見《中國歷代文論選》，第二冊，頁三三〇。

⑬ 劉勰《文心雕龍．知音篇》，頁七一五。

⑭ 〈論謀篇之術〉，劉師培《漢魏六朝專家文》四，頁十四。

⑮ 劉勰《文心雕龍．麗辭篇》，頁五八九。

⑯ 袁枚《續詩品》，見王英志註評《續詩品註評》（浙江，浙江古籍出版社，一九八九年），頁八六。

⑰ 劉勰《文心雕龍．附會篇》，頁六五一。

⑱ 同上註。

⑲ 朱自清〈了解與欣賞〉，《朱自清選集》（河北，河北教育出版社，一九八九年），第三卷，頁四〇三。

⑳ 《史記．廉頗藺相如列傳》（臺北，洪氏出版社，民國六十四年），卷八十一，頁二四三九－二四五二。

㉑ 見馬通伯校注《韓昌黎文集校注》，卷一，頁二三。

㉒見蘇軾《蘇東坡全集》，上冊，頁二六八。
㉓《戰國策·齊策一》，卷八，頁三二四—三二六。
㉔冰心〈笑〉，見《二十世紀中國美文大觀》，頁一三八—一三九。
㉕姚鼐《惜抱軒全集》，卷十四，頁一六九。
㉖見《歐陽修全集·居士集》，卷三十九，頁二七六。
㉗同註④，頁四二。
㉘張彥遠《歷代名畫記》（臺北，新文豐出版社，民國八十年）卷七，頁一三一。
㉙同註④，頁四〇。
㉚劉禹錫〈董氏武陵集記〉，見《劉夢得文集》（臺北，商務印書館），卷二十三，頁一四〇。
㉛《背影》甲輯，《朱自清文集》，第一卷，頁一八二—一八四。
㉜《全唐文》（臺北，滙文書局，民國五十年），二五冊，卷六〇八，頁七八〇三。
㉝王安石《王臨川全集》，卷八十三，頁五二六。
㉞吳楚材《古文觀止》，見王文濡校勘《評注古文觀止》，卷十一，頁四六。
㉟見劉基《誠意伯文集》（臺北，商務印書館，四部叢刊），卷七，頁一八三。
㊱見柳宗元《柳河東全集》，卷十六，頁二〇〇、二〇一。
㊲《你我》甲輯，《朱自清文集》，第二卷，頁二九八—三〇〇。

㊳同註④，頁四〇。

㊴劉勰《文心雕龍·章句篇》，頁五七〇。

㊵李漁《閑情偶記·詞曲部》，頁一二。

㊶唐彪《讀書作文譜》（臺北·偉文圖書公司，民國六十五年），卷之九，頁一三四。

㊷見蘇洵《嘉祐集》，卷八，頁八、九。

㊸見《二十世紀美文大觀》，頁五五六。

㊹毛宗崗詳本《三國演義讀法》，見《三國演義的政治與謀略觀》（臺北，老古出版社，民國七十四年），頁八。

㊺見《古文鑑賞大辭典》（浙江，浙江教育出版社，一九八九年），頁一三八一—一三八二。

㊻《蹤跡》第二輯〈溫州的蹤跡〉，見《朱自清文集》，第一卷，頁一三九—一四一。

㊼陳善《捫蝨新話》（臺北，新文豐出版公司，民國八十年），卷二，頁一九。

㊽《戰國策·燕策三》，卷三十一，頁一一二八—一一四二。

㊾沈德潛《說詩晬語》，見《詩話叢刊》（臺北，弘道文化事業公司，民國六十年），下冊，頁一八八六。

㊿同註㉛，頁一二三—一二五。

(51)同註㊱，卷二十九，頁三一四。

(52)見曾鞏《曾鞏集》（北京，中華書局，一九八四年）上冊，頁一七九。

㊸同註㉒，下冊，頁七四六、七四七。
㊹林紓《畏盧論文．用筆》，頁二十五。
㊺劉勰《文心雕龍．章句篇》，頁五七一。
㊻同註㊶，卷之七，頁一〇〇。
㊼同註㊵。
㊽見《史記．李斯列傳》，卷八十七，頁二五四一—二五四五。
㊾李涂《文章精義》（臺北，莊嚴出版社，民國六十八年），卷七，頁六〇。
㊿梁啓超《中學以上作文教學法》，見《飲冰室專集》（臺北，臺灣中華書局，民國六十九年），第五冊，頁三。
61同註㉑，卷一，頁二〇。
62同註㉒，上冊，頁六二七、六二八。
63見杜牧《樊川文集》，卷一，頁一七。
64見瞿蛻園等校注《李太白校注集》，卷二十六，頁一五三九。
65魏徵〈諫太宗十思疏〉，見《貞觀政要》（臺北，臺灣中華書局，四部備要），卷一，頁六—七。
66同註㊱，卷三十三，頁三五四、三五五。
67同註㉞，卷九，頁二五。

⑱ 劉勰《文心雕龍·附會篇》，頁六五二。

⑲ 劉勰《文心雕龍·風骨篇》，頁五一三。

⑳ 同註㊱，卷十七，頁二〇七、二〇八。

㉑ 見蕭統《文選》（臺北，華正書局，民國七十三年），卷五十一，頁七〇七。

㉒ 見范仲淹《范文正公集》（臺北，新文豐出版社，民國七十五年），卷三，頁一九。

㉓ 同註㉒，下冊，頁七七六。

㉔ 洪邁《容齋續筆》（臺北，商務印書館，民國五十四），卷九，頁八八。

㉕ 同註㊵。

㉖《世說新語·巧藝》，見余嘉錫《世說新語箋疏》（臺北，華正書局，民國七十三年），頁七二二。

㉗ 許慎《說文解字》，頁四三、一三一。

㉘ 同註②。

㉙ 陳澧《東塾集·復黃芑香書》，卷四，二六六—二六七。

㉚《左傳·莊公十年》，見楊伯峻《春秋左傳注》，上冊，頁一八二—一八三。

㉛ 同註㉞，卷一，頁二一。

㉜ 魏學洢《核舟記》，見《虞初新志》，卷十，頁二一五五、二一五六。

㉝ 王先謙《荀子集解》，卷一，頁一〇五—一三〇。

㉞ 見宋濂《宋學士全集》（臺北，新文豐出版社，民國七十五年），卷八，頁二八六。
㉟ 同註㉑，卷一，頁一三、一四。
㊱ 余光中《聽聽那冷雨》（臺北，純文學出版社，民國六十三年），頁三一—三八。
㊲ 劉勰《文心雕龍．總術篇》，頁六五六。
㊳ 《史記．項羽本紀》，卷七，頁二九六。
㊴ 同註㊶，卷之七，頁八四。
㊵ 朱光潛〈選擇與安排〉，《藝文雜談》（安徽，黃山書社，一九八六年），頁二八。
㊶ 見《陶庵夢憶》（臺北，新文豐出版社，民國七十五年），卷七，頁五八。
㊷ 《戰國策．齊策四》，卷十一，頁三九五—三九九。
㊸ 《新五代史．伶官傳》（臺北，鼎文書局，民國六十八年），卷三十七，頁三九七。
㊹ 方薰《山靜居畫論》（臺北，新文豐出版社，民國八十年），上，頁四。
㊺ 蒲松齡〈與諸弟侄書〉，見《蒲松齡集》（北京，中華書局，一九六二年）。
㊻ 同註㊷，卷三，頁三。
㊼ 方苞《方望溪全集》，卷九，頁一一六、一一七。
㊽ 同註㉑，卷四，頁一三六—一三七。
㊾ 同註㊹，卷二十七，頁一二九二。

⑩⓪ 孫聯奎《詩品臆說》，見《司空圖「詩品」解說二種》，頁三六。

⑩① 稱「轉折」的如：《唐宋文舉要·甲編卷二》引張廉卿稱贊韓愈〈與孟尚書書〉云：「轉折有拔山之力。」吳楚材《古文觀止》贊賞司馬遷〈項羽本紀贊〉云：「五層轉折，唱嘆不窮。」等等。稱「頓挫」的如：陳善《捫虱新話》云：「文章妙處在能抑揚頓挫，令人讀之娓娓忘倦。」方東樹《昭昧詹言》云：「詩文無頓挫，只是說白話，無復行文之妙。頓挫者，橫斷不即下，欲說又不直說，所謂盤馬彎弓惜不發。」周振甫《詩詞例話》云：「頓挫好比用毛筆寫字，把筆峰按下去叫頓，頓後使筆峰稍鬆而轉筆叫挫。」等。

⑩② 見《禮記集解·檀弓》，卷七，頁八五。

⑩③ 同註㉑，卷三，頁一二〇。

⑩④ 同註㉞，卷八，頁二八—三〇。

⑩⑤ 見趙翼《甌北詩話》（臺北，木鐸出版社，民國七十一年）。

⑩⑥ 司馬光《司馬文正公傳家集》，（臺北，商務印書館，民國五十四年），卷六十七，頁八三九、八四〇。

⑩⑦ 見歸有光《震川先生集》（臺北，源流出版社，民國七十二年），卷十七，頁四二九。

⑩⑧ 見《宋學士全集》，卷二十八，頁一〇二九、一〇三〇。

⑩⑨ 王維〈畫學祕訣〉，見清趙松谷《王右丞集箋注》（臺北，廣文書局，民國六十六年），卷二十八，頁一〇六八。

第六章　散文辭采的鑑賞藝術

前　言

散文始於意而成於辭，要充分表達作品思想情意，必須重視語言的錘煉加工。由於散文語言悅耳娛目，給人以美的享受與啓迪，因此也稱之爲「辭采」或「文采」。絕妙辭采，好比耕耘於人們的心田，開放出奇芬異芳的花朵，結出碩碩的甜蜜果實。在心靈的深處，給人美的享受和滋養，產生無比感染力。古今中外佳篇美作，能在千千萬萬讀者中不脛而走，並產生重大影響，辭采實背負著極大的使命。短小篇幅的文章中，實禁不起任何語言上的敗筆，從這一點來看，辭采對散文來說，猶如筋骨命脈，因爲它是其他要素得以存在與成功的前提。王充曾說：「苟有文無實，是則五色之禽，毛妄生也。」①李翺也講：「故義雖深，理雖當，辭不工者不成文，宜不能傳也。」②韓愈在〈答尉遲生書〉中更指出：「體不備不可以爲成人，辭不足不可以成文。」③這些話都說明意與辭，義與文互爲表裡，相互爲用，不可偏廢。

講究辭采是我國散文優良的傳統。莊子「辯雕萬物」，韓非「艷乎辯說」，說明不僅寫景狀物需要辭采，就是說理論辯也少不了辭采，原因無它，即是孔子所說：「言之無文，行而不遠。」④因此，黃季剛《文心雕龍札記》中說：「凡覽篇籍，未有不通章句而能識其義者也。」⑤劉大櫆亦說：「論文至於文句，則文之能事盡矣。」⑥姚鼐更進一步指出：「文章之精妙，不出字句聲色之間，捨此便無可窺尋矣。」⑦在在證明從辭采入手，才能打開散文藝術的謎宮。品賞散文的辭采，大致可從詞語的錘煉，句式的變化，修辭的選擇與節奏的安排等幾方面探究。

第一節　散文詞語的錘煉

語言作爲「文章關鍵，神理樞機」⑧的工具，必須認眞錘煉，所以「一字貼切，全篇生色」；「一字之瑕，足以爲玷，片語之纇，並棄其餘。」⑨尤其我國語文詞彙紛繁富麗，因近義詞甚多，詞彙豐富的同時，也決定了語意間細微差異。作者在「綴字屬篇」時，往往都以「倒海探珠，傾崑取琰」⑩的精神，精心辨析揀擇，才能從無比遼闊的詞彙海洋中，選得貼切恰當的詞語，力求做到「捶字堅而難移」⑪，寫成光輝奪目，獨具魅力的精彩作品。散文詞語的錘煉，主要表現在以下幾方面。

一、錯綜變化

優秀的散文，總是在詞語的使用上，講求千變萬化。賈誼〈過秦論〉⑫中云：「有席卷天下，包舉宇內，囊括四海，并吞八荒之心。」其中席卷、包舉、囊括、并吞等詞，四者一意，連貫而下，這四句文字各異，內容相同，吳楚材《古文觀止》即云：「四句只一意，而必疊寫之者，蓋極言秦人虎狼之心，非一辭而足矣。」⑬氣勢洋溢紙外，力透紙背。

柳宗元〈遊黃溪記〉⑭中云：「北之晉，西適豳，東極吳，南至楚越之交。」其中「之」、「適」、「極」、「至」義同而文異，這些詞語，在文中交替使用，顯得活潑多姿。

朱自清〈荷塘月色〉⑮中有一段描寫道：

> 微風過處送來縷縷清香，彷彿遠處高樓上渺茫的歌聲似的。這時候葉子與花也有一絲的顫動，像閃電般，霎時傳過荷塘的那邊去了。……月光如流水一般，靜靜地瀉在這一片葉子和花上。薄薄的青霧浮起在荷塘裡。葉子和花彷彿在牛乳中洗過一樣。

文中「彷彿…似的」、「像…般」、「如…一般」、「彷彿…一樣」交替出現，參差別異，造成詞語的多變錯綜。楊樹達曾指出：「古人綴文，最忌複沓。劉勰之論煉字也，戒同字相犯，是其事也。欲逃斯病，恆務變文。」⑯避免複沓，同義詞語交替運用，可帶來語言波瀾起伏，富於變化。

二、精煉準確

字詞的精煉，是作者筆墨淨化，功力深化的結果，這種精煉並非是下筆自成，而是由錘煉而致。宋梅堯臣就指出：「意新語工，得前人所未道者，斯為善也。」⑰清趙翼也說：「所謂煉者，不在乎句險語曲，驚人耳目；而在乎言簡意深，一語勝千百，此眞煉也。……他人數言不能了者，只用一二語了之，此其煉在句前，不在句下，觀者並不見其煉之迹，乃眞煉之至也。」⑱我國許多文章名家都在精煉上下功夫，以期達到「惜墨如金」、「千金不易」的程度。像《史記》寫劉邦和項羽觀秦始皇南遊時，兩人都流露出艷羡傾慕之意，並想攫取皇位，但劉邦感嘆地說：「大丈夫當如是哉！」⑲語氣委婉曲折，不露鋒芒，正顯現了他機智又怯弱的性格與貪婪多欲的內心世界。而項羽見秦始皇時說：「彼可取而代之也。」⑳語氣極爲坦率，毫無顧忌，可見其強悍直爽的個性和勇敢少謀的行事風格，語詞精煉準確，十分傳神寫出項羽、劉邦二人身分、性格與氣概的不同，這就是語詞精煉準確的魅力所在。

諸葛亮〈出師表〉㉑中多次使用「宜」與「不宜」這類語氣上不客氣的語詞，如「誠宜開張聖聽」、「不宜妄自菲薄」；「宜付有司，論其刑賞」、「不宜偏私」等，非臣子對君主說話的語氣。但只要了解劉備臨終前對兒子劉禪說：「汝與丞相從事，事之如父。」㉒我們便可體會出諸葛亮正是以父執輩的眞誠在諄諄告誡後主，字字句句流露出他的忠心赤誠。

朱自清的〈春〉㉓，文中寫道：「一切都像剛睡醒的樣子，欣然張開了眼。」作者用「張開了眼」去描繪那剛醒的大千世界，而不用「睜開了眼」，是因爲「張」在程度上比「睜」大。「張」字把大地上「一切」經過一個寒冬的長眠所積蓄下來的生命活力，春風吹拂之下開始萌發的神態描寫的活靈活現。這種「用意十分，下語三分」的精煉用詞，使言有盡而意無窮，給人留下聯想餘地。

歐陽修〈醉翁亭記〉㉔寫山間朝暮和四季變化的景色，分別以「日出而林霏開，雲歸而岩穴暝」代表早晚之景；以「野芳發而幽香，佳木秀而繁陰，風霜高潔，水落而石出」代表春夏秋冬四時之景，眞是精煉到不能再精煉，然而每一句的描寫、色彩又是如此分明，形象如此完整，特徵又如此準確，使讀者在一瞬間便歷覽了一日間朝暮的異同和一年四季的交替，作者煞費苦心地作了精心選擇和安排，甚是絕妙。

而柳宗元〈小石潭記〉㉕中摹寫小石潭環境用字十分生動，如「蒙絡搖綴」四字寫樹木藤蔓的覆蓋、纏繞、搖拂、連結四種形態；「爲坻，爲嶼，爲嵁，爲岩」表現潭邊之石的姿態，千奇百怪，形狀各異；「卷石底以出」中「卷」字刻劃石頭的虎虎生氣和向上翻捲的形狀，極爲傳神。

由此可見，作家寫作文章時，「下一個字像下一個棋子一樣，一個字有一個字的用處，決不能粗心的閉著眼睛隨處安置。敲好它的聲音，配好它的顏色，審好它的意義，給它找一個只有它才適宜的位置，把它安放下，安放好，安放平，任誰看了只能贊嘆，都不能給它換掉。」㉖所以作者十分注重錘煉準確的字詞，以期它既能達情、達理，又能闡述精微。古人云：「吟安一個字，拈斷數根鬚。」其推敲字句的艱苦可想而知。因而，在鑑閱散文作品時，就必須注意體會作品語詞的深刻蘊涵。

三、虛字傳情

在口語表達中可以藉口吻手勢傳情，但是在文章裡傳達性情和語氣則需靠虛詞。拙於用虛詞者，作品往往辭義疊塞，鬱而未暢；工於用虛詞者，則是既寄託了神又表達了情，這就是劉勰所說的：「據事似閑，在用切實，巧者回運，彌縫文體，將令數句之外，得一字之助矣。」㉗虛詞在修辭的功能上實不可輕忽。在《宋稗類鈔》中曾記載歐陽修寫〈相州晝錦堂記〉一文，其開頭原是：「仕宦至將相，富貴歸故鄉，此人情之所榮，而今昔之所同也。」㉘後經歐陽修仔細推敲，把頭兩句改爲「仕宦而至將相，富貴而歸故鄉」，這一改動使文章平添了不少意味。首先，強調了仕宦和至將相，富貴和歸故鄉之間手段和目的的關係，使兩句話表達的意思更加精當顯豁。其次，突出了一種富貴榮耀與得志遇時的情味，傳達了當時人們對這種境遇的嚮往和羨慕，並與下面「人情之所榮」呼應。再次，使語氣由迫促變得舒緩，與下面詠嘆的句式及全文濃重抒情的情調一致。

《左傳》記載公元前六二八年的秦晉崤之戰時，秦穆公不聽蹇叔的勸告，派大將孟明率領軍隊去偷襲鄭國，結果慘敗，孟明爲晉國所俘。後孟明被釋回，秦穆公認爲他是將才，仍讓他統率軍隊，《左傳》對此寫道：「秦伯猶用孟明。」㉙只一「猶」字，讀過便有多種意味：「孟明之再敗；孟明之終可用；秦伯之知人，不以再敗而見棄；時俗之驚疑，君子之嘆服；都一一如見，不待注釋而後明。」㉚後人從「猶」這一個虛字，讀出許多文中沒寫到的情韻。虛詞的作用，確實如陳騤《文則》所云：「文有助辭（即虛詞），猶禮之有儐，樂之有相。禮無儐則不行，樂無相則不諧，文無助（虛詞）則不順。」㉛

有些常用虛詞，一到大家筆下，便個個身價百倍，異於常響，反複遣用某一個字，使其變幻無窮，以致五彩紛呈，三味全出。如王安石〈遊褒禪山記〉中用二十個「其」字；韓愈〈師說〉用了二十七個

「之」字，又在〈畫記〉一文中共用了六十三個「者」字等，這些都如龍蛇遊走其間，不斷掀起文章波瀾，精當地表達了篇章主旨。而這其中又以歐陽修〈醉翁亭記〉一文中，將二十一個「也」字灌注其中，最爲著名。全篇用「也」字斷句，一個「也」字，表示一層涵意，隨著「也」字層層迭進，使文意脈絡明晰，逐步深遠。二十一個「也」字中表示判斷語氣的有：「環滁皆山也」、「……琅琊也」、「……釀泉也」、「……太守也」、「歐陽修也」。表示解釋、說明原因的有：「……故自號曰醉翁也」、「而樂亦無窮也」、「……遊人去而禽鳥樂也」。表示肯定或否定語氣的有：「……在乎山水之間也」、「得之心而寓之酒也」、「而不知太守久樂其樂也。」這個「也」字的創造性運用，使文章活潑跳脫，趣味橫生，極富動人的音樂美，令人反複吟誦而不厭，使該文傳唱古今，經久不衰。

至於虛詞的用法則變化較多，往往由於在句中的位置不同，所產生的作用也不盡相同。像「夫」字，蘇洵〈六國論〉：「夫六國與秦皆諸侯，其勢弱於秦。」「夫」字用在句首，有引起議論的作用。柳宗元〈捕蛇者說〉㉜：「故爲之說，以俟夫觀人風者得焉。」「夫」字用在句中動詞之後，有舒緩語氣作用。李清照〈金石錄後序〉㉝：「今手澤如新，而墓木已拱，悲夫！」「夫」字用在句末，表示感嘆的語氣。這些「夫」字用法不同，它們在句中的作用也是有差異的，必須仔細辨別，始能體味其文氣與情韻。虛詞實具有不同凡響的藝術魅力，無怪乎林紓說：「留心古文者，斷不能將虛字略過，須知有用一語助之詞，足使全神靈活者。」㉞劉大櫆也強調：「文必虛字備而後神態出，何可節損？」㉟誠非虛言也。

四、形象生動

散文作家猶如畫家，使用豐富生動形象的語言，繪製出斑斕的生活圖象，栩栩如生的描寫狀物，把讀者引入一幅優美動人，引人入勝的圖畫中。形象生動是散文追求的目標，唯其形象，才見其生動；唯其生動，方顯其情韻。優秀的散文總是以寓萬於一，寓繁於簡的生動形象誘發人們的思考與聯想，使之睹一事於句中，反三隅於字外。《左傳·曹劌論戰》㊱一文寫齊魯長勺之戰，寫得繪聲繪色，如聞戰鼓咚咚，如見人物一舉一動。魯莊公缺乏「遠謀」，文章一起筆「公將戰」已顯露出來，在敵強我弱的情勢下，沒有任何謀劃準備倉促應戰，後再用「公將鼓之」、「公將馳之」與上文呼應，進一步表現出莊公缺乏遠謀深慮。相反的，曹劌挺身而出，處處機敏，特別是以「何以戰」，五個「未可」、「可」，以及「下視其轍」、「登軾而望之」等生動言詞或行動，既刻劃曹劌觀察、判斷的過程和深思果斷的神態，更烘托出他的足智多謀，沉著謹愼，穩重勇敢的形象，十分突出。

司馬遷《項羽本紀》㊲在「鴻門宴」中有一段寫樊噲云：

……噲即帶劍擁盾入軍門，交戟之衛士欲止不內，樊噲側其盾以撞，衛士仆地，噲遂入，披帷西向立，嗔目視項王，頭髮上指，目眦盡裂。

這是鴻門宴上千鈞一髮之際，樊噲在軍門外聽到張良告急消息後的反應。文中「即」、「側」、「立」、「瞋」等神情、動作，細微的刻畫，寥寥數筆，把樊噲在劉邦性命攸關時刻的滿腔義憤和臨危不懼的英雄氣概表現維妙維肖。這些極富形象的字眼，確乎達到「捶字堅而難移」的勝境了。

姚鼐〈登泰山記〉㊳寫其登泰山經過及其壯麗景觀。文中以簡潔筆墨勾畫出泰山冬季冰封雪蓋的獨特景象和泰山日出時的瑰麗圖景。作者登臨泰山絕頂後，見到的是「蒼山負雪，明燭天南」這兩句語言精煉而形象。一個「負」字，把冰雪蓋山的靜態景色，描繪成泰山以其雄偉身軀背負冰雪的動態形象，刻劃出泰山雄踞於天地間的英姿和傲然挺拔的風神。而在日光下，雪上反射出的光芒，又照亮整個南部天空，則寫出了蒼山、冰雪、藍天在雪光中聯爲一體的泰山冬景奇觀。泰山日觀峰日出景象的描繪，則形象傳神，精彩紛呈。在日出的一剎那間，天邊一線似的雪霞變幻成五彩，而「白若樗蒲」的雪山變爲「絳皓駁色」，初升的太陽「正赤如丹」，遠處的東海則在旭日下閃動著紅光，眞是瑰麗壯偉！

韓非〈五蠹〉㊴一文中，在論證「聖人不期修古，不法常可，論世之事，因爲之備。」這一論點時，文中講了一個「守株待兔」的故事，顯然，韓非的意圖是向韓王宣揚法治，然後指出：「今欲以先王之政治當世之民，皆守株之類也。」即是說復古保守，墨守陋規，就會落得類似「守株待兔」者的結局，被世人恥笑。說明形象鮮明，給人深刻印象。《莊子》借〈庖丁解牛〉㊵的寓言闡明養生之道，其中以「刀」喻個體生命，以「牛」喻複雜社會，若想保全刀，必須避開牛的筋腱骨骼。同理，若想保全個人，則要逃避衝突，與世無爭。文惠君聽了說：「善哉！吾聞庖丁之言，得養生焉。」文惠君顯然深有所感。由此可見，作者在說理時，爲使內容生動活潑具有感染力，往往用故事或寓言中的形象，變抽象的道理爲形象化，啓發人們的聯想，使說理直接，更富有說服力。優秀散文作品的語言，特別講究形象生動，是以，清袁枚云：「一切詩文，總須字立紙上，不可字臥紙上，人活則立，人死則臥，用筆亦然。」㊶良有以也。

好的散文往往風韻天成，看似不費力，實則一絲不苟，所謂「篇之彪炳，章無疵也；章之明靡，句無玷也；句之清英，字不妄也。」㊷然而，「看似尋常最奇崛，成如容易卻艱辛」的文章，更須潛玩之，方能咀嚼其中的韻味，於人所不經意處，察其舉重若輕的神來之筆。

第二節　散文句式的運用

一篇作品如果句式單調，缺少變化，內容就難免板滯，影響效果。若能根據內容而靈活運用句式，力避陳調，調整句式，可以有效添加文采，增強語言的表現力。散文句式的運用可從四方面來看。

一、善用警句

晉陸機云：「石韞玉而山輝，水懷珠而川媚」㊸，許多傳世之文，往往在篇中精心設置一二異軍突起語簡言奇，精煉切要，又辭義深妙的警句，使全篇增色生輝，光彩熠熠。讀完文章，也許全篇記不住，但某些警句卻能過目不忘，給人妙語聯珠，美不勝收之感，具有恆久的魅力。所以說：「一句之靈，能使全篇俱活。」㊹呂本中也說：「文章無警策，不足以傳世，蓋不能竦動世人。」㊺就是這個道理。但是，警句並不同於刻意尖新的浮聲泛響，浮聲泛響可能有突出於衆辭的華彩，但沒有振奮全篇的力度，這是因爲刻意尖新之句只是一種花巧，缺乏深厚的內涵。像范仲淹〈岳陽樓記〉㊻描寫兩幅畫面，一幅「霪雨霏霏」，一幅「春和景明」，前悲後喜，但這描寫不易使人明白作者眞正用心，作者即在結尾處指出「不以物喜，不以己悲」的難能可貴，再歸結到「先天下之憂而憂，後天下之樂而樂」的警句，以警句突顯出主題，使全篇形象豁然開朗，道出作者爲文的深心。

劉禹錫〈陋室銘〉㊼中以警句「山不在高，有仙則名，水不在深，有龍則靈」的比喻，晴空排鶴地推出主題：「斯是陋室，惟吾德馨。」山與仙，水與龍，陋室與德馨，三組對立統一，在作者眼中，德行和龍仙一樣，能夠影響周圍的環境，警策啓人，可以窺見作者的匠心所在。

周敦頤〈愛蓮說〉㊽中「出淤泥而不染，濯清漣而不妖」爲全文的警句。作者借描寫蓮的形象，表現出身處塵世，不蒙塵垢，修身潔行，不妖不媚高尙的品格，美好的情操。作者把情與理寓寄在警句中的描寫對象——蓮，並揭示和升華其本質。

其他像劉基〈賣柑者言〉㊾以「金玉其外，敗絮其中」的警句，生動揭示出那些竊高位的文臣武將的腐朽劣根性。荀子〈勸學〉㊿篇中以「青，取之於藍，而勝於藍」的名言，勸勉人勤奮向學，勇於進取。韓愈〈馬說〉51以「世有伯樂，然後有千里馬，千里馬常有，而伯樂不常有」反常語句，說明識馬的重要性，以此竦動人。可見，文章之有警句，猶如山巒之有高峰，江河之有大浪。從作品來看，篇中精粹警句，具有提神振氣的作用。從作者來看，獨闢蹊徑，用人們想說而說不出的話，講出道理，它新奇凝煉，如雲中之霓采，珠中之鯨目，神精而句妍，展現作者思想的深遠，與藝術才華的精湛。從讀者角度來看，觀水必觀瀾，看山必看峰。警句的出現，滿足了讀者平中見奇，淺中見深的美感，爲讀者所樂於沉吟、品味和移用。

二、整散兼行

整句是對散句而言的。一般說來，散文以散句爲主，但全用散句，就難免單調散漫。《易．繫辭》云：「物相雜故曰文。」52因而散句中必雜以整句。整句，結構相同或相似，形式整齊或對稱，語勢貫通，語音和諧，主要包括排比、對偶等句，顯出一種整飭美。散句，結構靈活，語勢起伏，語音參差，以錯綜見長。兩者各有千秋，綜合應用，則散行文句中穿插整句，散中有整，參差錯落，以增強表達效果。像杜牧〈阿房宮賦〉53中有一段云：

明星熒熒，開妝鏡也；綠雲擾擾，梳曉鬟也；渭流漲膩，棄脂水也；烟斜霧橫，焚椒蘭也；雷霆乍驚，宮車過也；轆轆遠聽，杳不知其所之也。一肌一容，盡態極妍，縵立遠視，而望幸焉，有不得見者三十六年。

作者以五組整句，從正面摹寫宮女曉妝打扮色彩的繽紛鮮艷，容態的昳麗媚人，再現秦皇收陳六國宮女的多美侈豪，大大增強宮女妍態的形象和眞實感。以下則以散句，從反面刻劃宮女們飽食終日，無聊空虛的精神生活，更表達對宮女們悲慘命運的同情和對秦皇荒淫生活的憤怒譴責。這種綜合運用整散句式，互相補充，相得益彰，增強了表達效果。

賈誼〈過秦論〉中採用不少結構對稱的對偶句，但也注意到句子的散行變化，使得整散兼行，參差錯落，波瀾起伏，相映成趣。且看在文末議論秦亡的原因時的一段文字：

陳涉之位，非尊於齊、楚、燕、趙、韓、魏、宋、衛、中山之君也；鉏耰棘矜，非銛於鉤戟長鎩也；鏑戍之眾，非抗於九國之師也；深謀遠慮，行軍用兵之道，非及曩時之士也。……一夫作難而七廟隳，身死人手，爲天下笑者，何也？仁義不施，而攻守之勢異也。

先運用排比句式前後形成明顯優劣對照，極言秦之強大，強調陳涉之平庸，爲秦反爲陳涉所滅的議論作舖墊，結尾以散行文字得出中心論點，讀來令人蕩氣回腸，水到渠成，更加令人感到作者駕馭語言的能力達到爐火純清的地步。

再如韓愈〈送李愿歸盤谷序〉⑭寫權貴者一段云：

人之稱大丈夫者，我知之矣。利澤施於人，名聲昭於時。坐於廟朝，進退百官，而佐天子出令。其在外，則樹旗旄，羅弓矢，武夫前呵，從者塞途，供給之人，各執其物，夾道而疾馳。喜有賞，怒有刑。才畯滿前，道古今而譽盛德，入耳而不煩。曲眉豐頰，清聲而便體，秀外而惠中，飄輕裾，翳長袖，粉白黛綠者，列屋而閑居，妒寵而負恃，爭妍而取憐。大丈夫之遇知於天子，用力於當世者之所爲也。吾非惡此而逃之，是有命焉，不可幸而致也。

此段以散句開啓，以散句收束，中間則以三、五字組成的偶句貫穿，各得其宜，各盡其美，恣意馳騁其文筆，眞可謂文氣浩然。至於下文寫隱居者，仍以散句起收，但中間散句與整句錯落兼行。寫鑽營者，則以偶句舖陳，以散句承接。一篇之中，時偶時散，在整齊與變化中孕育了疏宕之氣。其後蘇軾在〈跋退之送李愿序〉中云：「唐無文章，唯韓退之〈送李愿盤谷〉一篇而已。」㊺這是什麼道理呢？吳曾祺於《涵芬樓文談．屬對》中曾經說道：「自六經以外，以至諸子百家，於數百家中，全作散語，不著一偶句者，蓋不可多得，此無他，文以氣爲主，而氣之所趨，苟一泄無餘，而其後必易竭，故其中間必間以偶句，以稍止其汪洋恣肆之勢，而文之地步乃寬綽有餘，此亦文家之祕訣。」㊻由此篇整散交替輪用的語言結構方式來看，或可受到一些啓發，體悟其成爲唐代散文中的佳作的道理。

宋李涂《文章精義》認爲散文文句：「須有數行整齊處，須有數行不齊整處。」㊼而清包世臣更云：「凝重多出於偶，流美多出於奇。體雖駢，必有奇以振其氣；勢雖散，必有偶以植其骨，儀厥錯綜，致爲微妙。」㊽整句富有氣勢，散句參差不齊，二者在文章中，作者都十分注意運用，使它們調遣自如，整散交錯，奇偶相參，在語言形式上，如綴錦剪翠，烟波無限；如明珠走盤，清音悅耳；如溪水穿澗，翻跌多姿。讀者品賞時，當於此細微處咀嚼其情致。

三、長短相間

散文句式有長句、短句之別。長句形體長，詞數多，結構比較複雜；短句形體短，詞數少，結構比較簡單。長句、短句各有特色，各有優點。短句表意簡潔、明快、活潑，而長句嚴密周詳，氣勢暢達。所以，明王世貞說：「抑揚頓挫，長短節奏，各極其致，句法也。」㊾例如：北宋景佑初年，呂夷簡以老病在相位日久，不思振治，國勢日頹。范仲淹上疏痛陳時弊，觸怒呂夷簡。不久，范仲淹貶爲饒州知州。當范仲淹遭貶之際，朝臣紛紛論救。身爲諫官，享「正直有學問」之名的高若訥始而無言，繼而說范仲淹當貶。對此，歐陽修怒不可遏，遂撰〈與高司諫書〉㊿，痛斥高若訥。文中云：

夫人之性，剛果懦軟，禀之於天，不可勉強，雖聖人亦不能責人之必能。今足下家有老母，身惜官位，懼飢寒而顧利祿，不敢一忤宰相以近刑禍，此乃庸人之常情，不過作一不才諫官爾，雖朝廷君子，亦將閔足下之不能，而不責以必能也。今乃不然，反昂然自得，了無愧畏，便毀其賢，以爲當黜，庶乎飾己不言之過。夫力所不敢爲，乃愚者之不逮，以智文其過，此君子之賊也。

作者先以兩個長句，從遠處落筆，網開一面，設身處地爲高若訥著想：居諫官之位，不思扶賢祛惡，補缺拾遺，只爲求祿養親，保官全家，是十足的庸人。但滾滾塵世間，庸人多矣，亦無可厚責。但筆鋒一轉，以短句有力抨擊高若訥，昂然自得，詆毀范仲淹，這就比庸人更可惡。又再進一步以短句說明，高若訥是一介愚夫，無力營救，也就罷了，但高若訥卻利用智識，歪曲是非，污白爲黑，掩自己不言之過，眞是士林敗類，德之賊也。作者利用迂回曲折的長句，在貌似平和的語氣中，透露出鄙夷和輕視；利用流利婉轉的短句中，寄寓犀利的詰責與嘲諷。在長短交錯運用裏，層層深入，高若訥的外衣一一剝落，露出一顆無可遁逃的奸宄心迹。

袁枚〈黃生借書說〉61一文，短句居多，間用長句。文章起首「書非借不能讀也」，七個字點出作者明確的觀點。作者敍述本身無書可讀時只云「余幼好書，家貧難致」顯得明快促短，頗具深意。但在對事物比較說明以寄寓道理時，則多用長句。如比較有物與無物的不同態度云：

非夫人之物而強假焉，必慮人逼取而惴惴焉摩玩之不已，曰：「今日存，明日去，吾不得而見之矣。」若業爲吾所有，必高束焉，庋藏焉，曰：「始俟異日觀云爾。」

這樣的長句，完整而嚴密的闡述作者觀點，表達深刻而複雜的思想。長短句的運用，使文章語言錯落有致，靈活多變。

魯迅的〈藤野先生〉62一文中，在寫到電影中出現槍斃中國偵探，而在場的中國觀衆卻還在歡呼時，有這樣一段的描述：

這種歡呼，是每看一片都有的，但在我，這一聲卻特別聽得刺耳。此後回到中國來，我看見那些閑看槍斃犯人的人們，他們何嘗不酒醉似的喝采，——嗚呼，無法可想。但在那時那地，我的意見卻變化了。

這段文字共三句話，第一句是短長句交錯，表現兩種不同感受：人們的精神麻木的嚴重，及我心靈的痛楚。第二句爲長句，儘管時空變化，但人們精神麻木的情形依然存在，透出沉重濃郁的悲憤情懷。第三句爲短句，以少許勝多許，表現出作者意志的果決。因此劉大櫆就說：「文貴參差，天之生物，無一無偶，而無一齊者，故雖排比之文，亦以隨勢曲注為佳。」63由於長短句式交互搭配，充分發揮了各自的功能，也造成作品跌宕起伏的語言節奏和情感律動。

四、多樣靈活

我國語言組合靈活，句式多樣，不同的句式可以互相變換，表達相同的意思，而細微的差別往往是強調重點不同或語氣情態不同，所以陳善《捫虱新話》云：「文字意同而立語自有工拙。」64許多古今佳作，十分注意句式的變化和選用，希望以最好的句式表達思想內容。像〈鄒忌諷齊王納諫〉65一文，字句變化精微，十分精彩。其文云：

（鄒忌）謂其妻曰：「我孰與城北徐公美？」其妻曰：「君美甚，徐公何能及君也！」……忌不自信，而復問其妾曰：「吾孰與徐公美？」妾曰：「徐公何能及君也」旦日，客從外來，與坐談，問之客曰：「吾與徐公孰美？」客曰：「徐公不若君之美也。」……暮寢而思之，曰：「吾妻之美我者，私我也；妾之美我者，畏我也；客之美我者，欲有求於我也。」……入朝見威王曰：「臣誠知不如徐公美。臣之妻私臣，臣之妾畏臣，臣之客有求於臣，皆以美於徐公。今齊地方千里，百二十城。宮婦左右，莫不私王；朝廷之臣，莫不畏王；四境之內，莫不有求於王。由此觀之，王之蔽甚矣。」……

鄒忌體態修長，形貌昳麗，引出鄒忌的妻、妾、客的贊美。在三問中，「謂其妻」、「我孰與城北徐公美」，是對妻親密的口氣；「復問其妾」、「吾孰與徐公美」對妾簡捷的口吻；「問之客」、「吾與徐公孰美」向客探詢的語氣，所問同一問題，同一意思，而句式各異，富於變化。在「思之」、「入朝見王」後，對「比美」結果作了三次重複，內容雖一，反映在文句上卻不同。「吾妻之美我者私我也；妾之美我者畏我也；客之美我者欲有求於我也」以並列關係複句組成，三個分句都是前果後因。「臣之妻私臣，臣之妾畏臣，臣之客有求於臣，皆以美於徐公」為因果關係複句，在表原因分句中，再並列妻、妾、客三層。「客婦左右，莫不私王；朝廷之臣，莫不畏王；四境之內，莫不有求於王，由此觀之，王之蔽甚矣。」為因果關係複句，但在表原因的三個分句中，卻改用了一組雙重否定句，用以強調自己的觀點。文中利用句式變化和字斟句酌，將人物心理狀態恰如其分描繪出來。

曾鞏〈墨池記〉⑯勸勉學者「精力自致」，強調「學問非天成」，而「欲深造道德者」必以勤學苦練為本。巧妙運用問句、感嘆句，使文章情韻悠揚。如「此為其故跡，豈信然邪？」的反問，把注意力帶到王羲之身上，表面是問，實是肯定，是強調。以下又說：「然後世未有能及者，豈其學不如彼邪？則學固豈可以少哉！況欲深造道德者邪！」一連串的問句，迫人思索，迫人作答，似問卻已答。本是一種肯定意見，卻用不定語氣或疑問語氣，把文勢推向高潮。用感嘆語氣，以強化事理，以慨嘆情緒，感染讀者，令人贊嘆。

再如朱自清的〈綠〉⑰也在句式靈動變化中，將深厚的情感蘊蓄其中。文中有一段云：

我曾見過北京十刹海拂地的綠楊，脫不了鵝黃的底子，似乎太淡了。我又曾見過杭州虎跑寺近旁高峻而深密的綠壁，叢迭著無窮的碧草與綠葉的，那又似乎太濃了。其餘呢，西湖的波太明了，秦淮河的又太暗了。可愛的，我用什麼來比擬你呢？我怎麼比擬得出呢？

文中先用肯定句表示出否定之意，又再用疑問句、反問句來贊嘆梅雨潭，表達出驚詫之情。沒有變化的文章，易陷於平弱呆板，讀之令人生厭。散文爲求生動姿態與靈動句法，必須講究變化，所以古人云：「發揮意旨在句，而點綴精神在字。至於用字造句，使之燦然成章，則又在乎意匠之經營耳。」⑱

第三節 散文修辭的選擇

黃侃《文心雕龍札記》嘗云：「作文之術，誠非一二言能盡，然挈其綱維不外命意、修辭二者而已。」⑲可知「修辭」對於寫作的重要性。語言既是思想情感的外露，又是心之聲，爲追求作品豐富內涵，造成震撼人心的藝術感召力，作者無不匠心獨運，講究各種修辭技巧，增加造詞生動性，也給作品增添了語言波瀾，獲得最佳效果。我國文章修辭品類繁多，異彩紛呈，現試擇其常用之排比、比喻、襯托、用典、誇張、通感、層遞等幾種主要修辭手法，進一步說明之。

一、排比

排比是三個或三個以上，結構相似或相同的詞句，表達相關意思。這種修辭技巧，成串或繁複的詞句，聯翩而至，像一串滾動的響雷，鏗鏘有力，氣勢連貫，令人接應不暇。近人梁啓超熱情澎湃的〈少年中國說〉⑩裡，針對帝國列強對中國「老大帝國」的譏笑，痛切呼喚「少年中國」誕生。呼籲國人煥發少年的銳氣，開創「少年中國」的新紀元。前一大段一氣十二組老年人、少年人對比的句子，末有八句論少年與中國崛起的關係，形成了頭尾兩處，排比句式交錯輝映的景觀。其文云：

老年人如夕照，少年人如朝陽；老年人如瘠牛，少年人如乳虎；老年人如僧，少年人如俠；老年人如字典，少年人如戲文；老年人如鴉片，少年人如潑蘭地酒；老年人如別行星之隕石，少年人如大海洋之珊瑚島；老年人如埃及沙漠之金字塔，少年人如西比利亞之鐵路；老年人如秋後之柳，少年人如春前之草；老年人如死海之瀦爲澤，少年人如長江之初發源。

九個排比並列複句，從不同方面列舉不同事物，每組之內前後互相對比，前後句句相接，環環相扣，層遞深入。這樣長串的排比不僅鮮明形象地突出了老年人與少年人的差異，並利用這種差異構成兩種截然不同的情緒。其中更採擷自西方科學事物，閃耀著新世紀的色彩，頗具鼓動力，增強論辯力量，讀來大有「江間波浪兼天湧」的氣勢。

〈曹劌論戰〉中曹劌說明敵情時，指出：「一鼓作氣，再而衰，三而竭。」這個句子的三個分句意義相關，句式相同，三個分句並具有層遞性，「擊鼓」是「一」、「再」、「三」；士氣是「作」、「衰」、「竭」。擊鼓的先後與士氣的高低變化呈反比，有力地表現出「鼓」與「氣」的密切關係，強調了「一鼓作氣」的重要意義。

李密〈陳情表〉⑪全文以四字句爲主，同時交叉穿插許多排比句，如述說朝廷和地方的徵詔情形：「詔書切峻，責臣逋慢；郡縣逼迫，催臣上道；州司臨門，急於星火」以遞進排比複句，由中央到地方，由大到小的官府步步緊密，層層相逼，通過如此渲染，再與祖母的生存狀況「日薄西山，氣息奄奄，人命危淺，朝不慮夕」相對照，感情強烈而形象生動地表現李密不肯應詔而不許，奉養祖母而不能的狼狽境遇，情意懇切淒惻，令人讀後回味無窮。

排比具有壯闊、均衡、參差之美，在統一中有變化，在變化中有統一，同時，易於使讀者產生相近聯想，給人以連續刺激，使語言較具體形象，可以使文氣貫通，語勢加強。

二、比喻

宋陳騤《文則》云：「易之有象，以盡其意；詩之有比，以達其情。」⑫不僅詩如此，散文亦然。比喻實是最常見也是最有表現力的一種修辭方法。許多優秀的作者憑著此物與彼物之間的飛翔想像，創造出許多新鮮別緻獨標一格的比喻，競相開放，爭奇鬥艷，所以錢鍾書說：「比喻是文學語言的根本。」⑬比喻也叫打比方，劉勰嘗說明比喻的方法：「夫比之爲義，取類不常，或喻於聲，或喻於貌，或擬於心，或譬於事。」⑭說明比喻沒有一定體例，可以從聲音、形貌、心理、事物等類似的特點作比譬，去描寫、說明、議論事理或寄託情思。柳宗元〈小石潭記〉起頭云：「從小丘西行百二十步，隔篁竹，聞水聲如鳴佩環，心樂之。」先從遠處所聞寫起，小石潭水聲叮叮咚咚「如鳴佩環」，這裡運用明喻繪其聲，未見其形，先聞其聲，其聲悅耳，使人「心樂之」，自然引出下文「伐竹取道」，尋訪小石潭。

杜牧寫〈阿房宮賦〉，神思飆舉，興會淋漓，揮動如椽的畫筆，「憑虛構象」，盡情渲染，構築了一座「覆壓三百餘里，隔離天日」的巍峨宮殿。其中有云：「長橋臥波，未雲何龍？複道行空，不霽何虹！」作者以並列性暗喻，故設疑句，無雲哪來的龍？原來是橫跨在渭水的上的長橋；不晴哪來的虹？原來是色彩斑斕的複道。極寫長橋、複道建造巧奪天工。前句寫實，後句虛寫，靜作動寫，平作曲寫，語不直致，假物寄意，比喻騰挪變化，搖曳多姿。

在散文中，有時一喻不足以成勢達意，往往要運用數喻——博喻。如果說比喻是一粒珠寶，博喻則是一串熠耀閃光的珍珠；比喻是一支花翎，博喻則是一束流金溢彩的艷羽。像朱自清筆下的春天景象是：

春天像剛落地的娃娃，從頭到腳都是新生的，它生長著。春天像小姑娘，花枝招展的，笑著、走著。春天像健壯的青年，有鐵一般的胳膊和腰腳，領著我們向前去。

這裡連用三個比喻，且三個比喻各有側重。第一個比喻抒寫春天是生命伊始，充滿蓬勃生機；第二個比喻是描寫春天的姿態和容貌，絢麗多彩，秀美動人；第三個比喻是揭示春天的氣質，蘊藏著無限的創發力量。這樣氣勢酣暢的比喻，生動細緻地刻劃出春天的各類特質，淋漓地抒發了作者贊嘆之情，給人鮮明的印象和強烈的感染。

說理性散文一旦恰當運用博喻，嚴肅的面貌馬上變得和靄可親，抽象枯燥的論述立刻變得娓娓動聽。像〈察今〉⑮一文的博喻，貼切生動，豐富深刻，達到了理透道明的目的。其文曰：

凡先王之法，有要於時也。時不與法俱至，法雖今而至，猶若不可法。故擇先王之成法，而法其所以爲法。先王之所以爲法者，何也？先王之所以爲法者，人也，而己亦人也。故察己則可以知人，察今則可以知古。古今一人也，人與我同耳。有道之士，貴以近知遠，以今知古，以所見知所不見。故審堂下之陰，而知日月之行，陰陽之變；見瓶水之冰，而知天下之寒，魚鱉之藏也。嘗一脟肉，而知一鑊之味，一鼎之調。

文中三喻一意，見此知彼，說明了察今應該知古，知古是爲了察今，深刻而形象的論證了中心論點。而這三個比喻，各有側重，各有角度，使文意更爲豐富。第一個比喻講的是由近知遠，見微知著，探流明源，由現象而知其本源。說明了「法」也得因時而變，因人而定。第二喻講的是由實見虛，由果知因，由此知彼，說明了從今天的立法可以推知古往今來所有的立法，都得「察今」的規律。第三喻講的是由點知面，由個別而知一般，由部分可了解全局，不僅知其然，而且知其所以然，說明從今天的立法可知歷代立法之途徑，並可知其立法的優劣高下。這三個比喻，多角度、多側面地論證中心論點，成功地做到了意達而勢成，令人回味無窮。

三、襯托

為了突出某事物，借用相類或相反事物，陪襯映照所要描寫的人物、環境及事件等的方法，稱作襯托。利用相類相似事物的特點與關係，從正面襯托主要事物，兩者互為映襯，相輔相成，就是正襯。蘇轍〈上樞密韓太尉書〉⑯有云：

轍之來也，於山見終南、嵩、華之高，於水見黃河之大且深，於人見歐陽公，而猶以為未見太尉也。

作者離家遠遊，求取天下奇聞壯觀，歷見名山大川，京華人物，當時見到容貌秀偉，議論宏辯的翰林歐陽修，他是有威望，有影響的知名人士，見到這樣的人物，是值得自豪。歐陽修自然是年輕的蘇轍所要交遊的天下豪俊之一，但這不是本文的目的，作者寫歐陽修的目的，是為寫勳望極高的韓太尉作陪襯，原來山外有山，樓外有樓，把作者急欲求見之情，含而不露的渲達出來。這樣的映襯，產生很好的跌宕效果。

像朱自清的〈綠〉刻劃梅雨潭的綠，用綠楊太淡，綠壁太濃，西湖波太明，秦淮河的太暗作為襯托，有力地說明梅雨潭綠的適中，作者以相類景物襯托主要景物，所謂兵強可以襯出將勇，在物物比襯中，既避免了刻板率直，又不露其底，妙不可言，不能不使人對這種「離合神光」的撲朔迷離的美，感到「驚詫」了。

運用相反或相異事物，使對立兩極的事物互爲映襯的方法，稱爲反襯，達到「相反而皆相成也」⑰的效果。像班固〈蘇武傳〉⑱一文，爲了突出蘇武堅韌的節操，崇高的品格，作者特意用衛律、李陵等降將來反襯蘇武。衛律先以死相脅，繼以富貴相誘，期使蘇武出賣靈魂，叛國投敵。李陵勸降則動之以情，例舉蘇武兄弟屈死，老母已死，妻子改嫁，妹妹及兒女存亡不知等家事，又告知漢朝法令無常，以瓦解蘇武對漢的忠心。蘇武悉以君臣和國家大義，自剖心迹，鮮明地展現蘇武威武不能屈，利祿不能誘，私情不能移的氣節和凜然難犯的英雄氣概。以醜襯美，使蘇武這一人物形象，至今仍綻放著耀眼的光芒。

賈誼〈過秦論〉中，在寫到九國諸侯，合縱締交謀劃弱秦時，先列出戰國四公子的姓名，並備加稱頌；再歷數六國政治、軍事、外交諸方面的人才，具體列出姓名的就有二十多人，但這次行動的結果是：「秦開關延敵，九國之師逡巡不敢進」、「縱散約敗」。作者這裡越寫諸侯人才衆多，氣勢之猛，就越能反襯秦國之強大與失敗之慘烈。這種反襯手法使得道理顯豁，主旨鮮明。同時，作者更利用極寫諸侯地廣人衆的基礎，從容地以九國諸侯作反襯，極寫陳涉之弱小，然而「成敗異變，功業相反」，反襯手法使得內容具體，事例充分，導出深刻的結論，極具說服力。

四、用典

用典又叫引用、用事或事類。《文心雕龍‧事類》云：「事類者，文章之外，據事以類義，援古以證今者也。」亦即援引前人事迹或摘取典籍語句，以加強語言表達的說明力，所謂「明理引乎成辭，徵義舉乎人事」[79]就是這個用意。作者借助經凝煉壓縮的故實，以引發讀者的聯想，與擴大想像空間，往往可以節省許多需要直接表達的文字，使古事古語和當前事實形成對應和交流，借他人而申發己意，讀者在品閱中，作品意蘊愈顯深厚味長。同時，典故具有約定俗成的隱括意義，一旦妥貼運用，就可使作者聲東擊西，借古人之棧道而暗渡自家心思，不動聲色之中盡傳情意。如劉禹錫〈陋室銘〉描寫陋室，以虛實結合手法從人、事、景三方面，有力表現了陋室不陋，及主人的「德馨」。文章至此，題旨得以彰明，但作者猶嫌不足，結尾又運用「南陽諸葛廬」、「西蜀子雲亭」兩個典故，使主題進一步深化，內容更加充實豐滿。這兩個典故，一是指三國時政治家諸葛亮隱居的處所；一個是指西漢大家揚雄著書的地方，而現在滿腹經綸的自己羈身陋室，不也像它們那樣名傳千秋嗎？諸葛亮、揚子雲德行非凡，功照青史，自己不也胸懷同樣的奇才遠志嗎？最末一句「孔子云：何陋之有」此句出自《論語・子罕》：「子欲居九夷。或曰：陋，如之何？子曰：君子居之，何陋之有？」[80]文中作者只引後半句，省去「君子居之」四字，體現出君子的風範，增強了文章「陋室不陋」的說服力。這三個歷史典故，虛實映襯，古今對比，使文章平添了幾分逸韻。若去掉文中的典故，不僅內容顯得單薄無味，題旨亦難以酣暢表達，形式也將變得局促呆板。

魏徵〈諫太宗十思疏〉一文，善於援引經典。引言的如：「居域中之大」、「江海下百川」、「可欲」、「知足」、「知止」，見於《老子》上篇；「善始者實繁，克終者蓋寡」，見於《詩經・大雅》；「怨不在大，可畏惟人」，見於《尙書》[81]……等，圍繞論題，中肯貼切，恰當自然，增強了文彩，加強了懾人心魄的力量。引事的如：「載舟覆舟，所宜深愼」作者暗引《孔子家語》：「孔子曰：侯君者舟也，人者水也，水可以載舟，亦可覆舟，君以此思危，則可知也。」[83]以水喻民，以舟喻君，申明居安思危的鑑誡之意。從文氣上看，「怨不在大」先壓一句，「可畏惟人」語氣上揚，接著「載舟覆舟，所宜深愼」，透過「畏」「覆」等字的運用，揭示出危險的具體性，把規勸引發到最高點，足以警訓萬世，流傳千古。文中多處引用，融於作者的文辭中，達到「用古事古論，暗藏其中，若出諸己。」[83]的地步，不但文句貫通，而且使文意增強了力度和深度。

至於林覺民的〈與妻訣別書〉[84]，全文用典多達十三處之多，是一篇巧用典故，用事不露痕迹的佳篇。如「吾不能學太上之忘情也」「太上忘情」語見劉義慶《世說新語．傷逝》：「聖人忘情，最下不及情，情之所鍾，正在我輩人。」[85]又房玄齡等撰《晉書．王衍傳》：「衍嘗喪幼子，山簡弔之，衍悲不自勝。簡曰：『孩抱中物，何至如此！』衍曰：『聖人忘情，最下不及情。然則情之所鍾，正在我輩。』簡服其言，更爲之慟。」[86]後用「太上忘情」指聖人不爲情感所動。作者借用此典表明自己決不能對國事冷漠無情，對社會現實無動於衷，對黑暗統治麻木不仁，而堅決踏上民主革命之路。另外如：「卒不忍獨善其身」，見於《孟子．盡心上》：「窮則獨善其身，達則兼善天下。」[87]此處暗用典故表明作者面對當前社會現實，不忍心只顧一己而不問別人，情願犧牲自己而爲天下人謀永福的願望，將一己之愛擴展爲普天下人之愛。此信感人至深，更可見出作者駕馭語言的功力，眞可謂言有盡而情無限。

五、誇張

誇張又稱誇飾，是文學作品中一種常用的修辭手法。劉勰就說：「自天地以降，豫入聲貌，文辭所被，誇飾恒存。」⑻可見誇張的這種手法源遠流長。誇張即言過其實，所謂「聞一增以爲十，見百益以爲千」⑼，其作用是「意在動人耳目，本不盡合論理學，亦不必盡付於事實。」⑽因此誇張修辭法意想翻空，詞句新奇，具有「發蘊而飛滯，披瞽而駭聾」；「談歡則字與笑并，論戚則聲共泣偕」⑼的藝術魅力。誇張的方式，有兩種：

一是直接誇張，指不借助於其他修辭手法，通過字面意義直接誇大或縮小事實。像《孟子》云：「國君好仁，天下無敵焉。」⑿孟子處在爭於氣力的戰國時代，誰有強大的軍事經濟力量，誰才能立足天下，所以孟子竭力誇大仁的重要性，才能鼓動人心，說服君主。

在《史記．項羽本紀》「鴻門宴」一段，寫樊噲的文字：

噲即帶劍擁盾入軍門，交戟之衛士欲止不內，樊噲側其盾以撞，衛士仆地，噲遂入，披帷西向立，瞋目視項王，頭髮上指，目眦盡裂。

這是鴻門宴上千鈞一髮的一刻，樊噲在軍門外聽到張良告急的消息後作出的反應。文中用「頭髮上指，目眦盡裂」的神情動作的誇張刻畫，就把樊噲在劉邦性命攸關時刻的滿腔義憤和臨危不懼的英雄氣概表現得維妙維肖。

二是間接誇張，指借助各種修辭手法來誇大或縮小事實。〈阿房宮賦〉中借助誇張性比喻，傳難言之意，繪難摹之形，如用「渭流漲膩，棄脂水也；烟斜霧橫，焚椒蘭也」極言宮女豪華靡費，再現秦皇收陳六國宮女的多美侈豪，增強宮女姸態的眞實感。

再如《戰國策·齊策》⑬中，記載蘇秦形容齊國之強盛，臨淄之富實一段：

齊地方二千里，帶甲數十萬，粟如山丘。齊車之良，王家之兵，疾如錐矢，戰如雷電，解如風雨。即有軍役，未嘗倍太山，絕清河，涉渤海也。臨淄之中七萬户，……甚富而實，其民無不吹竽、鼓瑟、擊筑、彈琴、鬥雞、走犬、六博、蹹踘者；臨淄之途，車轂擊，人肩摩，連衽成帷，舉袂成幕，揮汗成雨；家敦而富，志高而揚。

文中以誇飾性的比喻、排比，極盡敷揚張厲之能事，詞鋒壯偉恢奇，辯麗恣肆，其語言力量，大有天風海雨逼人之感。但是誇張並不是隨心所欲，只有眞實和藝術和諧統一，才能給人美感。西晉左思曾云：「美物者貴依其本，贊事者宜本其質，匪本匪質，覽者奚信？」⑭誠爲的論。

六、通感

通感又稱移覺，這是把人們某一種感覺去喚起人的另外一種感覺的表達方法，意即感情的溝通和移用，或相互聯繫，不僅可以增強語言的形象性，激發讀者更深層次的感受，而且可以把作者深摯的情感，多角度，多層次地表達出來，引發讀者強烈共鳴。像杜牧〈阿房宮賦〉中云：「歌台暖響，春光融融」這是說音響會暖，聲音會有溫度，是由聽覺到觸覺的溝通移用。

在朱自清〈荷塘月色〉中說：「微風過處，送來縷縷清香，彷彿遠處高樓上渺茫的歌聲似的。」就是用通感來描寫荷香，把微風送來的縷縷清香比作「遠處高樓上的渺茫的歌聲」。因荷塘中的荷花是零星點綴著，香氣幽微斷續，再經微風傳送，更顯得若有若無，這正和歌聲從遠處、高處傳來，飄渺似無，捉摸不定的感覺極爲相似，香氣雖是嗅覺，作者卻用「歌聲」聽覺作比，是由嗅覺到聽覺的轉移，不僅極爲貼切，而且使文章增添了一種音樂美，並調動了嗅覺和聽覺兩種器官的感受，使讀者從不同的角度去體味清幽淡雅的荷香，啓迪了人們更深遠的去領會作品的藝術魅力。

劉鶚〈明湖居聽書〉㊾文中寫小玉唱書中有一段：

> 初不甚大……五臟六腑裡，像熨斗熨過，無一處不伏貼，三萬六千個毛孔，像吃了人參果，無一個毛孔不暢快。……那王小玉唱到極高的三疊後，陡然一落，又極力騁其千回百折的精神，如一條飛蛇在黃山三十六峰半腰裡盤旋穿插，頃刻之間，周匝數遍。從此以後，愈唱愈低，愈低愈細，那聲音漸漸的就聽不見了。滿園子的人都屏氣凝神，不敢少動。約有兩三分鐘之久，彷彿有一點聲音從地底下發出。這一出之後，忽又揚起，像放那東洋烟火，一個彈子上天，隨化作千百道五色火光，縱橫散亂。

作者巧用通感，捕捉歌聲之妙，使人從流動的音樂中，去感受聲調的高低強弱。抑揚頓挫、快慢緩急，欣賞無窮的變化。寫曲聲初入耳時的妙境是：「五臟六腑裡，像熨斗熨過，無一處不伏貼；三萬六千個毛孔，像吃了人參果，無一毛孔不暢快。」這是化聽覺爲味覺、觸覺，使之具體可感，帶讀者進入「聲入心通」的藝術境地。接著寫曲聲的千折百回，聲調高低變化「唱到極高的三疊後，……那聲音漸漸的聽不見了」傳盡了婉轉迴旋，圓潤溜滑，輕疾柔美的特色。寫曲聲的「忽又揚起」「像放那東洋烟火，一個彈子上天，隨化作千百道五色火光，縱橫散亂。」這是化聽覺爲視覺，使之歷歷如見，用烟火的色彩繽紛寫聲音的紛繁熱烈，清脆悅耳。這些通感在藝術表現形式上雖採用比喻的手法，但設喻卻重在人體不同器官感覺的溝通，各種感覺的互相補充，在表情達意上就極富層次和立體感。

再者像朱自清的〈綠〉中梅雨潭的美：

她滑滑的明亮著，像塗了明油一般，有雞蛋清那樣軟，那樣嫩，令人想著所曾觸過的最嫩的皮膚。

梅雨潭水面具有「滑滑」「明亮」的特點，所以它像「塗了明油」的少女的肌膚，而少女美女的肌膚，又像「雞蛋清那樣軟，那樣嫩」，這是由視覺轉移到觸覺，巧妙地展現「滑」「亮」的視覺美與雞蛋清給人的「軟」「嫩」的觸覺感，讓讀者對梅雨潭醉人的「綠」，不但眼可見，而且手可觸，韻味十分生動傳神。

七、層遞

用三個或三個以上的語句，按文意由淺而深，由低而高，由小而大，由輕而重，或由深而淺，由高而低，由大而小，由重而輕，逐層遞增或遞減的排列的一種修辭技巧。由於層遞法「上下相接，若繼踵然」⑯可以使語言整齊和諧，一環扣一環，文意一步緊一步，逐步深化讀者的認識。如〈燕昭王求〉⑰一文，昭王登門求教於郭隗，如何招賢納士？郭隗避開正面回答說：

帝者與師處，王者與友處，霸者與臣處，亡國者與役處。詘指而事之，北面而受學，則百己者至；先趨而後息，先問而後嘿，則什己者至；人趨己趨，則若己者至；憑几據杖，眄視指使，則廝役之人至；若恣睢奮擊，呴籍叱咄，則徒隸之人至矣。

郭隗以古代帝王爲例，列舉四類帝王，說明對待人才的態度各有不同。對人才的不同態度，卻關係到國家興亡，王業成敗，以「百己者至」、「什己者至」、「若己者至」、「廝役之人至」、「徒隸之人至」逐漸趨下的用人態度，循序排列，漸漸引來，層層徐入，不迫不驟，增強了氣勢，加強了說服力，極委婉巧妙。

另外〈趙威后問齊使〉⑱一文，齊王派使臣問候趙威后，按照外交慣例威后應先問齊王，以表示答謝，但文中威后一見齊使，卻一反常態，文云：

趙威后問使者曰：「歲無恙耶？民亦無恙耶？王亦無恙耶？」使者不悅曰：「臣奉使使威后，今不問王，而先問歲與民，豈先賤而後尊貴者乎？」威后曰：「不然，苟無歲，何有民？苟無民，何有君？故有問，舍本而問末者耶？」

文中「歲、民、王」三者循列排序，說明威后把農作物收成、百姓生活看得比國君重要。齊使認爲她的問話是以賤爲先，以貴爲後，是輕重倒置。威后以「不然」加以否是，連發三問「苟無民，何以有民，苟無民，何以有君？故有問，舍本而問末耶？」威后認爲是由本到末，說明賤民則是棄本，逐層推進，筆捷而力勁，言簡而意足。

莊子〈痀僂承蜩〉⑲一文中言：

累丸二而不墜，則失者錙銖；累三而不墜，則失者十一；累五而不墜，猶掇之也。

作者用層遞句來表示苦練捕蟬本領的全部過程，由「累丸二」到「累五」，層層遞進；由「失者錙銖」到「失者十一」，由「失者十一」到「猶掇之也」，層層遞退。遞進和遞退的結合，強調練功的難度越來越大，失誤的情況越來越少，以突顯痀僂老人所練的本領越來越高明，清晰地展現在讀者面前，十分高妙。

第四節　散文節奏的安排

創作文章時，作者在一篇之中，往往會靈活運用各種修辭手法，彼此之間巧妙聯繫，結合謀篇布局特色，使尋常語句藝術化，對突出形象，增強作品感染力，產生很大的魅力。是以，鑑賞者唯有善察作品中各種修辭技巧，始足以妙會其微旨。

《禮記．樂記》云：「文采節奏，聲之飾也。」⑩但文章的語言節奏，不像詩歌那樣明顯，可以利用分行書寫的整齊句式和鏗鏘押韻，而是在作者思想感情的高漲低落，曲折迂迴，敷寫成文時，自然安排出抑揚抗墜的節奏。一般文章節奏的安排，具體體現在音調、聲韻與字句上。

一、平仄相間，音調和諧

我國文字，字分平仄，作者行文時，運用字音的音調，平仄交錯，或在句中，或在句末，有意識地配搭平仄，利用聲調的高低、升降、長短的變化，四聲交錯，有起有伏，聲音流轉如振玉，文辭圓潤如貫珠，揚抑有致的音律，造成語言的音樂美。賈誼〈過秦論〉中云：「有席捲天下，包舉宇內，囊括四海之意，併吞八荒之心」，四句中，「下、內、意」都是仄聲，連爲抑勢；「心」是平聲，歸於一揚。又「括、海、意」是三仄聲，「吞、荒、心」是三平聲，平仄完全對稱⑩。

像歐陽修〈五代史伶官傳序〉⑩云：

> 方其繫燕父子以組，逐梁君臣之首，入於太廟，還矢先王，而告以成功，其意氣之盛，可謂壯哉！及仇讎已滅，天下已定，一夫夜呼，亂者四應，倉皇東出，未及見賊而士卒離散，君臣相顧，不知所歸至於誓天斷髮，泣下沾襟，何其哀也！

文中多四字句，平仄交替，有時也借助虛詞調節，平平仄仄、仄仄平平、仄平平仄、平仄平仄等句型所占比重大，音調有輕重，高低有序，讀起來和諧可誦。

柳宗元〈捕蛇者說〉有云：「悍吏之來吾鄉，叫囂乎東西，隳突乎南北，嘩然而駭者，雖雞狗不得寧焉。」每句句末音調是平平仄仄平，有抑有揚，有頓有挫，音樂感很強。

此外，朱自清〈荷塘月色〉中云：

月光如流水一般，靜靜地瀉在這一片葉子和花上。薄薄的青霧浮起在荷塘裡。葉子和花彷彿在牛乳中洗過一樣，又像籠著輕紗的夢。雖然是滿月，天上卻有一層淡淡的雲，所以不能朗照；但我以為這恰是到了好處—酣眠固不可少，小睡也別有風味的。月光是隔了樹照過來的，高處叢生的灌木，落下參差的斑駁的黑影，峭楞楞如鬼一般；彎彎的楊柳的稀疏的倩影，卻又像是畫在荷葉上。塘中的月色並不均匀；但光與影有著和諧的旋律，如梵婀玲上奏著的名曲。

文中用「靜靜、薄薄、淡淡、彎彎」四個疊字詞，「彷彿、酣眠、參差、斑駁、月色、均勻、和諧」等七個雙聲、疊韻詞，尤其值得注意的是每句句末字調安排是「上（仄）、塘（平）、夢（仄）、味（仄）、上（仄）、曲（平）」平仄相間協調。而「但我以為這恰是到了好處——酣眠固不可少，小睡也別有風味」，其中「酣眠固不可少」和「小睡別有風味」平仄大致相對。而下文「荷塘的四面，遠遠近近，高高低低」平仄相對，而且二者位置不能顛倒，否則，會與下面的「是樹」一起成為六個仄聲句子，十分拗口。作者運用平仄相間，形成文章的韻律美和錯落美，如珠落玉盤，流轉自如，有立體感，令人聽來順耳，讀來順口，憑添文章無限韻律美。

二、聲韻相配，回環蕩漾

王國維說：「苟於詞之蕩漾處，多用疊韻，促節處用雙聲，則其鏗鏘可誦。」[103]其實不只是詞，許多優秀文章常常錯綜運用雙聲疊韻，利用聲母的短促，韻母的舒長，造成聲音回環效果，像前面舉過的朱自清〈荷塘月色〉，「月光如流水一般」一段中連用七個雙聲、疊韻詞，語言複沓回環，圓潤上口，表達曲折盡意，栩栩傳神。

在佳文美篇裡，也可以看到大量押韻的例子。通過韻腳的連繫，上下共鳴，前後呼應，也使篇卓增添了旋繞的音韻效果，所以王力就曾指出：「押韻的目的是爲了聲韻的諧和。同類的樂音在同一位置上的重複，這就構成了聲音回環的美。」[104]像韓愈〈進學解〉云：

> 夫大木爲杗，細木爲桷，欂櫨侏儒，根闑扂楔，各得其宜，施以成室者，匠氏之工也。玉札、丹砂、赤箭、青芝、牛溲、馬勃，敗鼓之皮，俱收並蓄，待用無遺者，醫師之良也。登明選公，雜進巧拙，紆餘爲妍，卓犖爲傑，校短量長，惟器是適者，宰相之方也。

此段有三層文句，每層都是雙句末字押韻，而於每層末尾一句：「匠氏之工（古音釭）」、「醫師之良」、「宰相之方」，「工、良、方」又押韻，韻中套韻，回環紆徐，讀來更覺抑揚抗墜之妙。

范仲淹〈岳陽樓記〉中有言：

> 至若春和景明，波瀾不驚，上下天光，一碧萬頃，沙鷗翔集，錦鱗游泳，岸芷汀蘭，郁郁青青。

其中明、驚、頃、泳、青五字押韻;頃、泳為仄聲;明、驚、青為平聲,造成聲音曲折繚繞的音韻美。

此外,在俞平伯〈槳聲燈影裡的秦淮河〉⑩文中云:

時有小小的艇子急忙忙打槳,向燈影的密流裏橫沖直撞。冷靜孤獨的油燈映見黯淡久的畫舫頭上,秦淮河姑娘們的靜妝。茉莉的香,白蘭花的香,脂粉的香,紗衣裳的香……微波泛濫出甜的暗香,隨著她們那些船兒蕩,隨著我們這船兒蕩,隨著大大小小一切的船兒蕩。有的互相笑語,有的默然不響,有的襯著胡琴亮著嗓子唱。一個、三兩個、五六七個,比肩坐在船頭的兩旁,也無非多添些淡薄的影兒葬在我們的心上—太過火了,不至於罷,早消失在我們的眼皮上。誰都是這樣急忙忙的打著槳,誰都是這樣向燈影的密流裡冲著撞;又何況久沉淪的她們,又何況飄泊慣的我們倆。……

整段中,便幾乎句句用韻,以韻腳「槳、撞、上、妝、香、蕩、響、唱、旁、上、槳、撞、倆、……」全段以韻腳穿梭回旋,渲染氣氛,帶人進入秦淮河詩情畫意的美景中,音韻縈縈環流,使人於文辭華麗外,更增一層音調和諧之感。

三、調劑句式,隨變適會

作者根據表達的內容和情感,有時會合理變化調整句式,或長短,或駢散,使其修短取均,奇偶相配,長短呼應,整散兼濟,於錯落中見統一,勻稱中見變化,避免了某種句式的單調板滯,而顯得緩急相間，錯落有致，讀來節奏和諧動聽，給人語言藝術上美的享受。郁達夫〈故都的秋〉⑩云：

在南方每年到了秋天，總要想起陶然亭的蘆花，釣魚台的柳影，西山的蟲唱，玉泉的夜月，潭柘寺的鐘聲。

「想起」之下的句子音節不完全相等，但句子結構相似，整齊勻稱，富於旋律，表達情意更為濃烈暢達。

朱自清的〈春〉有云：

盼望著，盼望著，東風來了。春天的腳步近了。一切都像剛睡醒的樣子，欣欣然張開了眼。山朗潤起來了，水漲起來了，太陽的臉紅起來了。

句子很短，節奏輕盈明快，富於變化，錯綜運用了一字頓、二字頓、三字頓和四字頓，更多運用二字頓和三字頓的快節奏，這些頓數猶如樂章的節拍，節拍分明，使文辭產生音樂感，更表達了作者的歡愉之情。

魏徵〈諫太宗十思疏〉一文，「十思」云：

君人者，誠能見可欲則思知足以自戒，將有作則思知止以安人，念高危則思謙沖而自牧，懼滿溢則思江海下百川，樂盤遊則思三驅以為度，憂懈怠則思慎始而敬終，慮壅蔽則思虛心以納下，想讒邪則思正身以黜惡，恩所加則思無因喜以謬賞，罰所及則思無因怒而濫刑。

「十思」部分，是積德厚義的具體內容方法，用正反相比的字句互為作用，揭示題旨。作者以整齊的

三、七句式，逐條排出，自然形成五組偶句，互爲比照，層層推進，形成抑揚頓挫的音律，節奏流暢優美，擲地有金石聲。

韓愈〈張中丞傳後序〉⑩⑦中云：

守一城，捍天下，以千百就盡之卒，戰百萬日滋之師，蔽遮江淮，沮遏其勢，天下之不亡，其誰之功也！

文中正面稱贊張巡、許遠的功績。前六句，每兩句構成一個整齊的對偶句式，而幾個對偶句式之間，又是一種參差不齊，長短相補的關係，通過長短不一，伸縮吐納，發而有節，形成一唱三嘆的風致，充分顯示出韓愈文章語言奇橫傑出的特色。

好的文章作品不應只是靜止的供人平面的目治，更應不違口耳，可供人聆聽的動態藝術品，所謂「誦之行雲流水，聽之金聲玉振」，給欣賞者帶來美的享受和神奇的魅力。

結　語

文章寫作如此辛苦費時又費神，但正是因爲作家們明白人的身體「形同草木之脆」，而著篇立言「名可逾金石之堅」的深遠意義，所以在寫作上，修辭立誠，造語精密，不辭勞苦，奮發蹈厲，冀盼警策妙語如「遊魚銜鈎而出重淵之深」⑩⑧，表達更爲確切生動，精益求精，不僅使文章「精神聚而色澤生」，更讓生命與精神閃出流光劃過時間夜空。由此可見，辭采確實是一種神妙的媒介手段，它既可以狀貌山川，描述歷史興衰的事迹和人物，又可以傳情寫心，表達人類複雜而豐富的內心世界。辭采使文章成爲動態的藝術精品，兼具時間與空間的藝術；可以暉麗三才，涵蓋萬有，表現和創造出廣大而深邃的藝術境界。

【附　註】

①王充《論衡・超奇篇》，見劉盼遂《論衡集解》（臺北，世界書局，民國六十四年），頁二八二。
②李翱《答朱載言書》，引自郭紹虞編《中國歷代文論選》，第二冊，頁一六五。
③見馬通伯校注《韓昌黎文集校注》，卷二，頁八四。
④《左傳・襄公二十五年》，見楊伯峻《春秋左傳注》，下冊，頁一一〇六。
⑤黃季剛《文心雕龍札記・章句》，頁一二三。
⑥劉大櫆《論文偶記》（清道光咸豐間黃氏本，臺北，中央研究院），頁三。
⑦姚鼐《尺牘・與石甫侄孫》（清宣統元年小萬柳堂重刊本，臺北，國家圖書館）。
⑧劉勰《文心雕龍・聲律》，頁五五二。
⑨徐師曾《文體明辨序說・文章綱領》，論詩，引皇浦汸語，頁八八。
⑩劉勰《文心雕龍・夸飾》，頁六〇九。
⑪劉勰《文心雕龍・風骨》，頁五一三。

⑫見蕭統《文選》，卷五十一，頁七〇七。
⑬吳楚材《古文觀止》，見王文濡校勘《評注古文觀止》，卷六，頁五。
⑭見柳宗元《柳河東全集》，卷二十九，頁三一三。
⑮《背影》甲輯，見《朱自清文集》，第一卷，頁一八三。
⑯楊樹達《漢文文言修辭學》（臺北，樂天出版社，民國六十一年），第四章，頁四〇。
⑰歐陽修《六一詩話》，見《中國歷代文論選》，第二冊，頁二四三。
⑱見趙翼《甌北詩話》（臺北，木鐸出版社，民國七十一年），卷六，頁八〇。
⑲司馬遷《史記・高祖本紀》，卷八，頁三四四。
⑳司馬遷《史記・項羽本紀》，卷七，頁二九六。
㉑諸葛亮《出師表》，見蕭統《文選》，卷三七，頁五一六。
㉒《蜀書・諸葛亮》，見《三國志集解》（臺北，藝文印書館，未著出版年），卷三十五，頁七八九。
㉓《集外散文》，《朱自清選集》第一卷，頁五八五。
㉔歐陽修《歐陽修全集・居士集》，卷三十九，頁二七六。
㉕同註⑭，頁三一六。
㉖見劉綬松《中國新文學史初稿》（北京，人民文學出版社，一九八二年），頁三三八。
㉗劉勰《文心雕龍・章句》，頁五七二。

㉘ 見范公偁《過庭錄》（臺北，新文豐出版社，民國七十五年），頁六一九。

㉙ 《左傳·文公二年》，上冊，頁五二一。

㉚ 見魏禧《魏叔子文集》，第七冊《日錄》，第二卷，頁三〇一五。

㉛ 陳騤《文則》（臺北，河洛出版社，民國六十八年），乙一，頁九。

㉜ 同註⑭，卷十六，頁二〇一。

㉝ 李清照《李清照集》，頁七一—七五。

㉞ 林紓《畏廬論文》，頁六十四。

㉟ 同註⑥，頁五。

㊱ 《左傳·莊公十年》，上冊，頁一八二—一八三。

㊲ 同註⑳，頁三一三。

㊳ 姚鼐《惜抱軒全集》，卷十四，頁一六九。

㊴ 見陳奇猷校注《韓非子集釋》（臺北，華正書局，民國六十四年），下冊，卷十九，頁一〇四〇—一〇七八。

㊵ 《莊子·養生主》，見郭慶藩《莊子集釋》（臺北，木鐸出版社，民國七十一年），卷二上，頁一一五—一二四。

㊶ 〈隨園詩話補遺〉，見袁枚《隨園詩話》（臺北，廣文書局，民國六十八年），卷五。

㊷ 同註㉗，頁五七〇。

㊸ 陸機《文賦》，見張少康集釋《文賦集釋》（臺北，漢京文化公司，民國七十六年），頁一〇四。
㊹ 見吳大受《詩筏》（臺北，新文豐出版社，民國七十五年），頁三五八。
㊺ 呂本中《童蒙詩訓》，見《中國歷代文論選》，第二冊，頁三七〇。
㊻ 見范仲淹《范文正公集》，卷三，頁一九。
㊼ 《全唐文》（臺北，匯文書局，民國五十年），二五冊，卷六〇八，頁七八〇三。
㊽ 見《周濂溪集》，卷八，頁六八九。
㊾ 劉基《誠意伯文集》（臺北，商務印書館，四部叢刊），卷七，頁一八三。
㊿ 王先謙《荀子集解》（臺北，藝文印書館，民國六十六年），卷一，頁一〇五。
51 同註③，卷一，頁二〇。
52 見《易傳．繫辭下》（臺北，學生書局，民國七十六年），頁三八五。
53 杜牧《樊川文集》，卷一，頁一七。
54 同註③，卷四，頁一四二—一四三。
55 蘇軾《東坡題跋》（臺北，新文豐出版社，民國七十五年），卷一，頁一七九。
56 吳曾祺《涵芬樓文談》，頁六四—六五。
57 李淦《文章精義》，頁七〇。
58 包世臣《藝舟雙楫．文譜》，頁七二。

⑲王世貞《弇州山人四部稿》（臺北，偉文圖書公司，民國六十五年），十三冊，卷一四四，頁六六一二。

⑳歐陽修《歐陽修全集·居士外集》，卷十七，頁四八九。

㉑袁枚《小倉山房文集》，卷二十二，頁二一三。

㉒魯迅《朝花夕拾》，見《魯迅全集》（北京，人民文學，一九八九年），第二冊，頁三○二。

㉓同註⑥，頁六。

㉔陳善《捫虱新話》，卷一，頁二四八。

㉕《戰國策·齊策一》，卷八，頁三三四—三三六。

㉖曾鞏《曾鞏集》（北京，中華書局，一九八四年），上冊，頁一七九。

㉗《蹤跡》第二輯〈溫州的蹤跡〉，見《朱自清文集》，第一卷，頁一四一。

㉘見鄭奠、譚全基編《古漢語修辭學資料彙編》（臺北，明文書局，民國七十三年），頁四六九。

㉙黃季剛《文心雕龍札記·鎔裁》，頁一一一。

㉚見《飲冰室文集》（臺北，中華書局，民國四十九年），第二冊，頁七一一一。

㉛李《陳情表》，見蕭統《文選》，卷三七，頁五二四。

㉜同註㉛，丙一，頁一二。

㉝錢鍾書《舊文四篇》（上海，上海古籍出版社，一九七九年），《讀〈奧孔拉〉》，頁三六。

㉞劉勰《文心雕龍·比興》，頁六○二。

⑺《呂氏春秋．察今》（臺北，臺灣中華書局，民國六十一年），頁一八、一九。
⑺蘇轍《欒城集》，卷二十二，頁一。
⑺《漢書．藝文志》（臺北，藝文印書館，未著出版年），卷三十，頁八九九。
⑺同上註，卷五十四，頁一一四八－一一五二。
⑺劉勰《文心雕龍．事類》，頁六一四。
⑻《論語．子罕》，見朱熹《四書集註》，頁五九。
⑻《尚書．康誥》（臺北，中華書局，民國五十六年），卷八，頁二。
⑻《孔子家語》（臺北，商務印書館，民國七十年），卷一，頁十五。
⑻高琦《文章一貫》（臺北，中央研究院傅斯年圖書館）。
⑻見王祖獻《近代散文選析》（安徽，安徽教育出版社，一九八六年），頁二五八－二六〇。
⑻劉義度《世說新語．傷逝》，見余嘉錫《世說新語箋疏》（臺北，華正書局，民國七十三年），頁六三八。
⑻《晉書．王衍傳》（臺北，中華書局，民國五十六年），卷四十三，頁八。
⑻《孟子．盡心上》，見朱熹《四書集註》，頁一九〇。
⑻劉勰《文心雕龍．夸飾》，頁六〇八。
⑻王充《論衡．藝增篇》，見《論衡集解》，上冊，頁一七五。
⑼范文瀾語，見《文心雕龍注》，頁六一〇。

㉛ 同註㊳，頁六〇九。
㉜ 《孟子·盡心下》，見朱熹《四書集註》，頁二〇五。
㉝ 同註㉕，頁三三七。
㉞ 左思〈三都賦序〉，見蕭統《文選》，卷四，頁七四。
㉟ 見劉鶚《老殘遊記》（臺北，黎明文化公司，民國七十四年），第二回，頁一七——八。按：此書為小說，但〈明湖居聽書〉，一般學校則多單獨節選成篇，以作為散文閱讀篇章。
㊱ 同註㉛，丁一，頁一七。
㊲ 《戰國策·燕策二》，卷二十九，頁一〇六四——一〇六六。
㊳ 《戰國策·齊策四》，卷十一，頁四一八。
㊴ 《莊子·達生》，見《莊子集釋》，卷七上，頁六四〇。
㊵ 《禮記·樂記》，見孫希旦《禮記集解》，卷三十八，頁四九六。
㊶ 見啓功《詩文聲律論稿·散文中的聲調問題》（臺北，明文書局，民國七十一年），頁一二一——一二三。
㊷ 《新五代史·伶官傳》（臺北，鼎文書局，民國六十八年），卷三十七，頁三九七。
㊸ 王國維《人間詞話》，見徐調孚《校注人間詞話》（臺北，漢京文化公司，民國六十九年），〈人間詞話刪稿〉二，頁三九。
㊹ 王力〈中國古典文論中談到的語言形式美〉，見《王力論學新著》（廣西，廣西人民出版社，一九八三年），

頁三三。

⑩⑤ 見《俞平伯散雜論編》（上海，上海古籍出版社，一九九〇年），頁五九—六〇。

⑩⑥ 見《郁達夫散文》，中冊，卷四《隨筆小品》，頁一七七。

⑩⑦ 同註③，卷二，頁四四。

⑩⑧ 同註㊸，頁二五。

第七章　散文氣勢的鑑賞藝術

前　言

氣勢又稱爲氣，或文氣，歷來文家非常注重文氣，他們看到散文「專以理爲主，則猶未盡其妙也。」①這是因爲散文一味強調文意，行文容易流於枯躁乏味，拘謹板滯，因此章學誠主張：「文非氣不立」②，劉大櫆也認爲：「文章最要氣盛」③。他們指出作品中灌注了充沛氣勢，才能嫵媚多姿，產生動人力量，所謂「虎豹之文，蔚而騰光，氣也。」④因此「氣不可以不貫，不貫則雖有英詞麗藻，和編珠綴玉，不得爲全璞之寶矣。」⑤說明作品中有了充沛氣勢，不僅動人心脾，更能成爲「全璞之寶」，可見「文氣」在散文中重要的地位。

文氣是一種打動人，喚起人美感的藝術力量，那麼，文氣是什麼？曹丕最先提出「文以氣爲主」的主張，劉勰也說：「意氣駿爽，則文風清焉。」⑥而姚鼐也說：「文字者，猶人之語言也。有氣以充之，則觀其文也，雖百世而後如立其人而與言於此，無氣則積字焉而已。」⑦由這些說法可以明白，作者的志趣、品格、個性、才能等整個精神面貌，決定作品的生命力和感染力的強弱。而當作者把自己的氣運行文章之中，並將「理、事、情三者」以氣「總而持之，條而貫之」，「三者藉氣而行」⑧，文章則流露天然精神鬱發流蕩。同時，作者創作時會「於一氣行走之時，時時提起」⑨，以力求文氣跌宕起伏，產生氣勢美。另一方面，由於「意與氣相銜而爲辭」，然後作品便「有聲音節奏高下抗墜之度，反複進退之態，彩色之華。」⑩鑑賞之時，讀者遂可經由作品的字句、音節、聲調、語氣等，尋其端倪，領悟作品的文氣，像李夢陽〈駁何氏論文書〉就說：「辭之暢在其氣也。」⑪徐禎卿《談藝錄》云：「馳軼步驟，氣之達也。」⑫所以劉大櫆就指出鑑閱散文時：「學者求神而得之於音節，求音節而得之於字句，則思過半矣！」⑬作品中文氣之盤旋貫注，語勢之抗墜抑揚，鑄成了文章最精妙神化之風貌。綜合這些論述來看，歷來文家他們認爲作者爲文時表現出來的精神狀態，與文章內容相輔相成，同時以「氣」運辭，語言才能「挿字堅而不移」，以「氣」負聲，音調才能「結響凝而不滯」⑭，文辭才能璀璨華美煥然有神氣。無「氣」之文，不過是一篇文字的堆積罷了，所以，氣是最主要的，是決定文章藝術生命和價值的標幟。方東樹《昭昧詹言》說：「凡詩文、書、畫，以精神爲主。精神者，氣之華也。」⑮詩文、書畫，形式不同，道理相同。這種從意、氣、辭三者關係著眼認識的「氣勢」，具體而全面，文氣則有規可循，有跡可求。我們可以這樣理解：所謂「氣勢」，一方面是作者才情、氣質、生命力的表現，一方面是作者創造力的發揮，即散文作品的藝術生命，二者因內而符外，借外而顯內。至於「氣勢」的品賞，具體來說，可以從情感力量、邏輯力度、藝術形式、誦讀體味四方面入手體察。

第一節　散文情感力量

這是指「氣勢」表現在散文裏，以情感強烈見長者。人之稟氣，必有性情，應物斯感，情感自有一股薰陶的力量，作者只要表現出一股充沛而眞實的情感，就自然會產生一種生命力，一種藝術感染力。所以《文心雕龍．風骨》指出：「情與氣偕」，章學誠也認爲：「凡文不足以動人，所以動人者，氣也。」⑯氣昌情摯的作品才會動人，這是因爲「氣不能自顯，情顯則氣在其中」⑰，當情感形成一種氣勢，似乎文中每個詞語都充滿活力，精光照人。雖然作者情感世界極爲複雜，但是我們仍可從作者宣達情意的角度來歸納，大致可分爲以下兩種類型。

一、直抒胸臆，吐露真情

作者以濃烈眞摯之情爲文時，往往「氣形於言」，而「辭盈乎氣」，以至作品「氣揚采飛」⑱。作品感情色彩濃重，作者個性特色突出，文章的藝術生命力、感染力因之大爲提高。例如鄒陽從獄中上書梁孝王，痛切陳述自己所蒙受的不白之冤，劉勰鑑賞後就指出：「鄒陽上書，膏潤於筆，氣形於言」，另外如司馬遷〈報任安書〉、東方朔〈與公孫弘借車書〉、楊惲〈報孫會宗書〉等等，都充滿作者發自肺腑的眞摯感情，所以劉勰說這些作品：「志氣盤桓，各會殊采」⑲。

至於寫情誠樸貫注，字詞鏗鏘雄邁，爲歷來文家所推崇的作品更不在少數。像韓愈〈祭十二郎文〉以抒衷情爲主，其中一段：

> 孰謂少者歿而長者存，強者夭而病者全乎？嗚呼！其信然邪？其夢邪？其傳之非其眞邪？信也，吾兄之盛德而夭其嗣乎？汝之純明而不克蒙其澤乎？少者強者而夭歿，長者衰者而存全乎？未可以爲信也。夢也，傳之非其眞也，東野之書，耿蘭之報，何爲而在吾側也？嗚呼！其信然矣！吾兄之盛德而夭其嗣矣！汝之純明宜業其家者，不克蒙其澤矣。所謂天者誠難測，而神者誠難明矣！所謂理者不可推，而壽者不可知矣！……嗚呼哀哉！嗚呼哀哉！⑳

作者悲戚哀惋的感情潮水，如長江大河，渾浩流轉，放縱奔騰，江濤拍岸，一瀉千里，造成汪洋恣肆的氣勢，正如方苞所說：「韓一語出，則眞氣動人」㉑。

又如孟子〈梁惠王上〉云：「庖有肥肉，廄有肥馬，民有飢色，野有餓莩，此率獸而食人也。獸相食，且人惡之；爲民父母，行政，不免於率獸而食人，惡在其爲民父母也？」㉒作者以激憤的感情，氣勢充沛，豪爽直率，咄咄逼人的言辭，當面指責梁惠王，作者人格剛正，愛憎強烈的特質，正是形成他散文氣勢磅礴激越的內在要素，使他行文如飄風，如雷霆，動人心扉；如長江大河沖決而下，不受任何阻礙，全似胸中自然流出，滔滔滾滾，其鋒不可犯，其勢不可擋。

另如賈誼〈過秦論〉文章有揚有抑，有波有瀾，起伏交替，顯現出無可辨駁的氣勢。清章學誠曾評云：「氣如河海，誦讀一過，而過秦諷漢之意，溢於言外。」㉓即是從篇章內在情感氣勢來體會。

全篇前半揚秦，像波濤席卷，雄渾浩蕩，銳不可擋；後半諷秦，「然而陳涉」以下陡然下跌，如長河堤決，泰山崩峰，令人瞋目結舌，心潮澎湃；結尾「仁義不施，而攻守之勢異也」戛然而止，其氣迴蕩，振振不絕。文中滲透著情，燃燒著情，生發出淩厲峭拔的氣勢，讀之令人擊節而嘆。

再如徐志摩〈我所知道的康橋〉，作者從抒唱內心感情的角度下筆，寫康橋旖旎的風光，引導讀者去領略克萊亞「脫盡塵埃氣」的「聖潔精神」，飽覽三環橋「純粹美感的神奇」，去追逐天邊夕陽，在春天林野遨遊，一起「摟抱大地的溫軟」㉔，撒開筆墨，任其猖狂馳騁，盡情謳歌，把他自我的情緒注入讀者的性靈，這種不受羈勒的情思，澎湃的激情，使他的散文形成激昂淩雲，瑰瑋飛騰的氣概。

二、托寓情性。

作者改變單純直敘其情，而「搜求於象」，即借外物以妙寄綿邈深情，文中狀物，非「沾沾焉詠一物」，而是爲了「借物以寓性情」㉕，隱然蘊於其內，使文章內容更充實，感情色彩更豐富，寓意更有神味，以提升讀者心靈，帶其進入一個嶄新的精神境界。柳宗元的〈始得西山宴遊記〉㉖因自己的困頓寄情山水。文中分從未遊、始遊兩方面來寫。寫未遊西山前，作者「居是州，恆惴慄」心情很壞，並追求歷次出遊情景，以群巒之異態爲下文西山怪特別緻情貌作鋪墊。然後簡寫攀登西山之難，點出西山是人跡罕至，極爲幽遠之地。作者身居西山之顛，在宴遊中突顯「始得」之樂。作者濃墨渲染西山卓立不群的非凡氣象：

攀援而登，箕踞而遨，則凡數州之土壤，皆在衽席之下。其高下之勢，岈然洼然，若垤若穴；尺寸千里，攢蹙累積，莫得遁隱；縈青繚白，外與天際，四望如一。然後知是山之特立，不與培塿爲類。悠悠乎與顥氣俱，而莫得其涯；洋洋乎與造物者遊，而不知其所窮。

描寫時作者不斷變換觀察角度，平視眺望、俯視鳥瞰，把千里之地，濃縮在尺寸之間，在疏密虛實間，勾勒出包攬萬物，總領天下的壯觀場面，確乎予人一種「遠岫與雲容交接，遙天共山色交光」的情趣。作者在寬廣博大，無邊無際的西山，領略到西山昂首天外的氣象，精神上豁然開朗，得到解脫，達到「心凝形釋，與萬化冥合」，物我兩忘之境，超越時空的束縛，獲得了恣心快意的自我肯定。文中景物描寫都滲透作者的主觀情懷，從「恆惴慄」到「心凝形釋」，也把作者寓於該篇遊記中的深沉執著的情感暗暗點出。

歐陽修〈秋聲賦〉㉗一文，作者由幻覺到眞實感覺，形神兼備的描寫秋風，給人開拓了一個廣闊的想像空間。下文由秋聲而聯想到秋天景象和特徵，肆筆舖寫秋色、秋容、秋氣、秋意、秋聲，描繪出秋天山川寂寥、草木零落的蕭條景象，以及渲染慄冽、肅殺的氣氛，這是自然界時令氣候變幻的規律。文章再由自然界物盛而衰的規律，不禁聯想到人類形神的變化，進而思索人生問題。作者把無情的草木和有情的人類作對比。草木遇時會摧敗凋零，是自然現象。但是作者指出：

人爲動物，惟物之靈，百憂感其心，萬事勞其形，有動於中，必搖其精。而沉思其力之所不及，憂其智之所不能，宜其渥然丹者爲槁木，黟然黑者爲星星。

人類形神變化實是由於憂勞、憂思所致，秋聲並非是摧敗人形神的最根本原因，因此作者結尾說「念誰爲之戕賊，亦何恨乎秋聲？」寥寥數字而意味深長，容無盡感慨覃思於其中而不動聲色。作者主張革新，卻爲權貴所不容。他爲范仲淹的罷官抗爭，被貶夷陵縣令。又因參與慶曆新政得罪權貴，被貶滁州太守。由於敢於仗義直言，「邪黨益忌修」，再貶地方官十餘年。作者雖屢受挫折，卻未曾妥協，「修平生與人盡言無所隱，及執政，士大夫有所干請，輒面諭可否，雖台諫官論事，亦必以是非詰之，以是怨誹益衆。」㉘可見作者的憂心勞形，並非自不量力的「思其力之所不及，憂其智之所不能」的自我摧殘，而是外在腐敗的政治環境，官場的明爭暗鬥，互相傾軋所致。文章跌宕回旋，醉翁之意不在秋，情意深濃，含蘊耐嚼。作者托物言情，氣勢潛行，柔婉多姿，蘊藉深沉，令讀者玩味再三。

第二節　散文邏輯力度

這是指「氣勢」表現在散文裏，以說理深刻取勝。常言道：「理直而氣壯」、「義長而氣盛」，文氣與文章內容及其內在邏輯性結合，有著強大的威懾力，故有「一人之辨，重於九鼎之寶，三寸之舌，強於百萬之師。」㉙之說。郭紹虞說得好：「蓋理直則氣壯，氣盛則言直，氣是理與言中間的關鍵。」㉚思想內容充實流貫，邏輯嚴密的強大力量，經由作者將此內在之理，形之於上下適當的語言，則形成文章中沛然莫之能禦的文氣。歷來爲文家所喜用，所稱道之法，主要體現在以下幾方面：

一、緣事導理

有的事件本身不複雜，但事件本身所包含的道理卻很深刻，作者常用以事言理，從事中引申出深刻道理，或提煉出一個有普遍意義的觀點，將氣勢寓於強大說理深度之中，具有很強的說服力。柳宗元〈捕蛇者說〉，全文先交代永州之人爭相捕蛇原因，接著詳細描寫蔣氏一家人悲慘遭遇及其捕蛇十二年切身感受：不願納稅，仍要捕蛇，寧可被毒蛇咬，也不堪忍受徵賦悍吏的欺凌。最後，作者引孔子之言，反詰句式提出：「孰知賦斂之毒有甚是蛇者乎？」此正是中心論點。劉勰說：「理形於言，敘理成論」㉛，這篇文章的敘述過程，實際上恰是其論證過程，深刻揭露民不聊生是上位者橫徵暴斂，胡作非爲所至。縱觀全文往復回旋，語氣連貫，氣勢暢達，噴薄而出，讀後使人經久不忘，千百年來傳誦不衰，不足爲怪。

賈誼〈過秦論〉全文除最後爲論點外，十分之八的篇幅是敘事。作者精當的歸納和截取事實，其重點有四：其一寫秦孝公任用商鞅，國勢始強。其二寫惠文、武王、昭襄三世蠶食六國，威懾諸侯。其三寫始皇「奮六世之餘烈」，武力統一天下，又施暴政於民。其四寫陳涉起義，天下響應，秦朝迅速覆滅。全文依時間順序，述說秦由弱而強，又由強而弱，直至滅亡的過程。其一、二寫秦的富國強兵，一統天下實靠武力和權謀；三、四寫秦始皇立國，秦朝速亡，前後對照，爲論點提供依據，爲後文發展蓄勢，有了前面的鋪墊，最後揭出論點，水到渠成，具力拔千鈞之勢。

其他像司馬遷的〈報任安書〉㉜一文，爲了說明卓越特出之人心有鬱結，便著書立說，直述往事，寄希望於未來，他們雖身陷逆境，卻能有所作爲。文中舉了許多事實：

文王拘而演《周易》；仲尼厄而作《春秋》；屈原放逐，乃賦《離騷》；左丘失明，厥有《國語》；孫子臏腳，兵法修列；不韋遷蜀，世傳《呂覽》；韓非囚秦，《說難》、《孤憤》；《詩》三百篇，大抵聖賢發憤之所爲作也。

其中每句話都包含一個史實。這些含蓋極其豐富的內容，經過作者提煉濃縮，截取了其中共通的兩點，即逆境和成就，用以顯示議論根據，證明作者觀點。全文波瀾層折，姿態橫生，使讀者有一唱三嘆之致。

二、析事論理

剖析事情本身，引出固有的道理。劉勰說：「論如析薪，貴能破理。」㉝剖析事理就是找到事物的「紋理」，即事物內外聯繫的「交接處」。作者按這些「紋理」把事物綜合分析，化隱爲顯，把蘊含在事物中的道理揭示出來。比如蘇軾的〈留侯論〉㉞就是運用此法，全文圍繞「忍」字展開論析，文章起篇云：「古之所謂豪傑之士，必有過人之節」，伏下「忍」字。接著分析老者授書之事，以爲老者爲秦時隱者，役使張良，其意並非授書，而在使張良「有所忍」也。其次以歷史事實，鄭伯能忍，莊公不敢伐鄭；勾踐能忍，故而雪恥成功，用以說明老者所以折張良「剛銳之氣」，是因爲張良才氣有餘而度量不足，不知「忍小忿而就大謀」。再引劉邦之所以勝而項羽之所以敗，也在「能忍與不能忍之間」，而劉邦之所以能忍，正是張良教誨的結果。最後以張良貌非奇偉，而志氣超人，善斷而又能忍，此張良所以爲張良也。一層層順理剖析，論述了自己的主張，駁斥了「世以爲鬼物」的說法，使得文章達到了「理辯則氣直，氣直則辭盛」㉟的境界。

王安石〈答司馬諫議書〉一篇，作者對司馬光信中言論作了有力的回擊。文中首先提出名實問題作爲判斷天下之理的總原則：「蓋儒者所爭，尤在名實，名實已明，而天下之理得矣。」爲下文的批駁打下堅實基石，接著針對司馬光的攻訐概括爲「侵官、生事、徵利、拒諫」等四項，循名責實，連用四個否定句，舉出事例，逐一駁斥，指出這些罪名全是名實不符的誣蔑誹謗。這樣的駁論方式，剛勁斬截，筆鋒犀利，雄辯有力，一股精悍之氣力透紙背，具有極強的威懾力和感染力，所以吳汝綸稱其文云：「固有傲兀成性，究以理足氣盛，故勁悍廉厲無枝葉如此。」㊱理足氣盛，英氣逼人是本文的一大特點。

韓愈〈師說〉一文，從「古之聖人」與「今之衆人」；「擇師教子」與「其身」「恥師焉」；「巫醫樂師百工之人，不恥相師」與「士大夫之族」；聖人與士大夫等從歷史與現實、正面與反面各個角度層層相比，論證「從師」這一開篇論點的必要性，四面八方，辨析嚴密，周周折折，無懈可擊。

三、借物說理

王充《論衡》中說：「何以爲辨？喻深以淺；何以爲智？喻難以易。」㊲劉向《說苑．善說》也說：「……以其所知，諭其所不知，而使人知之。」㊳這些都在說明以理取勝的作品，並不只是一味嚴肅抽象說理，作者還須善於以豐富的聯想力，巧妙運用比喻、類比、寓言故事等手法，即借助淺近的、具體的事物或物體來闡發一個深刻道理，不僅要以無可辯駁的邏輯力量來征服讀者，更要使深奧的道理具體形象化，以調動讀者的想像空間。魏徵〈諫太宗十思疏〉文章首段以固木本、浚水源的喻證法，指出國安「必積其德義」的重要性，這個總結論，統攝全文。此段再歸結到「居安思危，戒奢以儉」隱括出「十思」基本內容。次段以引證法間接論證守成之君易失人心，導致亡國的原因，在「得志」則「傲物」，「傲物」則「骨肉為行路」，「骨肉為行路」則民生怨，民怨沸騰則可以「覆舟」，安中伏危，連鎖推論，說理透闢。又次提出「積德義」的具體辦法，是總論點的具體闡發，使文章前後互為映照，互為作用，鮮明揭示題旨。全文「氣勢」，是在蘊涵著深刻又形象的理性之中，顯現得深厚雍容。

荀子〈勸學〉篇，全文二十多個比喻，都是日常生活中看得見，摸得著的具體事實，從正反設喻，兩相對照，構成一幅幅形象的畫面，通過這些畫面，層層推理，逐步深化，不僅把抽象道理講得非常深刻，十分透徹，而且能啓發讀者思考，讓讀者在大量的比喻中，自然地得出令人信服的結論。所謂「喻巧而理至」㊴，文中這些比喻融合成一種藝術情致，達到氣脈貫通的境地，發人深省。

〈孟子見齊宣王〉一章中有云：

孟子見齊宣王，謂齊宣王曰：「王之臣，有託其妻子於其友而之楚遊者，比其反也，則凍餒其妻子，則如之何？」王曰：「棄之。」曰：「士師不能治士，則如之何？」王曰：「已之。」曰：「四境之內不治，則如之何？」王顧左右而言他。㊵

齊宣王治國無方，卻不知檢討。孟沒有直訴其行徑，而先舉兩個和齊宣王相類的事例：作為朋友不盡職，應當拋棄他；作為將帥不盡責，應當罷黜他；那麼作為國君不稱職，應當如何不言而喻，作者利用類比推論的邏輯力量，令人無法辯駁，使齊宣王不得不「顧左右而言他」。

《呂氏春秋．察今》㊶一文中，用了「循表夜渡」、「刻舟求劍」和「引兒投水」三則寓言，圍繞文章主旨進行說明，每則都有故事，有具體形象的勾勒：楚人深夜偷渡，淹死千餘人，因為他們按原來測量的表志偷渡，不知河水時漲時落，不斷變化；刻舟求劍而終不得劍，因為他不知舟已行，而劍不行的道理；引兒投水之所以可笑，因為他不懂得父親善游並不等於兒子善游。三則寓言批判以死守法，泥古不化，從不同角度、形象說明了因時變法的重要性。這些故事中的形象，能喚起人們的聯想，使說理更富雄辯力，使人心悅誠服。

第三節　散文藝術形式

散文「氣勢」的力度和態勢的形成，主要是作者理性火花的閃耀或情感激流的湧動，而這種閃耀與湧動的外在呈現，還有賴於藝術的提煉和語言藝術技巧的配合，才能形成「文氣」的飛動之勢，流動之態，使人可感、可聽、可見，達到「其氣充乎其中，而溢乎其貌，動乎其言，而見乎其文」㊷的境界。在藝術形式上，表達技巧和字句音調等方面，是領略「氣勢」的入門之路。

一、表達技巧

文章的氣勢形成後，只有以一定的藝術技巧予以傳達，才能顯露「氣勢」。怎樣進行傳達呢？清梅曾亮在〈舒伯魯文集序〉中有言：「文氣貴直，而其體貴曲，不直則無義暢其機，不曲則無義達其情。」㊸這裏說的「直」，是指文氣所負載的主題思想鋒利深刻，一貫到底，力透紙背。「曲」是指表達上要曲折頓宕，傳達文氣要有發展，有層次，有變化，如「縈雪伏霄，伸卷萬象」。就像顏之推所說：「凡爲文章，猶人乘騏驥，雖有逸氣，當以銜勒抑之。」㊹高明的作者都各擅煉氣造勢之妙，在層出不窮，千轉萬變中，使文氣飛揚生動，轉掉自如。那麼，作者運用哪些表達技巧使文章有氣勢呢？

㈠**借助轉折以蓄勢**。唐彪《讀書作文譜》言：「文章無一氣直行之理。一氣直行，則不但無飛動之致，而且難生發。」㊺所以運用轉折是爲了蓄勢，九曲黃河才有奔騰之力，平趨直瀉是難以言力的。如王安石的〈讀孟嘗君傳〉，本意在於說明孟嘗君不能得士，但卻以反語「士皆稱孟嘗君能得士」起筆，然後發出「嗟呼！孟嘗君特鷄鳴狗盜之雄耳」的慨嘆，此語一出，翻出新意，筆勢凌厲。接著，文章推進一層，指出：「不然擅齊之強，得一士焉，宜可以南面而制秦」文又一轉，至此令人回顧，確實孟嘗君未能得一士，進一步闡發了「眞能得士」之效，文章乘勢而下，末尾結論：「鷄鳴狗盜之出其門，此士之所以不至也！」一語道破「不能得士」的原因。沈德潛評云：「語語轉，筆筆緊，千秋絕調。」㊻全篇行文宛如遊龍，前瀠後拂，左起右落，攬八面來風，推四方波瀾，一氣翻捲的文氣，使全文爲之震動。

韓愈〈答李翊書〉介紹自己二十多年來，學習古文的切身經驗，分四個層次用了三個轉折：一曰：「始者非三代兩漢之書不敢觀，非聖人之志不敢存。」……「然後識古書之正僞，與雖正而不至焉者，昭昭然白黑分矣，而務去之，乃徐有得也。」第一階段得其「正」。二曰：「當其取於心而注於手也，汨汨然來矣。」……「如是者亦有年，然後浩乎其沛然矣。」第二階段求其「沛然」。三曰：「吾又懼其雜也……然後肆焉。」第三階段求其「醇」。四曰：「雖然，不可以不養也。」，第四階段求其「養」。全文各段通過一轉再轉，曲折向前，所以高步瀛《唐宋文舉要》就指出：「『抑有難者』以下，轉接超忽，起落迅疾，筆勢如飄風，如湧泉，令讀者心駭目眩。」㊼全文氣勢浩瀚，但能於馳驟中有轉折，奔放中有翻駁，不是直瀉無餘，令人一覽而盡，在轉折波瀾中，文章顯得連山斷岑，峰頭參差，氣概旁廣中深，神采飛動。

㈡**利用賓主相形之法以生氣勢**。袁宏道〈晚遊六橋待月記〉㊽文章開首，作者便用「最盛……爲……爲……」句式，突出了「春天」、「月夜」、「日出」、「日沒」這四個時候是西湖遊人如織，湖光山色最妙之時。概括西湖美景特徵後，接著作者以梅花旁襯桃花，寫西湖春之盛，從斷橋至蘇堤一帶二十餘里的長堤上，柳林如烟，紅花如霧，遊人遊況更是空前。春日的西湖著實美極了。然而，作者筆鋒輕輕一轉，又開出一個媚人的新境：「然杭人遊湖，止午、未、申三時，其實湖光染翠之工，山嵐設色之妙，皆在朝日始出，夕舂未下，始極其濃媚。」原來上面對春日西湖之景的種種描繪，不過是一種烘托，旨在寫出朝暮之間才是西湖勝景「極其濃媚」之時。但是，這對於月夜，仍然又是一層舖墊烘托，作者經過這層層舖墊，引領讀者登上西湖月夜之美的最高層：「月景尤不可言，花態柳情，山容水意，別是一種情味。」作者概括地點明了月夜的「不可言」、「別是一番趣味」，便戛然止筆，一寫出湖月美感的美不勝收。作者以層翻浪迭之筆，依次寫出梅花、遊況及朝夕兩時辰的種種描繪，一景勝似一景。表面是主，實際是賓。這裏寫月景之美，寥寥數語，卻墨氣四射，強烈地激起了讀者對月夜的嚮往之情及對月夜美景的聯想。這種手法，使文勢發展顯得迂迴曲折，斡旋回環，在千回百轉，警悚人心。

司馬遷〈項羽本紀〉，敘述范增說項羽有這麼一段話：「沛公居山東時，貪於財貨，好美姬，今入關，財物無所取，婦女無所幸，此其志不在小。吾令人望其氣，皆爲龍虎，成五采，此天子氣也。」文章寫到此處，已夠酣暢，再寫下去必會喧賓奪主，增其枝蔓，於是作者用了「急擊勿失」㊾一語，既突出劉邦的權謀機變，與項羽在性格上、謀略上有很大的落差；同時，爲下面「鴻門之宴」驚心動魄的政治場面，奠下基石，使行文納入主旨，加深文章的思想性。

㈢**逐層疏解，以增長氣勢**。行文以暢達詳盡取勝，不怕反複，重言申明，其作用是壯文勢，廣文義，突出思想，加強感情，增加縱橫捭闔的氣勢。像荀子爲了把問題說得充分透徹，常用一連串事例說明一個道理。在〈勸學〉篇裏，他在論述學習的重要性時，首先以青與藍、冰與水。說明後天的影響可以使事物的本性得以改變和發展。接著，又用三個事例：輮木爲輪、木受繩、金就礪等，說明後天的教育，對改變事物的天性來說，具有決定性意義，論證深入了一步，因此由物及人，後面說「博學而參省乎己」的重要性時，就顯得順理成章。同時，再從登高山，臨深溪及吳越嬰兒生而同聲，長而異俗的事實，說明不同的教育環境產生不同結果，進一步論證後天的教育於知識的通達和修養的提高，乃至躲避禍患都有影響。接著，又以輿馬舟楫的事例，說明善於利用外界條件，能提高人的能力，再以蒙鳩、射干、蓬草、蘭花爲具體事例，總括說明要審慎立身，懂得爲學的重要性。文中反複論述，雖然角度不同，但都圍繞中心點，層層連鎖，步步推進，像長江後浪推前浪，向前奔騰，內容闡述暢達詳盡，說理透闢，文章氣度從容，把雄浩的氣勢融化在溫文爾雅的深刻理性之中。

韓愈〈進學解〉以自解自嘲，抒發個人的不平之氣。文中第二段弟子對先生的頌揚，從學、言、文、行四個方面大肆鋪陳，無以複加，其中對先生文學修養淵源的介紹，從古至今，詳盡臚列，可謂極盡能事，卻也反襯出先生的學業成就與不幸遭遇，否定了進學觀點，借以發泄作者自己才高被黜，窮愁潦倒的激憤。在鋪陳渲染中，造成文勢騰挪之妙。

二、字句音調

除了表達技巧外，「文氣」也絕不能脫離字、句、音、調超然存在。劉大櫆就曾指出：「蓋音節者，神氣之跡也；字句者，音節之矩也。神氣不可見，於音節見之；音節無可準，以字句準之。」⑩曾國藩也說：「其精處在行氣，其粗處全在造字選句。」⑪可見字句音節伴隨文氣而行，離開文氣，字句音節再好，也僅是碎玉散金；而文章文氣還得講究字、句、音節，不然亦體現不出筆下靈氣。如此一來，才會文氣充實於內，而光彩煥發於外，所以韓愈要主張：「氣盛則言之短長與聲之高下者皆宜」⑫，即是指出「氣」與「言」是一種內外相依的關係，「文氣」得語言而顯，語言得「文氣」而活。以下從作者在字、句、音調上的運用的手法，略舉數端，以見全貌。

㈠**多用排比以造勢**。宋陳騤說：「文有數句用一類字，所以壯文勢，廣文義也。」⑬排比，用於敘事，語意暢達；用於抒情，節奏和諧；用於說理，則氣勢磅礴，其勢不可遏。如孟子《梁惠王上・齊桓晉文之事章》用了大量的排比：

『抑王興甲兵，危士臣，搆怨于諸侯，然後快於心與？』王曰：『否，吾何快於是！將以求吾所大欲也。』曰：『王之所大欲，可得聞與？』王笑而不言。曰：『爲肥甘不足於口與？輕煖不足於體與？抑爲采色不足視於目與？聲音不足聽於耳與？使嬖不足使令於前與？王之諸臣，皆足以供之，而王豈爲是哉！』曰：『否，吾不爲是也。』曰：『然則王之所大欲可知已：欲闢土地，朝秦楚，莅中國，而撫四夷也。以若所爲，求若所欲，猶緣木而求魚也。』王曰：『若是其甚與？』曰：『殆有甚焉。緣木求魚，雖不得魚，無後災；以若所爲，求若所欲，盡心力而為之，後必有災。』曰：『可得聞與？』曰：『鄒人與楚人戰，則王以為孰勝？』曰：『楚人勝。』曰：『然則小固不可以敵大，寡固不可以敵眾，弱固不可以敵強。海內之地，方千里者九，齊集有其一；以一服八，何以異於鄒敵楚哉！蓋亦反其本矣！今王發政施仁，使天下仕者皆欲立於王之朝，耕者皆欲耕於王之野，商賈皆欲藏於王之市，行旅皆欲出於王之塗，天下之欲疾其君者，皆欲赴愬於王；其若是，孰能御之？』㊹

這段話揭露齊宣王的大欲，論證以力求霸必敗，應當推行王道。作者運用大量排比，極盡舖陳，以壯文勢。文中孟子故問齊王大欲為何，用「為肥甘不足於口與？……」一連五個排比句洋洋灑灑，滔滔不絕，以烘托下文。接著又用四個排比短句：「闢土地……」，蓄而再放，氣勢更為充沛，使齊王無法置詞。再用了「天下仕者皆欲立於王之朝……」五個排比句，勢如雷霆，排山倒海，增強了邏輯推理中感情色彩和情感力量，一氣呵成，具有一股不可阻擋的氣勢。

魏徵〈諫太宗十思疏〉中起首三句：「求木之長者，必固其根本；欲流之遠者，必浚其泉源；思國之安者，必積其德義。」形成排比，以「求」、「欲」映襯「思」，以它領起全篇。以「木長」、「流遠」襯托「國安」，這是國君苦心思慮的問題。以「固根本」、「浚泉源」突出「積德義」，這是全文立意之根基。「誠能見可欲，則思知足以自戒；將有作，則思知止以安人」等，用語氣一致的排比句提出「十思」的主張，氣勢磅礴。「智者盡其謀，勇者竭其力，仁者播其惠，信者效其忠」，描繪「十思」效果的排比句，充沛的語勢，鮮明的節奏，竭盡舖陳，具有打動太宗的巨大力量。

㈡**運用感嘆，使氣勢軒昂**。作者對於事物難免或褒或貶，或揚或抑，或愛或憎，運用適切的感嘆句，會使文章氣宇高揚。感嘆語句能加強語勢，易使讀者產生共鳴。像韓愈〈張中丞傳後敘〉中一段：

烏有城壞，其徒俱死，獨蒙愧恥求活？雖至愚者不忍爲。嗚呼！而謂遠之賢而爲之邪！……小人之好議論，不樂成人之美，如是哉！如巡、遠之所成就，如此卓卓，猶不得免，其他則又何說。

作者爲許遠不畏死辯誣，由於憤慨至極，先運用兩個語調上揚的反詰句，再接一個語調下跌的感嘆句，使作者的情緒溢於言表。下面再用若干短句構成的感嘆句，直接顯現出作者激憤之情，慷慨陳辭，顯得抗墜頓挫。

杜牧〈阿房宮賦〉文章前半以描寫爲主，遣詞造句極盡誇張之能事，後半篇進入議論，其文云：

嗟呼！一人之心，千萬人之心也。秦愛紛奢，人亦念其家。奈何取之盡錙銖，用之如泥沙？……

……獨夫之心，日益驕固。戍卒叫，函谷舉，楚人一炬，可憐焦土！……嗚呼！滅六國者，六國也，非秦也。族秦者，秦也，非天下也。嗟乎！使六國各愛其人，則足以拒秦。……秦人不暇自哀，而後人哀之；後人哀之而不鑑之，亦使後人而復哀後人也。

文章從「嗟呼」二字起轉入議論，寄託諷諫，引出了「一人之心，千萬人之心也」的感嘆，揭露了秦朝「一人之心」與「萬人之心」背道而馳的矛盾。一嘆之不足，更繼以再嘆，三嘆，反複致意，推出「秦人不暇自哀，而後人哀之；後人哀之而不鑑之，亦使後人而復哀後人也」的高絕命意，文氣貫通，非同凡響。

㈢**運用反詰，使文氣富於波瀾**。文中要加強重點時，作者往往運用反詰，把感情逐層推進，引起讀者的注意和思考。劉基〈賣柑者言〉全文通過買賣雙方直言相詰，反脣相激，由事引議，從遠及近，由表及裏，以反詰方式，在波瀾起伏中把文章步步推向深入。文章最後云：

予默默無以應。退而思其言，類東方生滑稽之流。豈其憤世疾邪者耶？而託於柑以諷耶？㊺

末尾以詰問語氣推測，實是「卒章顯志」，點明賣柑者的議論，正是針對身居高位卻腐朽無能的上位者的欺世盜名而發，進一步深入主題，喚起讀者的深思，使行文泛起層層波瀾，起伏跳蕩。

歐陽修〈五代史伶官傳序〉一文，有三處反詰，起筆以反問句式提出：「嗚呼！盛衰之理，雖曰天命，豈非人事哉？」用「雖」與「豈」，表達了既否定了「天命」，又肯定了「人事」的論點，從反問句提出問題，引人思索，而答案自明。中間一段云：「豈得之難而失之易歟？抑本其成敗之跡，而皆自於人歟？」強調了後者，突出了盛衰得失取決於人事的觀點，抑揚頓挫，感慨淋漓。末尾云：「夫禍患常積於忽微，而智勇多困於所溺，豈獨伶人也哉？」同樣用反詰語氣，與開頭遙相呼應，使立意更深遠，不正面直書，含而不露，耐人尋味，文章更具生命力。

㈣**運用短句，使氣勢遒勁**。作者運用短小精悍，言簡意賅的短句，往往果斷俐落，使文氣遒勁，鏗鏘有力，像韓愈〈張中丞傳後序〉有云：

霽雲慷慨語曰：雲來時，睢陽之人，不食月餘日矣！雲雖欲獨食，義不忍；雖食，且不下咽！

> 因拔所佩刀，斷一指，血淋漓，以示賀蘭，一座大驚，皆感激爲雲泣下。

這一段全用短句，尤其寫南霽雲慷慨陳詞，拒食之意有意寫成兩層，更是激昂起，造成壯盛搖曳的氣勢，突顯了人物剛直性格。

又如《戰國策·齊策一》記蘇秦形容齊國之強盛，臨淄之富實一段道：

> 齊地方二千里，帶甲數十萬，粟如丘山。齊車之良，五家之兵，疾如錐矢，戰如雷電，解如風雨。即有軍役，未嘗倍太山，絕清河，涉渤海也。臨淄之中七萬户，……甚富而實，其民無不吹竽、鼓瑟、擊筑、彈琴、鬥雞、走犬、六博、蹹踘者；臨淄之途，車轂擊，人肩摩，連衽成帷，舉袂成幕，揮汗成雨，家敦而富，志高而揚。56

此段詞鋒逼人，無不壯偉恢奇。作者連用五字、四字、三字、二字短句，極盡敷張揚厲之事，反映出齊國不可一世的威力，及不同凡響的富饒，其字句辯麗恣肆，光彩陸離，其氣勢與語言力量，大有天風海雨逼人之感。

(五)**運用頂真，增強氣勢**。頂眞句式，環環相扣，緊密銜接，疏宕中具有連貫之美，富於音樂性與鼓動性，例如《孟子·離婁下》：

> 君子深造之以道，欲其自得之也。自得之，則居之安；居之安，則資之深；資之深，則取之左右逢其原，故君子欲其自得之也。57

環環相扣，一氣呵成，前後因果相應，層層深入，實所謂「首尾縈回，如環無端」，在謹嚴周密的說理中，顯示出一種所向披靡的氣勢。

柳宗元〈始得西山宴遊記〉云：

自余爲僇人，居是州，恆惴慄。其隙也，則施施而行，漫漫而遊。日則與其徒上高山，入深林，窮回溪。幽泉怪石，無遠不到。到則披草而坐，傾壺而醉，醉則更相枕以臥，臥而夢。意有所極，夢亦同趣。覺而起，起而歸……。

此段文字緊湊，運用頂真，揭示出作者爬到山上，一系列連瑣動作，一環扣一環，結構緊密，語氣貫通，氣勢暢通，文章生氣勃勃。

㈥**運用反語，文氣激越**。例如楊惲〈報孫會宗書〉云：

惲材朽行穢，文質無所底，幸賴先人餘業，得備宿衛。遭遇時變，以獲爵位，終非其任，卒與禍會。足下哀其愚矇，賜書教督以所不及，殷勤甚厚。……[58]

首段運用四字短句，簡述自己被免官的經過，看似極爲謙卑，實則爲反語。「足下」以下，看似表謝意，實滿含譏誚之意。下文又稱自己「懷祿貪勢，不能自退，遂遭變故，橫被口語」等，也是反話，語調短促，流露一腔不平之氣，慷慨任氣，表現了作者敢於向權貴挑戰的個性。

像韓愈〈進學解〉作者託之師生問答，在問答駁詰之中，不落痕跡抒發了不被重用的心聲。作者用工師的巧用木材，良醫的妙用藥品，比喻宰相應善於選拔人才，使用人才。文中用不能「詰匠氏以杙代楹」、「訾醫師以昌陽引年，欲進其豨苓」等來比喻自己不該指責上位者對自己的使用不當，這此比喻實是正話反說。同時，作者對朝廷的贊譽及對自己的貶損，也都是反語。文中反語的運用，使文章寓剛於柔，藏針於棉，增加了一股鬱勃之氣。

第四節　散文誦讀體味

「文氣」並不玄妙，難以捉摸，只要驗諸口舌，則文章神氣自現。元好問曾從創作與鑑賞兩方面指出：「文須字字作，亦要字字讀。咀嚼有餘味，百過良未足。」⑲的確，散文若不知「字字作，字字讀」之理，是很難咀嚼出餘味，也很難得到文氣的神髓。劉大櫆《論文偶記》中也說：「積句成章，積章成篇，合而讀之，音節見矣。歌而詠之，神氣出矣。」⑳作者將文章情意神氣化爲可感可知的形式，讀者惟有用誦讀吟哦，把無聲文字語言轉化成有聲語言，作爲口頭語與書面語的溝通橋樑。誦讀者以氣息的深淺、長短、強弱、聚散，配合感情、聲音，「氣由感動，聲隨氣發」㉑，自然而然氣息聲音與思想情感融合成形神兼備的整體，因聲求氣，因氣求情，造成心靈上的感應，深入進入作品，隨口誦出，作品意義和內涵因之得到深化和豐富。在反覆誦讀時，辨得文章之變，悟出行文之妙，聽其音，會其意，察其情，體其味，感其氣，所謂「諷誦以昌之，涵濡以體之」，的確是經驗之談。例如范沖淹〈岳陽樓記〉瑰偉奇絕，作者以如椽之筆繪出「霪雨霏霏」、「春和景明」兩幅畫面，感情濃烈，格調高昂。不少句子不僅對仗工穩，且平仄協調，擊節吟唱，美不勝收，賞讀之下，鏘鳴金石，自然覺得情隨物移，物變情異。以設問拓開文意，揭出正旨，指出「居廟堂之高則憂其民，處江湖之遠則憂其君」，「先天下之憂而憂，後天下之樂而樂」，讀來具有和諧節奏，又一「先」一「後」，映襯分明，表現作者以天下爲己任的抱負，文章碇放出光耀的光芒，既有氣勢，而且有深度。

歐陽修〈醉翁亭記〉文中景物如畫，情濃如酒。以「也」字起，以「也」字結，一句一轉，一轉一意，逐層脫卸，逐步跌宕，文中有獨句對、雙句對、三句對，句式長短錯落，這種吟誦句調，讀來如鳴環佩，一片和平恬靜，不言志者在氣韻中，情深而雋永。可見前人主張：「詩古文各要從聲音證入，不知聲音，總爲門外漢耳。」「急讀以求其體勢，緩讀以求其神味」㊷，的確有其道理。所以，一直到現代，學者仍強調誦讀的重要性。朱自清有〈論朗讀〉一文；夏丏尊呼籲文章不能只是「在眼睛上經過」而「用口念的極少」㊸。所以林紓在《畏廬論文》中說：「蓋天下之最足動人者，聲也。」㊹在「因聲求氣」時，不只要玩索聲調抑揚頓挫，更重要的是注意在誦讀中表現出文章「情性」、「道理」、「意味」和「文氣」，才能把表現於視覺的文字訴諸聽覺，進入「意美以感心」、「音美以感耳」、「形美以感目」㊺的境界。

結　語

作者撰文，十分重視文氣的安排，祈使文章煥發出耀眼的光輝，及疾徐有致的文氣。這是因爲散文有氣則生，無氣則死。一篇文章猶如音樂，在熱鬧管弦繁奏中，必有抑揚頓挫。文意明晰，氣則清朗；句式明快，氣則高盛。忽起忽落，時開時合，組成一曲動人心弦的樂章，洋溢著一片和諧美。

【附註】

① 劉大櫆《論文偶記》，頁一。
② 章學誠《文史通義．史德》，卷三，內篇三，頁二二〇。
③ 同註①。
④ 柳冕〈答衢州鄭使君論文書〉，見《唐文粹》（臺北，世界書局，民國六十一年），卷八十四。
⑤ 李德裕〈文章論〉，《會昌一品集．外集》（臺北，世界書局，四庫全書薈要），卷三，頁三一五。
⑥ 劉勰〈文心雕龍．風骨〉，頁五一三。
⑦ 姚鼐〈答翁學士書〉，見《惜抱軒全集》，卷六，頁六四。
⑧ 葉燮《原詩．內篇上》，見《清詩話》，頁五七六。
⑨ 同註①。
⑩ 同註⑦。
⑪ 見《中國文學批評資料彙編》（臺北，成文出版社，民國六十八年），上冊，頁二九三。
⑫ 徐禎卿《談藝錄》（臺北，新文豐出版社，民國七十五年），頁一三三一。

⑬ 同註①。
⑭ 劉勰《文心雕龍・風骨》，頁五一三。
⑮ 方東樹《昭昧詹言》（臺北，廣文書局，民國五十一年），卷一，頁二一。
⑯ 同註②。
⑰ 黃侃《文心雕龍札記・風骨》，頁一〇二。
⑱ 劉勰《文心雕龍・章表》，頁四〇七。
⑲ 劉勰《文心雕龍・書記》，頁四五六。
⑳ 見馬通伯校注《韓昌黎文集校注》，卷五，頁一九六。
㉑ 〈書祭裴太常後〉，見《方望溪全集》，卷五，頁五五。
㉒ 《孟子・梁惠王上》，頁六。
㉓ 見《章學誠遺書・答大兒貽選問》，卷九，頁九一。
㉔ 《徐志摩全集》（臺北，傳記文學出版社，民國六十九年），《巴黎的鱗爪》，頁二四三—二六一。
㉕ 劉熙載《藝概・詩概》，頁七四。
㉖ 柳宗元《柳河東全集》，卷八，頁七七。
㉗ 《歐陽修全集・居士集》，卷十五，頁一一一、一一二。
㉘ 《宋史・列傳》（臺北，鼎文書局，民國七十九年），卷七十八，頁一〇三七九。

㉙劉勰《文心雕龍．論說》，頁三二九。
㉚郭紹虞《中國文學批評史》，三七，頁一七四。
㉛同註㉙。
㉜見蕭統《昭明文選》，卷四十一，頁五七六—五八一。
㉝同註㉙。
㉞蘇軾《蘇東坡全集．應詔集》，卷九，頁七七六。
㉟〈答朱載言書〉，見李翱《李文公集》，卷六，頁二六。
㊱吳汝綸《古文辭類纂評點》（臺北，中華書局，民國六十年），書說類七，頁六九九。
㊲王充《論衡．自紀篇》，見《論衡集解》，下冊，頁五八三。
㊳劉向《說苑．善說》，卷十一，頁四。
㊴劉勰《文心雕龍．論說》，頁三二九。
㊵《孟子．梁惠王下》，頁二四。
㊶《呂氏春秋．察今》，卷十五，頁十八、十九。
㊷蘇轍《欒城集》，卷二十二，頁一。
㊸梅曾亮〈舒伯魯集序〉，見王鎮遠選注《梅曾亮文選》（上海，華東師範大學出版社，一九九二年），頁一三九。

㊹《顏氏家訓・文章篇》，見王利器《顏氏家訓集解》，卷四，頁二四八。
㊺唐彪《讀書作文譜》，卷三九，頁一三四。
㊻沈德潛《唐宋八大家讀本》，卷三十，轉引自李道英《八大家古文選注集評》，頁五七七。
㊼高步瀛選注《唐宋文舉要》（臺北，宏業書局，民國六十八年）甲編卷二，頁二〇一。
㊽《袁中郎全集・遊記》（臺北，世界書局，民國五十三年），頁一二。
㊾《史記・項羽本紀》，卷七，頁三一一。
㊿同註①，頁二。
51咸豐十四年正月初四《曾文正公家訓》，見《曾文正公全集》（臺北，世界書局，民國七十四年），四，頁十七。
52同註⑳，卷三，頁九九。
53陳騤《文則》，庚，頁三〇。
54同註㉒，頁一二。
55《誠意伯文集》（臺北，商務印書館，四部叢刊），卷七，頁一八三。
56《戰國策・齊策一》，頁三三七。
57《孟子・離婁下》，頁一一四。
58吳楚材《古文觀止》，見王文濡校勘《評註古文觀止》，卷六，頁四二。

59 元好問〈與張仲傑郎中論文〉，見《元遺山詩集箋注》（臺北，廣文書局，民國六十二年），卷二，頁一三五。

60 同註①，頁三。

61 馬宗霍《音韻學通論・元音》（臺北，鼎文書局，民國六十一年），頁二。

62 〈與陳碩甫書〉，《惜抱軒文集》（清光緒九年刊本，臺北，國家圖書館），卷五；〈與陳碩士〉，《惜抱軒書牘》，卷六。

63 夏丏尊、葉聖陶《文章講話・所謂文集》，頁九一。

64 林紓《畏廬論文・聲調》，頁二十五。

65 魯迅《漢文學史綱要》，見《魯迅全集》，第九冊，頁三四四。

第八章　散文意境的鑑賞藝術

前　言

王國維說：「文學之工不工，亦視其意境之有無與深淺而已。」①這是說意境的創造對文學作品的重要性。歷來「意境」理論多針對詩歌而論，雖然詩歌、散文形式不同，但道理卻相通。「意境」同樣也是散文的生命，關係著散文成就的高低。意境之說濫觴於魏晉，劉勰的「擬容取心」、「獨照之匠，窺意象而運耳」②，顧愷之的「遷想妙得」③，張璪的「外師造化，中得心源」④，都是指創作時浮現在腦中的創造性想像，作者憑著這種想像，進行形象的塑造，這些說法，初步揭示了「意境」的內涵。入唐以後，正式提出「意境」之說的是王昌齡。他首揭詩有三境，包括了「物境」、「情境」、「意境」三方面。創作時要「搜求於象，心入於境，神會於物，因心而得。」⑤所謂「搜求於象」，即後來皎然所說的「精思一搜，萬象不能藏其巧」⑥。而「心入於境」和「神會於物」，是說在作者主觀情思由外而內的深入觀照下，將零碎客觀的外物，組織成一個完整而又虛幻的藝術世界，才能譜寫出動人的篇章。

中唐皎然《詩式》則強調「取境」，即構思意境，作者從構思中，使形象化的藝術境界在心中呈現出來。皎然認爲取境如何，決定「篇目風貌」。同時，他還指出作品意境中的形象，具有「可睹而不可取」，「可聞而不可見」的想像性，和「狀飛動之趣」的動態性。劉禹錫〈董氏武陵集記〉中云：「義得而言喪，故微而難能；境生於象外，故精而寡和。」⑦已明確道出「意境」不在象內，而在象外，也就是說它並不直接形諸文字，而是由文字間接暗示出來，讀者把握住文字提供的「境象」，經過再創造的聯想，進而欣賞和體驗作者所創造的，有別於自然之境的嶄新藝術境界。

晚唐司空圖又進一步以「象外」爲出發點，他贊賞的意境是「不著一字，盡得風流」，這種意境是作者「超以象外，得其環中」⑧所創造的。「超以象外」是指作者在描寫時可以超越具體物象之外，馳騁想像；「得其環中」則是形象創造必須受中心思想所制約。而他在〈與極浦書〉中又說：「象外之象，景外之景，豈容易可談哉？」這是指出「象外之象」的特質是：「近而不浮，遠而不盡」的「韻外之致」和「味外之旨」，是「千變萬狀，不知所以神而自神。」⑨換句話說，作品的「象外」是超越一切具象和實境，它生於形象之外的不可目接，但可意會的一種特殊境界，引人聯想產生無窮的感受，但只見性情，不睹文字。

至南宋嚴羽的《滄浪詩話》繼承前人之說，提出「興趣」之說，有「興趣」的作品，具有「不涉理路，不落言筌」含蓄而超脫的意境，這種意境其妙處就在於「透徹玲瓏，不可湊泊，如空中之音，相中之色，水中之月，鏡中之象，言有盡而意無窮。」⑩令人感到情意深長，含蓄不盡，具有想像性。

後來王士禎提出「神韻」之說，他說「味外味者何也？神韻也。」⑪強調作品應爲讀者提供再創造的廣闊餘地，使人感到回味無窮，「意境」即在作品本身之外，是一種讀者體會到的眞味。

及至王國維「意境」說發展到一個高峰，他明確指出「意境」，是作品寫出了「眞景物，眞感情」，而且「其言情也必沁人心脾，其寫景也必豁人耳目」⑫，這裡指出情與景是意境的形成主要基礎，也就是說離不開物對心的刺激，也離不開心對物的感受，因此它是情、景結合「情景交融」，以表達情思，而其內在核心則是「眞」，更是「意境」之魂，「眞」即王氏推崇的「赤子之心」，指根植於作者對人生眞諦的終極關懷。

由歷來「意境」理論的發展看來，各個時代都賦予意境說一些新的內容，但是它的主幹未變。概括起來，我們大致可以從以下幾方面來理解「意境」。首先，從創作方面來講，作者把眞切的情感與體驗，獨特的思考與精神，貫注於創作對象，訴之於文字的結果，創造出一種藝術境界。朱光潛即認爲這種藝術境界就是「物我交感共鳴的結果」，作者在凝神觀照中，「不僅把我的性格和情感移居於物，同時也把物的姿態吸收於我」，物我往復交流，「達到物我同一境界」⑬，展現出一個具有深邃的藝術意蘊和超遠的藝術時空。由於作者多運用側面的、間接的、形象暗示等各種藝術方法來創造意境，使其含蓄蘊藉，具有「尺幅見千里，剎那觀萬古」的藝術容量，因而造成作者所敞開的心靈世界，往往不全在作品之中，更多、更深、更隱密的情思常常隱含在作品之外。

其次，從鑑賞閱讀來講，「意境」是在「象外」、「言外」，決定了意境是一個開放的、動態的境界，只有在鑑賞者的意會，沉浸於作品的藝術世界中，充分發揮想像和聯想，不斷深化，去「思而得之」，才是意境的實現，才能取得精湛遙深的意境。「意境」實是完成於讀者鑑賞階段。可見，意境是溝通作者、作品與鑑賞者之間的橋樑。「意境」正如葉嘉瑩對「境界」的論述一樣：「境界之產生，全賴吾人感受之作用；境界之存在，全在吾人感受之所及。因此外在世界，在未經過吾人感受之功能而予以再現時，並不得稱之爲境界。」⑭由此可知，作者運用藝術技巧，將豐富的內涵熔鑄在高度凝練的無限廣闊的藝術世界中，需要讀者善讀善賞，自由馳騁想像和感受，進而產生的內涵更豐富，所謂「善讀者，約略身入境中，便知其妙。」⑮作者致力於意境的創造，鑑賞者醉心於意境的玩味，其中交融著作者與鑑賞者濃郁的意興情思。然而，這正是意境的魅力所在。我們可以這樣來說：散文的意境是主觀內情與客觀外物的融滙契合，傳達出最爲豐富的藝術底蘊，展現出最爲遼闊的藝術天地，它能引導讀者進入充分的想像空間而受到深刻的啓發、熏陶和感染，在體驗妙悟中，意境也在開拓與深進，使鑑賞者「得至美而遊手至樂」⑯這即是意境郁郁乎具有生命力的奧秘所在。

綜合上面的論述，我們可以發現：「意境」具有藝術時空，動態性以及象外之象，境外之境等多層次、多側面的特點。是以鑑賞時，把握散文的意境，主要可從：探尋藝術畫面，體會飛躍之美，品味文外之境三方面來著眼。

第一節　探尋藝術畫面

藝術畫面是產生意境的重要因素，是作者「外師造化，中得心源」，使「情與景會」，「意興象通」，達到化景物爲情思，內情與外物契合，交融激蕩，產生具體可感的畫面，含而不露，隱而不顯的抒發作者胸臆，給人留下無限廣闊的思緒波瀾，引起情感共鳴。由於作者著文爲求物之妙，以取得神形靈靈欲動的藝術佳境，往往取法於畫，運用丹青之筆，形成「行文如繪」、「比比如畫」⑰的藝術特點，使文章表現出虛實映襯、粗細錯落的感覺，所以古人說：「文者無形之畫，畫者有形之文，二者異迹而同趣。」⑱且看郁達夫〈故都的秋〉中寫牽牛花的一段：「說到了牽牛花，我以爲藍色或白色者爲佳，紫黑色次之，淡紅色最下。最好，還要在牽牛花底，教長著幾根疏疏落落的尖細且長的秋草，使作陪襯。」作者在落筆之前，已於心中貯滿畫意，在描繪景物之際，用丹青構圖方式寫下來，刻劃形似，濃淡相間，突出景物神態與生氣，創造出一種清出脫俗的意境。由此可見，散文中所呈現的藝術畫面，又與繪畫藝術有諸多會通之處。這種藝術畫面是一個立體的多重組合。大體說來，可從主要物象、環境、氣氛來品賞。

一、主要物象

散文作品有物象，情思才得以顯附。劉大櫆說：「理不可直指，故即物以明理；情不可顯出，故即事以寓情。」⑲這裡說的「物」與「事」，即具體的人、事、時、地、景、物等，失去這些，散文就會空泛直露，失之於寡味。像柳宗元〈小石潭記〉，作者飽蘸濃墨著力描繪小石潭綺麗風光，並以其爲主要畫面中心，描繪出令人驚嘆的奇特畫面。一是潭水奇。文中先寫水聲「如鳴佩環」，水聲的悅耳動聽，無不使遊覽者「心樂之」，而感到奇特。接著正面寫潭水「水尤清冽」，再用「金石以爲底」，「潭中魚可百許頭」，從側面烘托，突出潭水清得出奇。二是潭石奇。寫潭石，「金石以爲底」，十分罕見，但更爲罕見的是：「近岸，卷石底以出，爲坻、爲嶼、爲嵁、爲岩。」各式各樣的奇形怪狀，千姿百態，蔚爲奇觀。三是潭源奇。寫潭水的源頭，先寫小溪，用「斗折蛇行」刻劃出溪身的形狀和溪水流動的姿態，再用「犬牙差互」，繪出溪岸峭多姿，寫出小溪的奇，爲潭源預作伏筆。接著寫「不可知其源」，突顯潭源神祕莫測，撲朔迷離之感。全文由水聲引出潭水，描摹石之奇、水之清、魚之樂，窮形盡相，顯示出大自然造化的神奇，幽靜至極而產生雅緻，清澈見底而美從中來。尤其寫潭中游魚，先是「佁然不動」，而後「俶爾遠逝，往來翕忽」，一靜一動中，游魚悠然活潑的神態躍然紙上，這水之清、淨、透明可以想見，潭水益發顯得生機盎然，充滿詩情畫意。作者採用以魚襯水的手法，使潭水形成一種無墨之墨，無筆之筆的神妙意境，啓發讀者的想像，收到遐想無窮，回味不盡的效果。

另外像朱自清的〈背影〉，作者抓住瞬間深切感受，以父親背影作爲全文畫面中心，給人別開生

面之感。背影層見迭出，尤其父親不顧儀態，於大庭廣眾之中，

> 他用兩手攀著上面，兩腳再向上縮，他肥胖的身子向左微傾，顯出努力的樣子。

這種不惜在月台上爬上爬下的一幕，是何等無私無我的父子親情。不僅如此，在那樣新舊交替、衰敗痛苦的時代境遇中，上一代爲下一代努力拼搏的精神，在父子、母子、親友間所流露的人性美、親情愛，維繫著人們的生活和生命，給人們帶來很大感染力和鼓舞作用。

再如林覺民的〈與妻訣別書〉，文中回憶與妻子初婚情景：「適冬之望日前後，窗外疏梅篩月影，依稀掩映」。冬日月夜，月下花前，與摯愛的妻子，臨窗低語，在月影疏梅間，談事敍懷，享盡夫妻快樂，何等幸福，既有傳神形象美，又有清新情調美。然而還應看到，作者爲了「天下人愛其所愛」，毅然離別愛妻，投身革命，獻出寶貴生命。透過景物畫面，表現了人物的高潔品格及思想境界。

二、環境

任何物象都處在特定的空間之中，環境不僅是物象活動的場所，更是物象精神外露的背景。物象與環境構築了一種眞實而自然的空間美。像〈荷塘月色〉寫蓮荷，以融融月色爲背景，把荷葉、荷花、荷香、荷波、荷塘次第舖張，迷迷濛濛，幻化出一片靈氣四溢的藝術空間。由眼前景推及江南采蓮舊俗，調動全身感官，把月下荷塘寫得有聲有色，情意盎然。

歸有光〈項脊軒志〉中有：「三五之夜，明月半墻，桂影斑駁，風移影動，珊珊可愛」多麼清靜

的環境，富有神韻，引人無盡的遐思。作者把人物放置在月白風清，花香襲人的寧靜環境裏，不論是「偃仰嘯歌」，還是「冥然兀坐」，都是人生最難得的樂趣。這樣的環境描寫，增強了生活實感，同時也自然流露作者對生活的絲絲愛意樂趣。然而文中種種樂趣的回憶，字裡行間又無處不蘊藏著濃濃悲哀之情，令人感到雋永含蓄，其味無窮。

范仲淹〈岳陽樓記〉一文，先勾勒出洞庭湖形勢、規模及浩蕩天際的萬千氣象，突出其非同一般的盛景，不僅交代了岳陽樓特定的背景，更令人眼界開闊。作者安排如此背景，正是在爲自己抒發不同於一般士大夫的寬闊胸懷，表達自己的政治見解和遠大抱負作舖墊，深意與畫面相互交織，這樣寫來虛實相生，以少勝多，精警動人。

三、氣氛

散文以氣氛營造其意境之美，也是一條重要途徑。作者內在情思有其具體音色情彩，附麗情思的外物，也有其具體色調，內在的情彩與外物的色調統一，構成了意境的氣氛。由此可見，意境失去氣氛，則無法產生耐人尋味的藝術魅力。意境有其氣氛，才能產生渲染作用，注入活力，產生情景交融，和諧統一的藝術畫面。例如郁達夫〈故都的秋〉，在描摹故都秋景中，匠心獨運的創造了一種深沉幽遠的意境，全篇沉浸在「清」、「靜」，以及淡淡的「悲涼」氣氛中。作者在描繪故都秋景時，特意避開喧囂熱鬧的去處，更不寫暖色調，而是清晨獨坐小院，靜對著「破壁腰中」的「牽牛花的藍朵」，細數著槐樹葉間一絲絲「漏下來的日光」，傾聽著「青天下馴鴿的飛聲」；或是清晨時分，踩著槐樹的落蕊，欣賞掃街的留在灰土上的「絲紋」，抒發古人所說的「梧桐一葉而天下知秋」的遙想；或是諦聽「秋蟬衰弱的殘聲」和秋雨後人們話涼的應答，充分體現出故都的秋清閑、寧靜、悲涼的特點。尤其作者十分注重利用各種色彩、聲響來渲染烘托氣氛。寫多彩如清晨靜坐院中，看到的天色是「碧綠的」；日光是「一絲一絲」的，且是「漏下來的」；牽牛花的顏色是「藍色」的；棗子是「顯出淡綠微黃的顏色」等，都以冷色爲主。寫聲響，如「青天下馴鴿的飛聲」、「秋蟬衰弱的殘聲」、「息利索落」的雨聲，「緩慢悠閑」的人聲，讀者在不知不覺中被帶入那種籠罩著「清、靜、悲涼」的情調和氣氛中，飽嘗了北國特有的綿綿秋意。

柳宗元〈小石潭記〉以凝煉的筆法刻劃雅緻清奇的石潭。在寫景的同時，作者從正、側、虛、實多方面渲染小石潭獨特的「淒清」氣氛。文章起首「隔篁竹聞水聲，如鳴佩環，心樂之」，反襯「其境過清」，接著以「水尤清冽」，正面寫「境清」；然後以「潭中魚可百許頭，皆若空遊無所依」，虛寫「境清」，最後寫四周「竹樹環合，寂寥無人，淒神寒骨，悄愴幽邃」，點出「其境過清，不可久居」。整個氣氛幽靜空闊，寒意透骨，僻靜寂寞惹人傷感。然而自然界的幽清景色，正和作者流落南荒，懷才不遇的孤寂心境正相契合。此情此境生發此情，感慨遙深。這樣由環境氣氛轉到心境，由景入情，由歡樂轉而爲悽愴。作者心理動態與靜景吻合，完成了「人之情」的意境烘托，作者不僅展開一幅山水畫在眼前，更引領讀者去賞玩畫中丘壑，以引發無限遐思。

《戰國策·荊軻刺秦王》一文，作者以精煉遒勁的筆墨，描寫「易水送別」，渲染悲壯的氣氛，烘托人物的內心世界。風蕭水寒，徵音悲涼，垂目涕泣，組合成慘淡淒惻的氣氛，使人頓感不祥之兆。接著作者筆鋒一轉，哀怨悲涼的變徵之聲變成悲壯激昂的「慷慨羽聲」，生離死別的哀怨化爲同仇敵愾的激憤。作者通過氣氛的營造，展現人物情志變化過程，以烘托出人物內心情感的起伏。筆墨雖簡，然而凝煉含蓄，以少勝多。

第二節　體會飛躍之美

誦讀精美的散文，總覺得作者縱橫走筆，思想騰飛，由一個畫面跳到另一個畫面，一物飛馳到另一物，或由古而今，由此及彼，說東道西，似無定格，造成跌宕多姿之美，這種鳶飛魚躍，飛動馳擲的流動美，正是散文與其他文學體裁最大的區別。例如，李斯〈諫逐客書〉中，敘述秦王占有各種珠玉、寶劍、名馬等寶物時，寫道：「今陛下致昆山之玉，有隨和之寶，垂明月之珠，服太阿之劍，乘纖離之馬，建翠鳳之旗，樹靈鼉之鼓。」文中不僅淋漓盡至的從寶物優良質量，產品的名牌和產地多方設彩，使寶物顯得琳琅滿目，富麗珍奇；而且寫秦王獲取寶物時，分別用「致」、「有」、「垂」、「服」、「乘」、「建」、「樹」等七個動詞來刻劃，把秦王喜愛珍寶奇玩的特性寫得充滿動態美。至於杜牧〈阿房宮賦〉一文，原本靜止不動的宮室，經作者生動的描繪顯得飛動有神，虎虎生風。作者先從整體上勾勒：三百里阿房宮「直走咸陽」，巍峩宮殿，威赫壯觀；再從細部上描摹：「檐牙高啄」、「勾心鬥角」，樓閣重疊、長橋複道等騰飛欲動的奇姿，寫來十分活靈活現。因此，劉熙載就把散文的這個特點稱之爲「飛」，他說：「文之神妙，莫過於能飛。」⑳而皎然稱這種意境特色爲：「拋針擲線，似斷而復續。」㉑這種飛躍之境，足以誘發讀者的想像，並在想像中作一次又一次的跳躍。想像與跳躍使讀者獲得美的享受，感到回味無窮。只有作者善於圍繞中心線索，展開聯想的彩翼，開拓新奇、廣闊的表現領域，散文才能展現生動活潑，委曲盡態的跳躍之態，飛躍之美。然而，散文的飛騰有致，運轉自如，不是粗糙的隨意拼湊，而是絢爛巧麗的生發，是妙造自然的結晶，是人格的外化。散文文境的飛躍美，大體有以下幾種：

一、由此及彼，拓展聯想空間，深化意境。

朱自清〈荷塘月色〉，作者在細膩地描寫了清華園的荷塘和月色後，忽然將筆墨飛入江南采蓮舊俗，追溯到六朝時採蓮的盛況，還引用了梁元帝的〈採蓮賦〉和〈西洲曲〉等詩文，以顯出當時採蓮的風情與盛況。作者由現實向歷史拓展，意境的飛躍，突現了作者對江南的神思與嚮往。引用詩文鋪陳六朝江南採蓮盛況，飛躍變幻中，寓寄自己現實中的怨怒與苦悶，讓作品始終浸潤於淡淡的哀愁，使內容主題得以深化，意境得以高迴，具有一種意致深婉的魅力。

朱自清另外一篇美文〈春〉，寫到濛濛春雨時，作者先從整體面寫：「看，像牛毛、像花針、像細絲，密密地斜織著，人家屋頂上全籠著一層薄烟。」接著從點上著眼：「樹葉兒卻綠得發亮，小草兒也青得逼你的眼。」一個「綠」，一個「青」，使春雨濛濛的畫面更加傳神。然後又寫道：「傍晚時分，上燈了，一點點黃暈的光，烘托出一片安靜而和平的夜」，在這靜謐的氣氛中，作者再描繪幾個移動的點：「在鄉下，小路上，在橋邊，有撐起傘慢慢走著的人，地裡還有工作的農民，披著蓑，戴著笠。」作者寫景由遠及近，由整體到局部，描繪一幅安寧又有生機的景象，遠景揮洒，近景點染，渲染出春雨沐浴下的溫馨和柔美，意境幽遠，是一篇高妙的珍品。

又如劉基〈賣柑者言〉，文中寫一個善於藏柑的人，他賣的柑色澤鮮亮，質地如玉，價格十分昂貴，一旦剖開，卻「敗絮其中」。以下寫「峨大冠、拖長紳」而不能「建伊皋之業」，「佩虎符、坐皐比」而不能「授孫吳之略」的文臣武將。作者緊扣一個「欺」字，把金玉其外敗絮其中的柑，跨躍到金玉其外敗絮其中的文臣武將，身上兩者綰合起來，完成「世之爲欺者不寡矣」的主題。文章從「物」飛躍到「志」，由物聯想到人，構成一個深邃的意境。

二、或同類比較，或類比延伸，橫波相連，意境寬廣遠闊。

像冰心的〈笑〉，作者觸景生情，由牆上安琪兒的笑，想起記憶中，五年前，十年前的另外兩幅笑的畫面，雖然三幅畫面中人物不同，但卻都是抱著花兒。盡管時間相隔很遠，但卻發生在雨後的月下，畫面背景、人物動作、表情神態都相似。作者通過聯想，現實和畫面，現在和過去巧妙結合。再利用重章疊句，複沓的手法，一唱三嘆反複寫笑的畫面，從同類或相似物的伸展，開拓了意境的廣度，使人從中領悟作者愛的哲學。

像莊子〈逍遙遊〉中，由蜩、學鳩、朝菌、蛄蟪的無知，斥鴳的「狂妄」，引出「道」的「大小之辨」，然後以「此大小之辨也」一句承前啓後，引舉了各種不同類型的人，指出他們道德的差異：「知效一官，行比一鄉」者，世俗以爲有才德，「宋榮子猶然笑之」；宋榮子「舉世譽之而不加勸，舉世非之而不加沮」，看來是上德了，但「猶未有樹」；列子御風而行，大概是忘情世俗的有道之士，但「猶有所待者也。」如此一個事象到另一個事象，層層連類推衍，意態萬方的造成一種包蘊無窮，而又一以貫之的意境，使文中的哲理想更爲深刻，令人眼界開闊，感受良深，進入一種迷離恍惚，豐富深遠的境界。

徐志摩的〈想飛〉㉒一文，作者想衝破一切束縛，期盼向「理想的極度」疾飛。他以眞摯濃烈的感動，推動著思考感情，無拘無束的飛翔，首先倏忽飛往英國康槐爾極南的海岸；又倏地飛回故鄉的城塡；一會兒，追溯遠古：「人們原來都是會飛的」；一會兒，又議論現代：「是人沒有不想飛的」，「想飛」，就要「趁早留神你的翅膀」，就要有勇氣，擲去太重的「皮囊」，「飛出這圈子」。全文由雲雀的飛，到老鷹的飛；由感性的空間，到理性的空間，其思想意念逐層向高處與深處旋飛。作者體察細微，想像瑰麗，神彩流動，塑造了一個自由廣闊的天地，將讀者帶入神迷目眩的境界之中。

三、自然物的人格化，使意境形象化，具有深刻性。

周敦頤〈愛蓮說〉一文，文中以比較之筆先寫菊和牡丹，然後摒棄它們，獨取蓮花，顯示出其爲人處事標準，價值判斷的特點。蓮花沒有菊花的隱逸消極，更沒有牡丹的富貴逼人，作者取之，表現其內心不慕權貴的思想。而「出淤泥而不染」、「濯清漣而不妖」、「中通外直」、「不蔓不枝」、「香遠益清」、「亭亭淨植」、「可遠觀而不可褻玩焉」，正是由花拓展到人，是作者孜孜以求的理想人格，是忠直進取、剛直不阿、潔身自好的君子品格的寫照，揭示出「花中之君子」內在深層含意。

柳宗元〈愚溪詩序〉，全文寫冉溪及溪附近的丘、泉、溝、池、堂、亭、島等，所以命名爲「愚」，是因「余以愚觸罪」，而且溪的水勢之低、河床之淺，不便於灌溉、行船，不能存蛟龍，無以利於世。然而，作者進一步寫溪的智能「善鑑萬類、清瑩秀澈、鏘鳴金石」，富於人格化，由溪水的物性拓展到人的大智若愚的品格，不僅引申了文意，也調節了文章的氣氛。

朱自清的〈白水漈〉㉓，作者妙筆生花，刻畫這一人間勝境，令人逸興遄飛，而留連忘返。其文云：

這也是一個瀑布，但是太薄了，又太細了。有時閃著些須白光，等你定睛看時，卻又沒有——只剩一片飛烟而已。……有時微風過來，用纖手挽那影子，它裊裊的形成了軟弧；但她的手才鬆，它又像橡皮帶兒似的，立刻服服貼貼的縮回來了。我所以猜想，或另有雙不知名的巧手，要將這些影子織成一個幻網。微風想奪了她的，她怎麼肯呢？

作者先從遠處概寫瀑布全景「太細太薄」；然後再分從形、色、動、靜等側面細寫瀑布：其色澤「閃著白光」，「裊裊」下掛，是其動態，「軟」字寫其質感，「弧」字繪其形態。但瀑布獨有之美，在於微風有如「纖手」，瀑流恰似「影子」，瀑流有「軟弧」和「橡皮帶」，還有「裊裊」和「服服貼貼」的情態變幻。這種人情味十足，女人般纖柔的瀑布，從動態角度呈現了瀑布之美。經由作者妙手點化，使無生命的瀑布，洋溢著蓬勃生機。

第三節　品味文外之境

優秀的散文不僅可以讓讀者領略到意境所涵蓋的內涵，而且還可以超越一切物象實境之外，萌生一種內涵更豐富，範圍更廣泛的新的境外之境。因此，散文意境一方面要傳達出最豐富的藝術底蘊，展現出最爲開闊的藝術空間；另一方面也要充分調動讀者的聯想與想像，補充與回味，以咀嚼體會字句外，生發出多層次，多側面「遠而不盡」，由實而虛，虛實交融的立體空間，使讀者沉浸於意境美中，獲得悅心悅意，甚至悅志悅神的感受。這也就是歷來文家一致認爲，作品意境應以「全美」爲工，以「至味」爲尙㉔的道理。要品味這種作者設置，讀者感受，而且既見諸文字，又遊弋於文外的深邃意境，可以從味外之旨和象外之象兩方面來入手。

一、味外之旨

王國維曾指出：「古今詞人格調之高，無如白石。惜不於意境上用力，故覺無言外之味，弦外之響，終不能與於第一流之作者也。」㉕不只詞要有味外之旨，散文亦復如此。散文作品是作者心靈的外化，作者可以將自己對世界、現實、人生的感受、體驗表達出來，它既須鮮明可睹，又不可過於直露，既有內在的含意，又具響外別傳之妙，可使人浮想聯翩，思絲不斷，此即言志不盡，富有餘味，如食橄欖，眞味久愈在，而其妙處就在於「含蓄無垠，思致微渺，其寄託在可言不可言之間，其指歸在可解不可解之會。」㉖引人至於一種冥漠恍惚之境。

如姚鼐〈登泰山記〉一文，描繪了泰山風雪初霽的壯麗景色。作者在寒冬年終，人迹寥落，不顧霧迷冰滑，衝風冒雪登臨泰山，登峰造極，飽覽風光。作者重點描繪了兩幅畫面，一幅是夕陽晚照圖，一幅旭日東昇圖，文中還多次提及隨處可見的古迹，兩番寫景，景象奇偉，動靜相融，麗景增輝，神韻無窮。然而細細咀嚼，作者把畫面開闊，氣象萬千的麗色風光展現給讀者，卻有另一番超乎俗衆的意境悠然於筆外。在落日餘暉中，泰山山腳的泰安、汶水、徂徠，歷歷可見；在朝陽東昇的一瞬間，極目眺望可見到浩瀚東海，泰山群峰。兩次泰山頂峰的俯視遠望，突現出泰山雄踞天外，涵蓋萬物的巍峩氣勢。通過眞切具體的藝術畫面，可以想像：作者此時「思與境偕」，達到「心凝神釋，與萬化冥合」的境界，精神上「超然萬物之表」，摒棄一切凡俗名利得失之心，此其一。作者所強調隨處可見的古迹，只剩下唐高宗顯慶年間以來的依舊保存完整，但上古石刻因風化，字迹模糊殆盡，可以聯想到個人榮辱哀樂與天地山川的雄偉廣博，是如何的渺小；個人的進退出處與歷史長河的浩瀚深遠，是如何的短暫，此其二。而泰山頂峰上素潔幽靜的環境特徵，不正是高潔之人，遠離塵囂，嚮往的生活嗎？此其三。這些正是在平淡處立境，這種「境外之境」，不直接形諸文字，而是立在「象外」、「言外」的，有著無盡的韻味，引人聯想產生出無窮的感受，有限中含著無限，但只見性情，而不睹文字。

至於像方苞〈左忠毅公逸事〉，記述了因反對魏忠賢而被迫致死的明朝官員左光斗的生平軼事。左光斗一生可資傳世的事蹟繁多，但作者沒寫他大功偉業，而只記了日常生活零星瑣事，沒寫他在順境中的作爲，只寫他在逆境中的苦況。文中的「韻外之致」，「味外之旨」，正寄之筆墨蹊徑之外。試想，左氏日常生活中尙如此剛正，對國家大事自不待言，逆境中尙存此正氣，順境中更不用說，臠嘗知味，正是「借一斑知全豹，以一目盡傳精神」，有「說出者少，不說出者多」的神遠味永之境。

《史記．項羽本紀》中有一段描寫劉邦的話：「……漢王乃得與數十騎遁去。……漢王道逢得孝思、魯元，乃載行。楚騎追漢王，漢王急，推墮孝惠、魯元下車，滕公常下收載之，如是者三。……」[27]孝思、魯元是劉邦之子。劉邦兵敗，爲楚騎追趕，路遇孝惠、魯元，劉邦手下把他們拉到車上，劉邦竟把孩子推下車，就這樣推了多次，在這有限的描述中，促人聯想，啓人深思，給人們的體悟卻很豐富，劉邦落荒而逃，惶惶然如喪家犬，對親生子女都下毒手，其殘忍之性可想而知；在危難之中，劉邦對親人尚如此，對其他人的態度可想而知，使人讀後心緒掀起波瀾，久久難平。

散文的味外之旨，是作者從筆端流出了對歷史的思索、對人性的探尋，對性靈的獨特抒發。而作者的文筆如流水行雲，天機自到，讓作品具有更大的社會容量、生活容量、心理容量，使讀者品出濃旨，咀出深情，嚼出奇趣。

二、象外之象

如果說「味外之旨」是立足於作者表「意」層面的話，那麼「象外之象」，則是側重於讀者的感受層面。「象外之象」、「境外之境」既虛又實。說它虛，是因爲它不見諸文字之中，看不見，摸不著；說它實，又因它確實能爲讀者感於目，會於心，深入潛玩者，方能感受其生命之所在。

朱自清的〈綠〉通體光華，瑰麗多姿，再現梅雨潭那種奇異又醉人的「綠」，給讀者提供最爲遼闊的天地，馳騁想像，文中云：

> 她鬆鬆的皺纈著，像少婦拖著的裙幅；她輕輕的擺弄著，像跳動的初戀的處女的心；她滑滑的明亮著，像塗了明油一般，有雞蛋清那樣軟，那樣嫩，令人想著所曾觸過的最嫩的皮膚；她又不雜些兒塵滓；宛然一塊溫潤的碧玉，只清清的一色——但你卻看不透她！

描寫如詩如畫，畫中含情，形神兼備。作者把有形有限的物象，和其無形無限的情思綰合而出，從形象上寫出梅雨潭綠的溫柔嫵媚，從感情上抒發了作者的深情摯愛。尺幅千里，卻也使讀者神思飛越，尋思有味，不禁聯想到：微風吹拂水面漣漪起伏中，似乎讓人看到美少婦款步輕移的曼妙美姿；水光如「明油」，水明亮如「雞蛋清」，似乎使人觸摸到潭水「滑、軟、嫩」的質感；「碧玉」的水色，令人感受到無瑕璞玉的剔透與純淨，這些「象外之象」、「景外之景」既有具體生動的物象，更生發出虛化空間，冥化合一，把人帶入醇醪如酒，優美邈遠的境外境中，獲得舒卷自如的美感。

王思任的〈小洋〉㉘一文，是一篇描寫落日餘霞，壯美奇觀的佳篇。作者一開篇便出語不凡：寫山高，不直言其高，卻說「天爲山欺」；寫水險，不描述水流湍急，卻說「水求石放」；寫行般難，不寫激流險灘，卻說「舟行一尺，水皆汗也。」令人驚嘆不已。接下來描寫小洋傍晚時分山川落日圖，其色彩之斑爛，景象之雄奇，狀物之傳神，令人情不自禁地感嘆：「始知顏色不在人間也！」其文云：

> 落日半含規，如胭脂初從火出。溪西一帶山，俱似鸚綠鴉背青，上有猩紅雲五千尺，開一大竇，逗出縹天，映水如繡鋪赤瑪瑙。
>
> 日益曶，沙灘色如柔藍懈白，對岸沙則蘆花月影，忽忽不可辨識。山俱老瓜皮色。又有七八片碎翦鵝毛霞，俱黃金錦荔，堆出兩朵雲，居然晶透葡萄紫也。又有夜嵐數層斗起，如魚肚白，穿入出爐銀紅中，金光煜煜不定。蓋是際天地山川，雲霞日采，烘蒸鬱襯，不知開此大染局作何制。意者，妒海蜃，凌阿閃，一漏卿麗之華耶？將亦謂舟中之子，既有蕩胸決眦之解，嘗試假爾以文章，使觀其時變乎？何所遘之奇也！

在這幅落日奇景中，不論是畫面設置、色彩變幻、靜動狀態、光影流轉等等難以形容的微妙景緻，作者都能將其變化過程恣意描摹，維妙維肖展現人眼前，給人目不暇接，美不勝收之感。尤其作者更從自然美景——落日、雲霞、山川、霧氣的神妙變化中，聯想到海市蜃樓的幻景因之生妒，西方之極樂世界為之減色，卿雲的祥瑞之氣也為之卻步。作者將這三種奇幻縹渺之境融入實景中，在虛虛實實的韻外之致中，讓人心曠神怡，陶醉在大自然造化神功奇異莫測的意境中，使讀者平添了品味與咀嚼的餘地。

徐志摩〈我所知道的康橋〉㉙一文，作者與康橋景物融化一氣，使康橋景物呈現異彩繽紛的奇觀。像康河上游拜倫潭的果子園，在樹蔭下吃茶，「花果會掉入你的茶杯，小雀子會到你桌上來啄食」；在上下河分界處，在「星光與波光的默契」中，會格外感受到大自然優美、和諧與寧靜的景緻。康河的那些建築群，「超出了畫圖而化生了音樂的神味」。尤其作者聽著星光下的水聲、近村的晚鐘聲；多少個清晨，冒著寒冷在「薄霜鋪地的林子裡閑步—為聽鳥語，為盼朝陽，為尋泥土裡漸次蘇醒的花草，為體會最微細最神妙的春信。……」作者處處從刻劃「康河的靈性」為主，康河的「神」，康河清澈透逸的意境全繫乎「靈性」。文中為自然景觀的描畫，增添了人文氣息，並使兩者融為一體，豐富了內容，增加了讀者從另一角度，浸潤於其象外之境中，體會其性靈神韻。

結語

從作者來看，散文的意境是以有形表現無形，以有限表現無限，以實境表現虛境，而使有形無形相結合，有限無限相統一，實境虛境融爲一體，眞實而自然，具有直接可感性、視覺性和想像性，但又「可睹而不可取」、「可聞而不可見」。那意境中悠長韻味，正是來自它深遠的藝術底蘊和超遠的藝術空間。

就讀者來說，對於散文意境首先是淺層的感悟，大抵較爲直接爲悅耳悅目的零星感觸；其次是深層的感悟，經過想像和理解、領悟和意會，收到悅心悅意的效果；而那如餘音不絕，回味不盡般的感受，是爲極致的感悟，則正是來自讀者對「意外生意」、「象外生象」的體驗、想像和追尋，深刻的理性思考和巨大情感激盪，而產生悅志悅神的心靈共鳴，所以在話少意多，句窮篇盡後，目中恍然別有一番境地，品嘗到「言有盡而意無窮」的滋味。

散文的意境是美的升華，智的凝煉，情的含蘊，趣的韻味，是最高旨趣所在，它能超越時空界限，使作品具有不朽生命力。因此，發掘散文豐富的意境，也就成爲鑑賞散文時重要的任務之一。

【附註】

① 〈人間詞話附錄〉二二，見徐調孚《校注人間詞話》，頁七七。

② 劉勰《文心雕龍・比興》、〈神思〉，頁六〇三、四九三。

③ 顧愷之〈魏晉勝流畫贊〉，見《中國畫論類編》（臺北，華正書局，民國六十六年），第三編，頁三四七。

④張彥遠《歷代名畫記》，卷十，頁一四〇。
⑤王昌齡《詩格》，見《中國歷代文論選》第二冊，頁八八。
⑥釋皎然《詩式》，卷一，頁一。
⑦劉禹錫〈董氏武陵集記〉，見《中國歷代文論選》第二冊，頁九〇。
⑧司空圖《二十四詩品·含蓄》、《二十四詩品·雄渾》，見《中國歷代文論選》第二冊，頁二〇五、二〇三。
⑨司空圖〈與極浦書〉、〈與李生論詩書〉，見《中國歷代文論選》第二冊，頁二〇一、頁一九六、一九七。
⑩嚴羽《滄浪詩話·詩辨》，見《滄浪詩話校釋》，頁二四。
⑪吳陳琰《〈蠶尾續集〉序》，見王士禎《帶經堂集》（清康熙程氏七略書堂刊本，臺北，故宮圖書館），卷三。
⑫王國維《宋元戲曲考》，見《中國歷代文論選》第四冊，頁三九〇。
⑬朱光潛〈子非魚，安知魚之樂〉，見《藝文雜談》，頁九。
⑭葉嘉瑩〈《人間詞話》境界說與中國傳統詩說之關係〉，見《中國古典詩歌評論集》（臺北，純眞出版社，民國七十二年），頁二二二。
⑮況周頤《蕙風詞話》卷三，頁一二。
⑯《莊子·田子方》，見郭慶藩《莊子集釋》，頁七一四。
⑰見《脂硯齋重評石頭記》第三十二回、第二回批語。

⑱ 孔武仲《宗伯集·東坡居士怪石圖》，見《清江三孔集》（臺北，新文豐出版社，民國八十年），卷一，四七五。

⑲ 劉大櫆《論文偶記》，頁一。

⑳ 劉熙載《藝概·文概》，頁八。

㉑ 皎然《詩式·明作用》，卷一，頁一。

㉒ 《自剖文集》，見《徐志摩全集》，頁四二五—四三三。

㉓ 朱自清《溫州的蹤跡·白水漈》，見《朱自清文集》第一卷，頁一四二

㉔ 司空圖〈與李生論詩書〉云：「以全美為工，即知味外之旨矣」；蘇軾〈書黃子思詩集後〉亦云：「發纖穠於簡古，寄至味於澹泊。」見《中國歷代文論選》第二冊，頁一九七；頁三〇〇。

㉕ 王國維《人間詞話》四二，見徐調孚《校注人間詞話》，頁二七。

㉖ 葉燮《原詩·內篇下》，見《清詩話》，頁五八四。

㉗ 《史記·項羽本紀》，卷七，頁二九六。

㉘ 王思任〈小洋〉，見王思任《王季重雜著·游喚》（臺北，偉文圖書公司，民國六十六年），下冊，頁七五一—七五三。

㉙ 《巴黎的鱗爪》，見《徐志摩全集》，頁二四三—二六一。

第九章 結 論

任何一個散文作家，創作散文作品，其目的莫不在於尋找知音，經由知音的賞識，充分發揮其作品潛在功能。可見，散文的藝術價值與功能，是不能僅憑作品本身發揮和實現的，它只有實現或發揮的可能性。尤其，所謂的「知音難逢」、「文情難鑑」正說明了散文作品的深刻性和豐富性。一個鑑賞者不能在語言文字描繪的基礎上，藉由豐富的想像力去設身處地、精微體驗、品味意境，要想全面而又深刻地揭示出散文作品的內蘊和獨到之處，絕非易事。然而，鑑賞者除需豐富想像力外，劉勰《文心雕龍．知音篇》還指出，要成爲作家作品的知音，更須具有「深識鑑奧」的深刻鑑識力，才能看到其人其文一般難以悟解的深奧之處，發現其人其文的獨特之處。也就是說，只有具備「深識鑑奧」的條件，鑑賞者才能縱心縱意進入鑑賞的境界，「如入名山，如泛大河，如對奇樹，如拈妙花焉。」①或指點勝景，作遊目騁懷的觀賞；或辨別良莠，作嚴辨錙銖的品味，盡情地探幽覽勝，領會作品的美感，享受鑑賞的樂趣。

然而，「深識鑑奧」的能力，並非一個鑑賞者的天賦，而是來自其對作家作品綜合深入的考察，和博覽精研的鑑識，才能得以實現。遺憾的是目前散文鑑賞理論研究的缺乏，而且其中的研究，又多集中於布局或辭采，而於文體、立意、氣勢、意境等理論探究甚少，實不足以豐富鑑賞者的深識力。為此，本書試圖建立散文鑑賞理論體系，上自散文鑑賞的作用、層次，散文的概念、特質及發展源流，下至文體、立意、布局、辭采、氣勢、意境等，內容和形式並重，理論與作品兼濟，探賾索隱，深入闡析，尋繹散文鑑賞指歸，以為鑑賞者奠定深厚的鑑識能力。

鑑賞散文時，唯有眞正的入乎其內，對散文作品有所感知，並進而出乎其外，予以鑑評，這樣的鑑賞始能入微破翳，而不至於膚淺浮泛。朱熹就指出：「既先識得他外面一個皮殼了，又須識得他裡面骨髓方好。」②何謂「皮殼」？何謂「骨髓」？魏慶之解釋道：「曉得文義是一重，識得意思好處是一重。」③可見，「識皮殼」就是「曉文義」，「識骨髓」就是「識得意思好處」。散文鑑賞的具體過程，可說是「曉文義」和「識意思」兩階段構成。「曉文義」即可從文體、布局、辭采等方面入手。捨棄形式而談散文藝術，那簡直不可思議。雖然形式是粗淺部分，但文章所要表達的神氣意境與創作才華，扣人心弦之處正從這裡開始。然而，葛洪《抱朴子》中指出：「夫文章之體，猶難詳賞」，劉勰《文心雕龍．知音》也說：「知音其難哉！音實難知，知實難逢」，這裏的「賞」與「音」，應當是指作品中獨到之妙，深旨內蘊，眞實價值或成就得失。所以有了「曉文義」基礎後，則需進入到「識意思」，這可從立意、氣勢、意境入手。不過，還要讀者能深入作者所創造的藝術世界中，進行思考、想像、聯想，對作品中的藝術形象和意境，補充它，豐富它，進行再創造；更要對散文作品反覆涵詠品玩，才能深切領悟其精髓神韻。

當然，閱讀鑑賞時，可先通過對結構的探索辨析，逐步領會和把握文章的中心，理順作者組材布局的方法，進而體會文章氣勢、意境；也可以先閱讀體味，歸納把握文章的中心和氣勢、意境，再反過來分析文章的結構層次和線索脈絡，以揭示文章的藝術特色，及作者構思布局的用意。只要讀者能嫻熟運用方法，並肯下探索苦功，便能化被動為主動，提高散文鑑賞能力。

至於書中所建立的理論體系，衷心至盼，能達成以下三個目標：第一，有助學者、讀者掌握理解作品隱蔽的思想意蘊和藝術特徵，以溝通讀者與作品間的美感交流。第二，不論學者、讀者或作者，均可藉此理論體系追溯散文創作的眞象。第三，往下延伸，為散文批評奠定研究基石，以期未來在散文研究上，進一步建立散文批評理論體系。

讀者是通過作品認識作家的，換句話說，鑑賞就是讀者和作品之間的一座橋樑。它非同小可，看小橋流水與看大江東去，完全取決於橋樑的高度和質量。好的鑑賞能力能夠由表及裡，舉一反三，窺一斑而見全貌，觸一木而知森林，是以加強鑑賞的研究，即是促進作品質量的提昇與批評理論的深入。也只有創作、鑑賞、評論三者平衡發展，文學的大鵬才能振翅高飛。

此外，另有兩點需要補充。其一，本書理論固能深植鑑賞者的深識能力，但卻非萬能的，還須鑑賞者勤勉精覽各類散文作品，因為理論的運用效果，與紮實的研治工夫成正比。呂思勉曾指出：「昔人讀書之弊，在於不甚講門徑；今人則又失之太講門徑，而不甚下切實功夫；二者皆弊也。」④所以，成功的鑑賞是離不開鑑賞方法和熟讀原作的。其二，元遺山說：「文章天下之難事，其法度雜見於百家之書，學者不遍考之，則無以見古人之淵源。」⑤是以撰寫之際，深感散文涵蘊眾流，精微豐富，如汪洋千頃，莫測涯涘。雖然本書從多角度、多層面予以探討，但由於篇幅限制，仍難以論述殆盡，其中尚有許多細節值得特別探討，並可作獨立之研究。在深度方面，如散文風格類型的鑑別，即可作通盤性研究；還有散文專集或作家的鑑賞專論等。在廣度方面，如每一類型的文體，都可再做全面觀照探索；又如散文寫人、寫景、說理、敘事等藝術，均可進一步深入探究。在比較方面，如同題散文、古今散文、中外散文、同一流派的不同作者的作品比較等等，都值得進一步論述，繼續探討。

【附　註】

① 金聖嘆《第六才子書西廂記·序》，見霍松林《西廂滙編》（山東，山東文藝，一九八七年），頁四二四。
② 《朱子語類輯略》（臺北，新文豐出版社，民國七十五年），卷五，頁一六〇。
③ 〈命意·晦庵論詩有兩重〉，見《詩人玉屑》（臺北，世界書局，民國二十四年）卷六，頁一二四。
④ 見呂思勉《經子解題·自序》（臺北，復文圖書出版社，民國七十二年），頁一。
⑤ 見《遺山先生文集·錦機引》（臺北，臺灣商務印書館，四部叢刊），卷三十六，頁三七二。

重要參考書目

一、經史子類

易傳　學生書局　民國七十六年

周易探源　李鏡池　北京中華書局　一九八一年

毛詩傳　鄭　玄　新興書局　民國六十五年

尚書　中華書局　民國五十六年

書經集注　新陸書局　民國六十四年

禮記集解　孫希旦　蘭臺書局　民國六十二年

春秋左傳注　楊伯峻　源流出版社　民國七十一年

春秋集傳纂例　陸　淳　新文豐出版社　民國七十五年

論語正義　劉寶楠　文史哲出版社　民國七十九年

論語注疏　邢　昺　大化書局　民國七十一年

說文解字　許　愼　黎明出版社　民國六十四年

釋名　劉　熙　新文豐出版社　民國八十年
音韻學通論　馬宗霍　鼎文書局　民國六十一年
四庫全書總目提要　紀　昀　藝文印書館　民國六十八年
戰國策　劉　向　里仁書局　民國七十一年
史記三家注　司馬遷　洪民出版社　民國六十四年
漢書　班　固　藝文印書館　未著出版年
後漢書　范　曄　藝文印書館　未著出版年
三國志　陳　壽　藝文印書館　未著出版年
宋書　沈　約　鼎文書局　民國六十九年
晉書　房玄齡　中華書局　民國五十六年
舊唐書　劉　昫　鼎文書局　民國六十九年
新唐書　歐陽修、宋祁　鼎文書局　民國六十九年
五代史　歐陽修　鼎文書局　民國六十九年
宋史　脫脫　鼎文書局　民國六十九年
資治通鑑　司馬光　洪氏出版社　民國六十九年
史通箋注　張振珮　貴州人民出版社　一九八五

文史通義校注　葉　瑛　仰哲出版社　未著出版年
四書集註　朱　熹　世界書局　民國六十二年
老子　中華書局　民國六十二年
荀子集解　王先謙　藝文印書館　民國六十六年
墨子集解　張純一　成都古籍出版社　一九八八年
莊子集解　郭慶藩　木鐸出版社　民國七十一年
韓非子集釋　陳奇猷　華正書局　民國六十四年
呂氏春秋　臺灣中華書局　民國六十一年
孔子家語　商務印書館　民國七十一年
論衡集解　劉盼遂　世界書局　民國六十四年
說苑　劉　向　中華書局　民國五十九年
抱朴子　葛　洪　新文豐出版社　民國七十五年
世說新語箋疏　余嘉錫　華正書局　民國七十三年
顏氏家訓集解　王利器　明文書局　民國七十三年
鶴林玉露　羅大經　新文豐出版社　民國七十五年
捫虱新話　陳　善　新文豐出版社　民國七十五年

夢溪筆談　沈　括　世界書局　民國六十七年
容齋隨筆　洪　邁　新文豐出版社　民國七十五年
韻語陽秋　葛立方　新文豐出版社　民國七十五年
拊掌錄　元　懷　新文豐出版社　民國七十五年
日知錄　顧炎武　明倫書局　民國六十八年
清代學術概論　梁啓超　華正書局　民國七十三年
要籍解題及其讀法　梁啓超　華正書局　民國七十八年
經子解題　呂思勉　復文圖書出版社　民國七十二年

二、文集類

李太白集校注　瞿蛻園等　里仁書局　民國七十年
蕭茂挺文集　蕭穎士　新文書出版社　民國八十年
樊川文集　杜　牧　商務印書館　四部叢刊
韓昌黎文集校注　馬通伯　香港中華書局　一九七二年
柳河東全集　柳宗元　中國書局　一九九一年
范文正公集　范仲淹　新文豐出版社　民國七十五年

周濂溪集　周敦頤　新文豐出版社　民國七十五年
歐陽修全集　歐陽修　世界書局　民國六十年
司馬文正公傳家集　司馬光　商務印書館　民國五十四年
曾鞏集　曾　鞏　北京中華書局　一九八四年
王臨川全集　王安石　世界書局　民國五十五年
嘉祐集　蘇　洵　臺灣中華書局　民國六十二年
蘇東坡全集　蘇　軾　河洛出版社　民國六十四年
東坡題跋　蘇　軾　新文豐出版社　民國七十五年
欒城集　蘇　軾　臺灣中華書局　四部備要
蘇轍散文全集　蘇　轍　北京今日中國出版社　一九九六年
清江三孔集　孔武仲　新文豐出版社　民國八十年
淮海集　秦　觀　臺灣商務印書館　四部叢刊
岳鄂王文集　錢汝雯　中國文獻出版社　民國五十四年
陸放翁全集　陸　游　臺灣中華書局　民國五十五年
陸游選集　朱東潤　上海古籍出版社　一九六二年
李清照集　李清照　河洛圖書出版社　民國六十四年

元遺山詩集箋注　元好問　廣文書局　民國六十二年
遺山先生文集　元好問　臺灣商務印書館　四部叢刊
宋學士全集　宋　濂　新文豐出版社　民國七十五年
誠意伯集　劉　基　商務印書　四部叢刊
震川先生集　歸有光　源流出版社　民國七十二年
徐霞客遊記　徐宏祖　世界書局　民國六十四年
遜志齋集　方孝孺　臺灣商務印書館　四部叢刊
袁宏道集箋校　錢伯城　上海古籍出版社　一九八一年
袁中郎集　袁宏道　世界書局　民國五十三年
珂雪齋近集　袁中道　偉文圖書公司　民國六十五年
陶庵夢憶　張　岱　新文豐出版社　民國七十五年
弇州山人四部稿　王世貞　偉文圖書公司　民國六十五年
滹南遺老集　王若虛　新文豐出版社　民國七十五年
王季重雜著　王思任　偉文圖書公司　民國六十六年
夏內史集　夏完淳　新文豐出版社　民國七十五年
明夷待訪錄　黃宗羲　新文豐出版社　民國七十五年

南雷文定　黃宗羲　世界書局　民國五十三年
魏叔子文集　魏　禧　商務印書館　民國六十二年
方望溪全集　方　苞　世界書局　民國五十六年
惜抱軒全集　姚　鼐　世界書局　民國五十三年
梅曾亮文選　王鎮遠　華東師範大學出版社　一九九二年
小倉山房文集　袁　枚　廣文書局　民國六十一年
帶經堂集　王士禎　七略書堂刊本　故宮圖書館
章學誠遺書　章學誠　文物出版社　一九八五年
曾文正公全集　曾國藩　世界書局　民國七十四年
閒情偶記　李　漁　臺灣時代書局　民國六十四年
龔自珍全集　龔自珍　河洛圖書出版社　民國六十四年
飲冰室文集　梁啓超　中華書局　民國四十九年
庸盦文編　薛福成　文海出版社　近代中國史料叢刊
魯迅全集　魯　迅　北京人民出版社　一九八一年
朱自清文集　朱自清　香港文學研究社　一九七二年
朱自清選集　朱自清　河北教育出版社　一九八九年

徐自摩全集　徐志摩　傳記文學出版社　民國六十九年
郁達夫散文　郁達夫　北京中國廣播電視出版社　一九九二年
兪平伯散雜論編　兪平伯　上海古籍出版社　一九九〇年
陸蠡散文集　秦賢次　洪範書局　民國六十八年
豐子愷文選　楊　牧　洪範書店　民國七十七年
許地山代表作　陳信元　蘭亭書店　民國七十二年
紅紗燈　琦　君　三民書局　民國六十一年
聽聽那冷雨　余光中　純文學出版社　民國六十三年
昭明文選　蕭　統　華正書局　民國七十三年
全上古三代秦漢三國六朝文　嚴可均　世界書局　民國五十二年
唐文粹　世界書局　民國六十一年
全唐文　匯文書局　民國五十一年
古文關鍵　呂祖謙　廣文書局　民國七十年
古文辭類纂　姚　鼐　華正書局　民國七十二年
經史百家雜鈔　曾國藩　世界書局　民國七十一年
駢體文鈔　李兆洛　世界書局　民國五十九年

唐宋文舉要　高步瀛　宏業書局　民國六十八年
古文觀止　吳楚材　華正書局　民國六十三年
古文觀止新編　啓業書局　民國七十八年
廣注論說文　廣文書局　民國七十年
古文鑑賞大辭典　徐中玉　浙江教育出版社　一九八九年
八大家古文選注集評　李道英　廣西師範大學出版社　一九九六年
中國歷代散文選　郭預衡、劉盼遂　五南圖書出版公司　民國八十年
二十世紀中國美文大觀　北京群言出版社　一九九三年

三、文論、詩話、詞話類

文心雕龍　范文瀾　香港商務印書館　一九六〇年
文心雕龍札記　黃　侃　文史哲出版社　民國六十二年
文賦集釋　張少康　漢京文化公司　民國七十六年
文則　陳　騤　莊嚴出版社　民國六十八年
文章精義　李　塗　莊嚴出版社　民國六十八年
文說　陳繹曾　臺灣商務印書館　文淵閣四庫全書本

文章辨體序說　吳　訥　長安出版社　民國六十七年
文體明辨序說　徐師曾　長安出版社　民國六十七年
文脈　王文祿　新文豐出版社　民國七十五年
論文偶記　劉大櫆　中央研究院　清道光咸豐間黃氏本
弗堂類稿　姚　華　中華書局聚仿宋本
畏廬論文　林　紓　文津出版社　民國六十七年
文微　林　紓　陶子麟刊本　北京圖書館
藝概　劉熙載　華正書局　民國七十七年
藝舟雙楫　包世臣　新文豐出版社　民國七十五年
讀書作文譜　唐　彪　偉文圖書公司　民國六十五年
左傳擷華　林　紓　復文圖書出版社　民國七十年
古文筆法百篇　李扶九　文津出版社　民國六十七年
古文辭通義　王葆心　臺灣中華書局　民國七十三年
劉申叔先生遺書　劉師培　華世出版社　民國六十四年
涵芬樓文談　吳曾祺　臺灣商務印書館　民國六十九年
韓愈志　錢基博　華正書局　民國七十四年

古文析義合編　林雲銘　廣文書局　民國七十八年
管錐篇　錢鍾書　香港太平圖書公司　一九八〇年
漢魏六朝專家文　劉師培　中華書局　民國五十八年
中國散駢文概論　方孝岳　莊嚴出版社　民國七十年
文體論　薛鳳昌　臺灣商務印書館　民國五十七年
文章例話　周振甫　蒲公英出版社　未著出版年
文心　夏丏尊、葉聖陶　臺灣開明書店　未著出版年
古代散文文體概論　陳必祥　文史哲出版社　民國七十六年
文章體裁辭典　金振邦　東北師範大學出版社　一九八六年
中國古代文體學　褚斌杰　臺灣學生書局　民國八十年
中國散文之面貌　張高評　中央文物供應社　民國七十三年
散文結構　方祖燊、邱燮友　福記文化圖書公司　民國七十四年
修辭鑑衡　王　構　臺灣商務印書館
古漢語修辭學資料彙編　鄭奠、譚全基　明文書局　民國七十三年
字句鍛鍊法　黃永武　臺灣商務印書館　民國七十七年
左傳之文學價值　張高評　文史哲出版社　民國七十一年

左傳文章義法撢微　張高評　文史哲出版社　民國七十一年
現代散文縱橫論　鄭明娳　大安出版社　民國七十五年
現代散文類型論　鄭明娳　大安出版社　民國七十六年
現代散文構成論　鄭明娳　大安出版社　民國七十八年
中國現代散文理論　俞元桂　蘭亭書店　民國七十五年
青年文藝創作論叢（第三集）　梁實秋等　中華文化復興運動推行委員會　民國七十五年
中國歷代文論選㈠、㈡、㈢、㈣　郭紹虞　上海古籍出版社　一九八八年
中國文學批評資料彙編　柯慶明、曾永義　成文出版社　民國六十八年
司空圖詩品解說二種　齊魯書社　一九八〇年
文鏡祕府論　遍照金剛　河洛圖書出版社　民國六十五年
許彥周詩話　許顗　新文豐出版社　民國七十五年
詩人玉屑　魏慶之　佩文出版社　民國四十九年
滄浪詩話校釋　郭紹虞　東昇出版社　民國六十九年
姜氏詩說　姜白石　新文豐出版社　民國七十五年
麓堂詩話　李東陽　新文豐出版社　民國七十五年
薑齋詩話箋註　戴鴻森　木鐸出版社　民國七十一年

歐北詩話　趙　翼　木鐸出版社　民國七十一年
隨園詩話　袁　枚　廣文書局　民國六十八年
續詩品註評　王英志　浙江古籍出版社　一九八九年
昭昧詹言　方東樹　廣文書局　民國五十一年
詩話叢刊　弘道文化事業公司　民國六十八年
歷代詩話　吳景旭　世界書局　民國六十八年
清詩話　丁福保　木鐸出版社　民國七十一年
中國古典詩歌評論集　葉嘉瑩　純眞出版社　民國七十二年
詩文聲律論稿　啓　功　明文書局　民國七十一年
中國韻文裡頭所表現的情感　梁啓超　中華書局　民國五十五年
蕙風詞話　況周頤　世界書局　民國五十五年
校注人間詞話　徐調孚　漢京文化公司　民國六十九年
歷代名畫記　張彥遠　新文豐出版社　民國七十五年
山靜居畫論　方　薰　新文豐出版社　民國七十五年
中國畫論類編　華正書局　民國六十六年

四、文學史及批評史

中國散文史　陳　柱　臺灣商務印書館　民國七十六年
中國中古文學史　劉師培　育民出版社　民國六十八年
中國文學發展史　劉大杰　華正書局　民國六十六年
中國散文通史　漆緒邦　吉林教育出版社　一九九四年
中國散文簡史　郭預衡　北京師範大學出版社　一九九四年
中國文學批評史　郭紹虞　文匯堂　民國五十九年
中國文學批評史　陳鐘凡　鳴宇出版社　民國六十六年
中國文學批評史大綱　朱東潤　臺灣開明書局　民國七十三年

五、期刊、學位論文類

簡論我國散文的立體命名與定義　王更生　孔孟月刊第二十五卷第十一期
論我國古今散文體類分合之價值原則與方法　王更生　孔孟學報第五十四期
論中國散文之藝術特徵　王更生　教學與研究第九期
文心雕龍誄碑篇口義　劉師培　國文月刊三十六期
左盦文論——文心雕龍頌贊篇（上下）　國文月刊一卷九、十期

先唐文學源流論略之四　程千帆　武漢師範學院學報一九八一年第四期
提倡一些文體分類學　郭紹虞　復旦大學一九八一年第一期
姚惜抱及其文學研究　張春榮　民國七十七年國立臺灣師範大學國研所博士論文
袁宗道的文學理論　馮永敏　臺北市立師院學報第二十一期
劉大櫆《論文偶記》探賾　馮永敏　國立編譯館館刊第二十一卷第一期
論散文鑑賞的方法——從文理、文采、文境、文氣四方面看　馮永敏　北市師院語文學刊第二期
文章布局藝術探微　馮永敏　中國學術年刊第十七期
文章辭采藝術探微　馮永敏　國立編譯館館刊第二十六卷第一期
文章寫人藝術探微　馮永敏　中國學術年刊第十八期